IS Informations-Systeme

Herausgegeben von S. Dworatschek

Projekt-Informationssysteme

von

Hermann Gehring

mit 104 Abbildungen

Walter de Gruyter · Berlin · New York 1975

Dr. rer. pol. *Hermann Gehring,*
Dipl.-Ing., Dipl.-Wirtsch. Ing., Wiss. Assistent am Lehrstuhl für Unternehmensforschung (Operations Research) der RWTH Aachen

CIP-Kurztitelaufnahme der Deutschen Bibliothek

Gehring, Hermann
Projekt-Informationssysteme.
(Informations-Systeme)
ISBN 3-11-005920-7

 – Satz und Druck: Mercedes-Druck, Berlin;
Bindearbeiten: Lüderitz & Bauer, Buchgewerbe-GmbH,
1 Berlin 61 – Printed in Germany

Inhaltsverzeichnis

Einleitung

Technischer Fortschritt und Wachstum einer Volkswirtschaft hängen in starkem Maße von der richtigen Auswahl und der erfolgreichen Durchführung einzelbetrieblicher, nationaler und übernationaler Forschungsvorhaben ab. Seit wenigen Jahren werden Projekt-Management-Informationssysteme (PMIS) als umfassendes Hilfsmittel zur Auswahl und Disposition von Projekten, speziell auch im Bereich der Forschung und Entwicklung, empfohlen.

Es sollen deshalb Wege für die Konzeption von PMIS und ihre Anwendung für Forschungs- und Entwicklungsprojekte aufgezeigt werden.

Der Begriff des Projekt-Management-Informationssystems läßt sich unter Anwendung des Systemdenkens, ausgehend von einem allgemeinen Kommunikationssystem, abgrenzen. Durch stufenweise Spezialisierung gelangt man über die Begriffe: Kommunikationssystem, Informationssystem, computerorientiertes Informationssystem, Management-Informationssystem zum Projekt-Management-Informationssystem.

Die weitere Spezialisierung eines PMIS bei Anwendung im Bereich der Forschung und Entwicklung resultiert aus den besonderen Merkmalen entsprechender Projekte. Sie wirkt sich auf die Organisation, die Aufgaben und den Informationsbedarf des Management aus, welche demgemäß als Spezifikation eines PMIS für F + E-Projekte dargestellt werden.

Die anschließend durchgeführte Informationsanalyse geht von drei Aufgabenschwerpunkten aus:

(1) Bestimmung des Forschungs- und Entwicklungsprogramms,
(2) Disposition von Forschungs- und Entwicklungsprojekten und
(3) Durchführung wissenschaftlich-technischer Arbeiten.

Für die Konzeption von PMIS verbleiben nunmehr Modellbank und Datenbank. Im PMIS sind Modelle und Daten für die genannten Aufgabenschwerpunkte bereitzustellen. Besondere Aufmerksamkeit verdienen dabei auf dem Softwaremarkt angebotene Programmpakete. Es folgt ein Realisierungsansatz für ein PMIS, der für eine Großforschungsanlage entwickelt wurde und als Ausgangspunkt für die Konzeption komplexerer Systeme dienen mag.

1. Grundlagen und Abgrenzungen

1.1 Information und Informationssysteme

Bevor auf Ziele, Struktur und Arten von Informationssystemen eingegangen werden kann, ist der zentrale Begriff der Information zu klären. Eine Wesensbestimmung der Information erfordert zunächst eine Auseinandersetzung mit den in enger Beziehung zur Information stehenden Begriffen Kommunikation, Nachricht, Signal und Zeichen. Letztere lassen sich als Elemente des Kommunikationsprozesses abgrenzen.

1.1.1 Der Kommunikationsprozeß

In der Literatur wird Kommunikation unterschiedlich definiert. Die Fülle der Definitionen läßt sich in zwei Hauptgruppen unterteilen [23, S. 34 f.]:

a) soziologische Deutung der Kommunikation,
b) formalorganisatorische Deutung der Kommunikation.

Zu a)
Hier wird vom lateinischen Wort „communis" (= gemeinsam) ausgegangen und Kommunikation als Summe aller Tätigkeiten zur Erzielung von gemeinsamen Ideen, Informationen, allgemein: Gemeinsamkeit, interpretiert [88, S. 37]. Diese Definitionen betonen „einseitig die soziologische Funktion der Kommunikation" [23, S. 34] und sind damit so allgemein gehalten, daß sie nicht „zur Klärung der betriebswirtschaftlich-organisatorischen Fragestellung beitragen" [32, S. 15].

Zu b)
Für die Zwecke dieser Arbeit ist die formalorganisatorische Wesensbestimmung von Coenenberg [23, S. 38] geeigneter: „Kommunikation ist ihrem Wesen nach ein Prozeß, durch den Nachrichten oder Informationen von einem Sender an einen oder mehrere Empfänger übermittelt werden" und „Kommunikation (ist) nicht Selbstzweck; sie kann vielmehr Zielen auf verschiedenen Ebenen dienen. So variabel und vielschichtig diese Ziele auch sein mögen, stets wird es die Absicht des Senders sein, den jeweiligen Empfänger zu einem bestimmten Verhalten zu veranlassen". Kommunikation umfaßt demnach den Austausch von Informationen zwischen Informationssendern und -empfängern, unabhängig vom Ziel, dem diese Informationen dienen mögen.

Eine genauere Beschreibung des Kommunikationsprozesses bedarf der Abgrenzung von wesentlichen Elementen der Kommunikation. Als Grundlage dafür mag Abb. 2 dienen. In diese Abbildung ist folgende Darstellung von Cherry [21, S. 110] einbezogen:

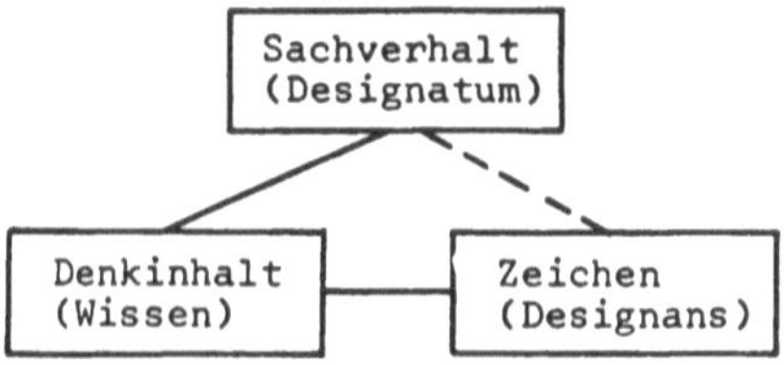

Abb. 1. Denkinhalt, Sachverhalt und Zeichen

Die Erzeugung von Denkinhalten im Menschen erfolgt durch die Aufnahme von Nachrichten. Hilfsmittel eines jeglichen Wissensvermittlungsprozesses ist irgendeine Form einer Sprache. Der Begriff Sprache ist hierbei so weit zu fassen, daß er neben natürlichen Sprachen (z. B. Deutsch) auch künstliche Sprachen (z. B. Programmiersprachen) umfaßt. Die Struktur einer Sprache wird bestimmt durch:

a) ein Alphabet von Zeichen,
b) die Grammatik der Sprache.

Zu a)
Ein Alphabet umfaßt den Elementarvorrat an definierten Zeichen einer Sprache. Diese Grundelemente können durch Kombination zur Sprachausdrücken höherer Ordnung zusammengefügt werden; z. B. Bildung eines Wortes aus Buchstaben.

Zu b)
Die Grammatik einer Sprache stellt ein System von Regeln dar, das angibt, in welcher Weise aus Zeichen Worte und aus Worten Sätze zu bilden sind. Allgemein: in welcher Weise Sprachausdrücke höherer Ordnung zu bilden sind. Sprachausdrücke höherer Ordnung stellen also bestimmte Zeichenmuster dar. Diesen Zeichenmustern (im Sonderfall ein Zeichen allein) werden Bedeutungen zugewiesen, die auf Übereinkunft [73, S. 73] beruhen. Zeichenanordnungen sind somit die Form, in der Nachrichten in Erscheinung treten.

Eine Nachricht geht jedoch über diese Erscheinungsform hinaus, indem sie auf einen Sachverhalt (Designatum) verweist. Das Designatum kann realer Natur (z. B. Betrieb) oder abstrakter Natur (z. B. Algorithmus) sein. Durch die assoziative Kopplung von Nachricht, dargeboten als Zeichenkombination, und

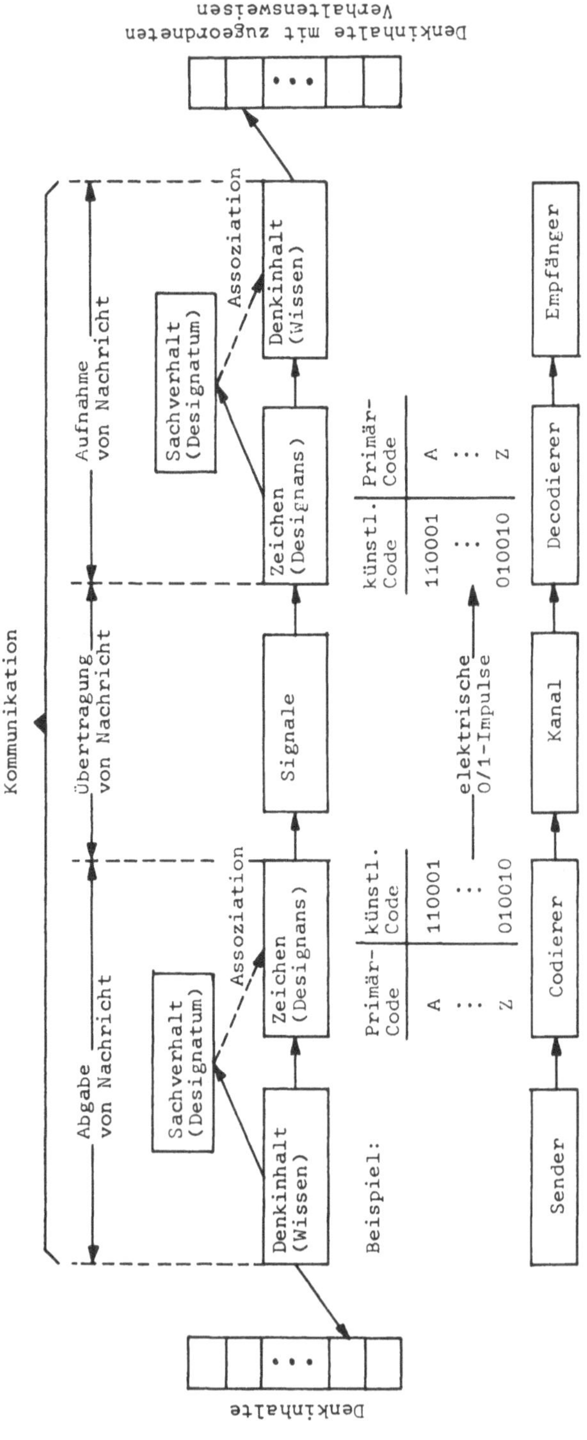

Abb. 2. Der Kommunikationsprozeß

zugehörigem Designatum entsteht beim Empfänger ein Denkinhalt (Wissen), der sein Verhalten beeinflußt [30, S. 39 f.].

Damit kann der Kommunikationsprozeß wie folgt beschrieben werden: Ein Sender möchte einen Denkinhalt aus seinem Reservoir von Wissen an einen Empfänger übermitteln und ihn dadurch zu einer bestimmten Verhaltensweise veranlassen. Im Sender existiert eine Zuordnungsliste, auch Code genannt, in der bestimmte Bedeutungen bestimmten Zeichenanordnungen entsprechen. In Anlehnung an Flechtner [34, S. 56] kann man die Sprache als „Ur-Code" und die Schrift als „Primär-Code" bezeichnen. Der Sender wählt nun entsprechend der zu übertragenden Nachricht eine Zeichenanordnung aus seinem Primär-Code aus. Eine Übertragung der Nachricht kann aber nur in einer an einen physikalischen Träger gekoppelten Form erfolgen. Diese physikalische Erscheinungsform der Nachricht nennt man Signal und das Medium für den Signaltransport Übertragungskanal. Wählt man als Übertragungskanal z. B. eine Telegrafieleitung, so ist aus technischen Gründen eine Umsetzung der Nachricht aus dem Primär-Code (Schrift) in einen künstlichen Code (künstliche Sprache) vorzunehmen. Diesen Übergang von einem Code zu einem anderen, der nichts anderes als eine Zuweisung bekannter Bedeutungen zu neuen Zeichenanordnungen bedeutet, nennt man codieren. Mit der Codierung werden die Zeichenanordnungen des künstlichen Code an die physikalischen Eigenschaften des Kanals angepaßt. Nun kann die Nachricht durch Signale, die als Zeichenträger dienen und durch den Kanal fließen, an den Empfänger übermittelt werden. Auf der Empfängerseite werden die empfangenen Signale als Zeichenanordnung eines künstlichen Code interpretiert und dann in den Primär-Code übertragen (decodiert). Die empfangene Zeichenanordnung im Primär-Code wird vom Empfänger assoziativ mit dem zugehörigen Designatum gekoppelt. Es entsteht im Empfänger ein Denkinhalt, der ihn zu einem bestimmten Verhalten, aus einem Repertoir von möglichen Verhaltensweisen, veranlaßt. Eine Verständigung zwischen zwei Kommunikationspartnern ist natürlich nur dann möglich, wenn die Ur- bzw. Primär-Codes beider Partner gemeinsame Elemente enthalten.

Zusammenfassend kann somit festgestellt werden: Kommunikation umfaßt Abgabe, räumliche Übertragung und Aufnahme von Nachricht zwischen Kommunikationspartnern. Nachricht wird durch Zeichenanordnungen wiedergegeben und ist an eine physikalische Signalform gebunden. Nachricht umfaßt aber mehr als Zeichenanordnung bzw. Signalfolge, denn sie verweist auf einen außerhalb dieser Erscheinungsformen liegenden Sachverhalt (Designatum). Die assoziative Kopplung von Zeichenanordnung und zugehörigem Designatum erzeugt im Empfänger einen Denkinhalt. Dies ist entscheidend für den Charakter der Nachricht [34, S. 62 ff.], nicht aber die ausgelöste Verhaltensweise des Empfängers.

1.1.2 Information, Nachricht und Daten

Der Begriff „Information" leitet sich aus dem lateinischen Wort „informare" (= einer Sache Form oder Gestalt geben) ab. Im übertragenen Sinne bedeutet dies belehren, unterrichten oder allgemein „eine Sache durch ihre Darstellung mitteilen" [79, S. 12]. In der Literatur wird Information je nach Fachdisziplin und spezieller Ausrichtung des Autors unterschiedlich definiert. Selbst innerhalb von Fachdisziplinen existieren unterschiedliche Interpretationen. Um eine inner- und interdisziplinäre Verständigung zu ermöglichen, sollte eine umfassende Begriffsbestimmung angestrebt werden. Ein zusätzliches Problem erwächst aus der Verwendung von Information in zweifachem Sinne. Information bezeichnet einerseits eine Tätigkeit (Wissensvermittlung) und andererseits das Objekt dieser Tätigkeit. Letztere Betrachtungsweise wird im folgenden im Vordergrund stehen.

Eine Reihe von Autoren setzt sich im Rahmen der Wesensbestimmung der Information mit dem Begriff der Nachricht auseinander. Wählt man das Verhältnis von Nachricht zu Information als Einteilungskriterium, so kann man zwei Hauptgruppen von Auffassungen unterscheiden:

a) die Information ist ein Teilbegriff zu Nachricht,
b) Information und Nachricht sind synonyme Begriffe.

Zu a)
Die betriebswirtschaftlich orientierten Autoren dieser Gruppe gehen vom Wittmann'schen Informationsbegriff aus. „Information ist zweckorientiertes Wissen, also solches Wissen, das zur Erreichung eines Zweckes, nämlich einer möglichst vollkommenen Disposition eingesetzt wird" [107, S. 14]. Kramer [55, S. 22] folgert daraus: „Die Information wird somit zu einer zweckbezogenen Nachricht". Zur weiteren Abgrenzung greift Kramer auf die Semiotik, einer Theorie möglicher Zeichen bzw. Zeichensysteme, zurück. Die Semiotik [68] läßt sich dreifach aufspalten in:

aa) Syntaktik
ab) Semantik
ac) Pragmatik

Zu aa)
Die Syntaktik berücksichtigt weder Kommunikationspartner noch Denkinhalte bzw. Designate. Sie ist im wesentlichen eine Theorie möglicher Anordnungen von Zeichen oder Signalen.

Zu ab)

Die Semantik befaßt sich dagegen mit Beziehungen zwischen Zeichenanordnungen und Bedeutungen. Im Vordergrund stehen dabei Probleme der Bildung von Sprachausdrücken höherer Ordnung, ausgehend von Zeichen. Vom Erkenntnisprozeß beim Empfänger von Zeichenanordnungen und damit ausgelösten Verhaltensweisen wird hier noch abstrahiert.

Zu ac)

Die Pragmatik berücksichtigt alle Elemente des Kommunikationsprozesses. Es werden also Zeichenanordnungen und zugehörige Designate zum Verhalten des Empfängers in Beziehung gesetzt.

Ausgehend vom Kriterium der Zweckorientierung leitet Kramer [55, S. 29 f.] folgende Zuordnung zu den drei Ebenen der Semiotik ab:

Pragmatik	– – – – – – –	Information	←	Zweckorientierung
		↑		
Semantik	– – – – – – –	Nachricht	←	Bedeutung
		↑		
Syntaktik	– – – – – – –	Signal	←	physikalische Substanz

Eine notwendige Zuordnung von Pragmatik und Zweckorientierung wird von mehreren Autoren [23, S. 24], [91, S. 38] abgelehnt. Coenenberg [23, S. 24] stellt weiter fest: „Nachrichten können also durchaus Untersuchungsobjekt der Pragmatik sein, wie umgekehrt der Begriff der Information auf semantischer Ebene benutzt werden kann . . .“. Doch auch er sieht Informationen als zweckorientiertes Wissen an und faßt somit Information als einen Teilbegriff zu Nachricht auf [23, S. 24]. Diese Zweckorientierung wird von Schweiker [91, S. 38] abgelehnt, da „eine konkrete betriebliche Information . . . einmal abwechselnd verschiedenen Zwecken dienstbar gemacht werden kann, zum anderen zeitweilig auch ohne Zweckbindung existiert“. Dieser Auffassung wird hier gefolgt, denn unterschiedliche Empfänger können die gleiche Information für verschiedene Zwecke verwenden. Die Zweckorientierung ist demnach „keine der Information immanente Eigenschaft“ [30, S. 50], sie wird ihr vielmehr vom empfangenden Subjekt zugewiesen.

Die mathematisch-technisch orientierten Autoren dieser Gruppe gehen von der von Shannon/Weaver begründeten mathematischen Informationstheorie aus. Sie beschäftigen sich hauptsächlich mit dem syntaktischen Aspekt der Nachricht und definieren Information als meßbare Nachricht. Dieser Informationsbegriff spielt innerhalb der mathematischen Informationstheorie eine große Rolle. Für eine interdisziplinäre Verständigung ist er jedoch nicht geeignet.

Zu b)

Die Autoren der Gruppe a) gelangen durch Einengung des Nachrichtenbegriffes aus pragmatischen oder aus syntaktischen Gründen zu einer Definition der

Information, die für das jeweilige Fachgebiet brauchbar sein mag. Als Ansatzpunkt für die Überwindung der Fachgrenzen eignet sich die Auffassung einer Reihe von Autoren [96, S. 32] der vorliegenden Gruppe. Sie benutzen Nachricht und Information als synonyme Begriffe, also als Begriffe gleicher Bedeutung. Die speziellen Interessen aller Fachgebiete werden berücksichtigt, wenn man wie Riesenkampff [81, S. 21] der Information eine pragmatische, eine semantische und eine syntaktische Dimension zugesteht. Während Riesenkampff nun eine Bewertung der drei Ebenen der Semiotik vornimmt und – wie eine Reihe anderer Autoren [34, S. 28 f.] – die Pragmatik als höchste Dimension ansieht, hebt Dworatschek [30, S. 51] keine dieser Ebenen besonders hervor und kommt damit zu einem Informationsbegriff der hier übernommen werden soll: Der Begriff Information „muß . . . möglichst so weit definiert werden, daß die Deutungsvorstellungen der verschiedenen Disziplinen als Teilaspekt darin Platz finden. Durch Adjektive ist der jeweilige Betrachtungsstandpunkt zu verdeutlichen, wie ‚semantische Information' oder ‚zweckorientierte Information'. Es erscheint somit sinnvoll, ‚Information' und ‚Nachricht' synonym zu verwenden und sie auf allen drei Ebenen der Semiotik zu sehen".

Eine Abgrenzung der Begriffe „Nachricht" und „Information" wäre unvollständig, ließe man das Wort „Datum" außer Acht. Bei der Diskussion über Informationswirtschaft und Informationssysteme werden von den Beteiligten ständig Begriffe wie Datenorganisation, Datenerfassung, Datenbank usw. verwendet. Hieraus ersieht man schon die enge Beziehung zwischen den Begriffen Datum und Information.

Das Wort „Datum" ist lateinischer Herkunft und kann wörtlich als „das Gegebene" übersetzt werden. Danach wäre Datum alles, was „wir durch die Reflexion unserer Sinne wahrnehmen" [28, S. 15]. Hieran anknüpfende Deutungsversuche führen kaum zu einer operablen Abgrenzung zwischen Daten und Informationen. Deshalb wird auf eine von Dworatschek [30, S. 52 ff.] dargestellte Begriffssystematik zurückgegriffen, die auf eine Einteilung zurückgeht, die „inhaltlich bei vielen Autoren festgestellt werden kann". Im Vordergrund steht dabei das Kriterium der „Intention". Unter seiner Verwendung lassen sich Informationen in Steuerungsinformationen und Daten einteilen. Datum wäre also ein Teilbegriff zu Information. Als weitere Diskussionsgrundlage diene folgende Übersicht.

Nach Abb. 3 sind Steuerinformationen aktiver Natur, sie lösen Datenverarbeitungsvorgänge aus. Daten dagegen sind passiver Natur, sie sind Gegenstand von Verarbeitungsprozessen. Gegen diese Darstellung sind zwei Einwände zu erheben, die sich

a) auf die Vollständigkeit der Begriffssystematik und
b) auf die in ihr vorgenommene funktionale Unterteilung beziehen.

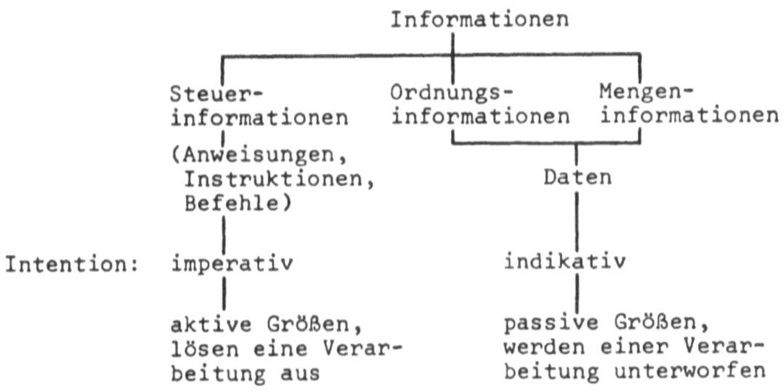

Abb. 3. Informationsarten

Zu a)
Während Mengeninformationen stets numerisch sind, können Ordnungsinformationen numerischer, alphabetischer und alphanumerischer Natur sein. Gegenstand der Datenverarbeitung sind nun aber nicht nur Mengen- und Ordnungsinformationen, sondern in immer stärkerem Maße auch nichtnumerische Informationen, die keine Ordnungsinformationen darstellen. Als Beispiele seien die in neuerer Zeit an großen Bibliotheken im kommerziellen und kommunalen Bereich installierten Information-Retrieval-Systeme, d. h. automatische Dokumentationssysteme, erwähnt, die große Anteile von „Text-Informationen" verarbeiten. Der Begriff Daten ist daher zu eng gefaßt, falls man nur Ordnungs- und Mengeninformationen einbezieht. Er sollte auch Text-Informationen umfassen.

Zu b)
Eine strenge Unterscheidung zwischen Programm (Steuerinformationen) und Daten läßt sich nach Wedekind [104, S. 13] durch kein funktionelles Kriterium vornehmen: „Die Bezeichnung Aktivteil für das Programm und Passivteil für die Daten, die durch das Programm verarbeitet werden sollen, ist nur bei einer Zeitpunktbetrachtung zutreffend. Ist die Betrachtung jedoch zeitraumbezogen, so ist festzustellen, daß Programme oder Programmteile zu Daten und Daten zu Programmteilen werden". Diese Aussage läßt sich anhand von Abb. 4 verdeutlichen.

Für ein mit einem Computer zu lösendes Problem liege ein Fortranprogramm mit zugehörigen Ausgangsdaten vor. Die in Fortran, einer künstlichen Sprache, geschriebenen Anweisungen „versteht" ein Computer nicht. Sie müssen vielmehr mit Hilfe eines Übersetzungsprogrammes, dem Compiler, in eine andere künstliche Sprache übersetzt werden, die der Computer versteht, den Objektcode. Bezogen auf den Übersetzungsvorgang stellen die Fortrananweisungen Eingabedaten und die Anweisungen im Objektcode (Objektprogramm) Aus-

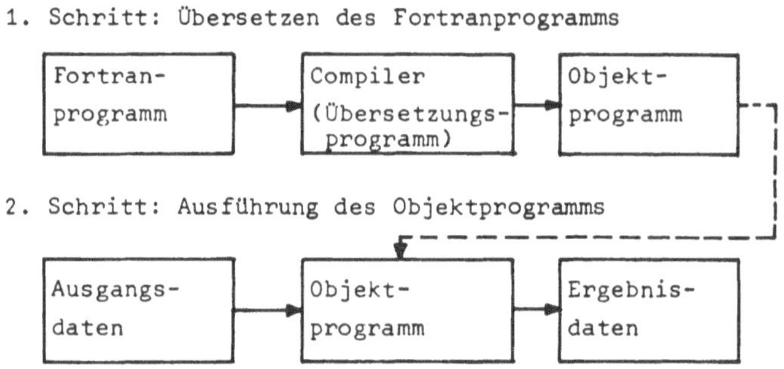

Abb. 4. Problemlösung mit einem Fortranprogramm

gabedaten dar. Nach dem Übersetzungsvorgang kann das Objektprogramm ausgeführt werden. Beim Übersetzen noch Passivteil wird es jetzt Aktivteil.

Bei Begriffsbestimmungen ist zu berücksichtigen, daß „Begriffe ihrer Natur nach . . . noch nicht Erkenntnis, sondern Instrument im Prozeß der Gewinnung von Erkenntnis“ [137, S. 328] sind. Die in Abb. 3 niedergelegte Abgrenzung weist einen hohen Grad an Operationalität auf. Sie wird daher, unter Beachtung der erhobenen Einwände, als Ausgangspunkt für einen Definitionsversuch gewählt:

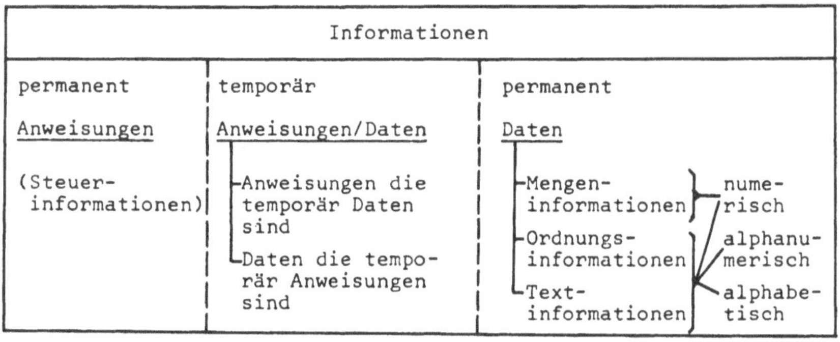

Abb. 5. Informationen und Daten

Die Einteilung in Abb. 5 läßt sich wie folgt begründen: In vielen Anwendungsbereichen, in denen neben manueller Datenverarbeitung auch Datenverarbeitungsanlagen zum Einsatz kommen, sind innerhalb des gesamten Datenverarbeitungssystems

(1) Folgen von Steuerinformationen (Programme oder Programmteile) verfügbar, die niemals zu Daten werden (= permanente Anweisungen), und

(2) numerische, alphabetische und alphanumerische Informationen (Mengen-, Ordnungs- und Text-Informationen) abgespeichert, die niemals zu Programmteilen werden (= permanente Daten).
(3) Wie anhand Abb. 4 gezeigt wurde, gibt es darüber hinaus Anweisungen, die temporär Daten sind, und Daten, die temporär Anweisungen sind.

Steuerinformationen und Daten lassen sich also bei einer Zeitraumbetrachtung nicht streng voneinander trennen. Der Begriff Daten überlappt sich mit dem Begriff Steuerinformationen.

1.1.3 Kommunikations- und Informationssysteme

Die Abgrenzung von Kommunikations- und Informationssystemen erfordert zunächst eine Auseinandersetzung mit dem Systembegriff. Bertalnaffy [10] entwarf in den Dreißiger Jahren eine allgemeine Theorie der Systeme. Daran anknüpfend entstanden in der Zwischenzeit Fachdisziplinen wie Systemtheorie (systems theory), Systemforschung (systems research), Systemtechnik (systems engineering). Gemeinsam ist ihnen die ganzheitliche Betrachtungsweise, die auf der Erkenntnis beruht, „daß das Ganze häufig mehr ist als die Summe seiner Teile und dementsprechend nur eine systemorientierte Untersuchung die wahre Struktur und Verhaltensweise realer Phänomene erkennen läßt" [201, S. 2]. Das System, Gegenstand der ganzheitlichen Betrachtungsweise, wird definiert durch eine Menge von Elementen und durch die Beziehungen, die zwischen den Elementen bestehen. Die Gesamtheit der Beziehungen bildet die Systemstruktur. Ein System kann meist mit unterschiedlicher Detaillierung in Elemente aufgegliedert werden. Die einzelnen Elemente sind i.a. nicht mehr gleichgeordnet. Es liegt eine Systemhierarchie vor:

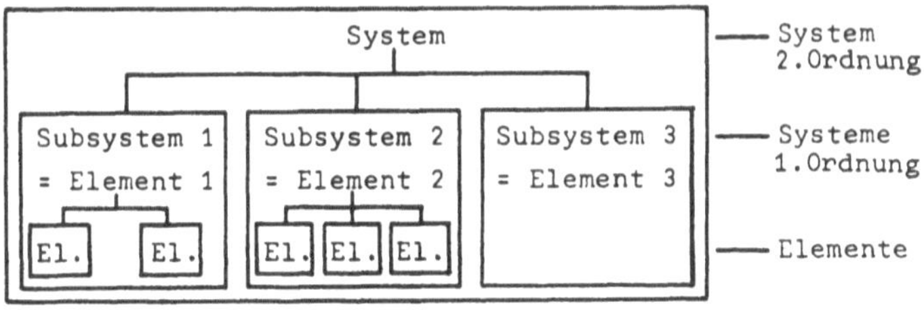

Abb. 6. Systemhierarchie

Mehrere Elemente, die in spezifischer Beziehung zueinanderstehen, bilden in Abb. 6 ein Subsystem (Unter-, Teilsystem). Die Zusammenfassung von Subsystemen ergibt das System, das selbst wieder Subsystem eines übergeordneten Systems sein kann.

Zur Klassifikation von Systemen können eine Vielzahl von Merkmalen dienen. Dubach [126, S. 283] unterscheidet insgesamt 18 Merkmale mit 2 bis 8 Ausprägungen, u. a. (vereinfacht):

Komplexität:	einfach/komplex/äußerst komplex
Determiniertheit:	determiniert/ probabilistisch/kombiniert
Abgrenzung:	offen/geschlossen
Zustandsänderung:	statisch/dynamisch
Adaption:	nichtadaptiv/adaptiv
Materialisation:	real/ideell/kombiniert
Vorkommen:	natürlich/künstlich/kombiniert

Von besonderem Interesse in dieser Arbeit ist die Unternehmung als System. Sie kann u. a. bezeichnet werden als:

(1) äußerst komplexes System aufgrund der vielfältigen materiellen, energetischen und informationellen Beziehungen, die zwischen den Elementen (Organisationsbereiche, Aufgabenträger, Produktionsmittel, . . .) bestehen,
(2) dynamisches System aufgrund der Existenz aktiver Elemente, die im Betriebsprozeß Inputgrößen aufnehmen und sie zu Outputgrößen umformen,
(3) offenes System aufgrund der Existenz von Beziehungen zur Systemumgebung (Umwelt der Unternehmung),
(4) adaptives System aufgrund der ihr innewohnenden Eigenschaft, sich an wesentliche Umweltveränderungen durch Änderungen der inneren Systemstruktur anzupassen.

Teilsystem einer Unternehmung ist sicherlich das betriebliche Kommunikationssystem. Es kann durch die Angabe der Elemente, der zwischen ihnen bestehenden Beziehungen und durch Hinzuziehung der oben erwähnten Klassifizierungsmerkmale abgegrenzt werden. Elemente eines Kommunikationssystems sind Informationssender und -empfänger, wobei als Sender und Empfänger sowohl Menschen als auch Maschinen auftreten können. Beziehungen zwischen den Elementen bestehen in Form von Informationswegen. Die Gesamtheit von Sendern und Empfängern mit den zwischen ihnen bestehenden kommunikativen Beziehungen bildet ein Kommunikationssystem. Nach Abb. 2 bestehen die Aufgaben eines Kommunikationssystems zunächst in der Informationsabgabe, Informationsübertragung, Informationsaufnahme und Codierung. Eine zusätzliche Aufgabe ist die Informationsspeicherung. Sie ist notwendig zur Überbrückung von zeitlichen Diskrepanzen zwischen Informationsbedarf und Informationsverfügbarkeit [23, S. 129 f.]. Mit den Aufgaben der Kommunikation, die sich aus der bewußt-organisatorischen Gestaltung des Betriebsprozesses ableiten, wird das formale Kommunikationssystem einer Unternehmung umrissen. Im Gegensatz dazu korrespondiert mit der in jedem Betrieb vorhandenen informalen Organisation [67, S. 87] ein informales Kommunikationssystem. Es beruht auf den persönlichen und sozialen Beziehungen der betrieblichen Aufgabenträger.

Eine Wesensbestimmung des Begriffes „Informationssystem" wäre ohne Abgrenzung zum Kommunikationssystem unvollständig und unbefriedigend. Die Begriffsbestimmung von Niederberger: „Das Netz von Informationswegen und -verbindungen, welches sich über die ganze Unternehmung und sogar darüberhinaus erstreckt, kann als Informationssystem bezeichnet werden" [74, S. 33], beispielsweise trifft in dieser allgemeinen Form gleichermaßen für ein Kommunikationssystem zu. Für Dworatschek [30, S. 58] dagegen ist ein Informationssystem ein spezielles Kommunikationssystem. Er unterscheidet folgende Entwicklungsstufen von Kommunikationssystemen:

(1) personelle Kommunikationssysteme, in denen manuelle und teilmechanische Verfahren eingesetzt werden,
(2) Datenverarbeitungssysteme,
(3) Informationssysteme, die eine Daten- und Modellbank umfassen.

Der Computer wird damit zum Merkmal eines Informationssystems. Eine etwas allgemeinere Begriffsbestimmung stammt von Lutz [148, S. 55]. In Verbindung mit dem Managementaspekt, der hier noch im Hintergrund steht, unterscheidet er:

(1) Kommunikationssystem,
(2) Informationssystem als formalisiertes oder formalisierbares Kommunikationssystem,
(3) computerorientiertes Informationssystem; es unterstützt Kommunikationsprozesse von solch hohem Formalisierungsgrad, daß eine Mechanisierung oder gar Automatisierung dieser Prozesse möglich ist.

In beiden Definitionen wird ein Informationssystem als Subsystem eines Kommunikationssystems verstanden. Man sollte jedoch den Begriff Informationssystem nicht an das Vorhandensein eines Computers knüpfen. Berücksichtigt man aber daß die praktische Realisierung von Informationssystemen ohne Computer meist nicht möglich ist, so bietet sich eine Unterscheidung an in:

a) Informationssystem im weiteren Sinne,
b) computerorientiertes Informationssystem = Informationssystem im engeren Sinne.

Zu a)

Ein Informationssystem i. w. S. ist ein formalisiertes oder formalisierbares Kommunikationssystem. Formalisierungsbestrebungen richten sich normalerweise nur auf das formale Kommunikationssystem. In diesem Falle ist ein Informationssystem ein Teilsystem eines formalen Kommunikationssystems. Es umfaßt den formalisierbaren Teil eines formalen Kommunikationssystems, also diejenigen Kommunikationsbeziehungen, für die man genaue Regeln des kommunikativen Ablaufes angeben kann. Es enthält nicht den nichtformalisierbaren Teil eines formalen Kommunikationssystems, also Kommunikationsprozesse, die sich nicht formalisieren lassen. Ein Beispiel für einen formalisierten Kommunikationsprozeß ist die Weitergabe einer erstellten Kundenrechnung. Art und Struktur der enthaltenen Informationen sind hier festgelegt, d.h. formalisiert. Die Diskussion in einer Gruppe zum Zweck des Treffens einer Entscheidung, die sich nicht rational begründen läßt, ist ein Beispiel für einen nicht formalisierbaren Kommunikationsprozeß.

Zu b)
Eine Unterscheidung zwischen computerorientierten Informationssystemen (Informationssystemen i.e.S.) und Informationssystemen i.w.S. ist aufgrund der genannten praktischen Gründe berechtigt. In einem computerorientierten Informationssystem werden diejenigen formalisierbaren Teile des formalen Kommunikationssystems subsummiert, die durch den Computer unterstützt werden. Es sind dies, wie oben erwähnt, die mechanisierbaren oder gar automatisierbaren Kommunikationsprozesse. Im folgenden steht das computerorientierte Informationssystem, Teilsystem des Informationssystems i.w.S., im Vordergrund. Es wird einfachheitshalber als Informationssystem bezeichnet und nur falls erforderlich durch den Zusatz „computerorientiert" ergänzt.

Eine Zusammenfassung der in diesem Abschnitt abgegrenzten Begriffe ist in Abb. 7 wiedergegeben.

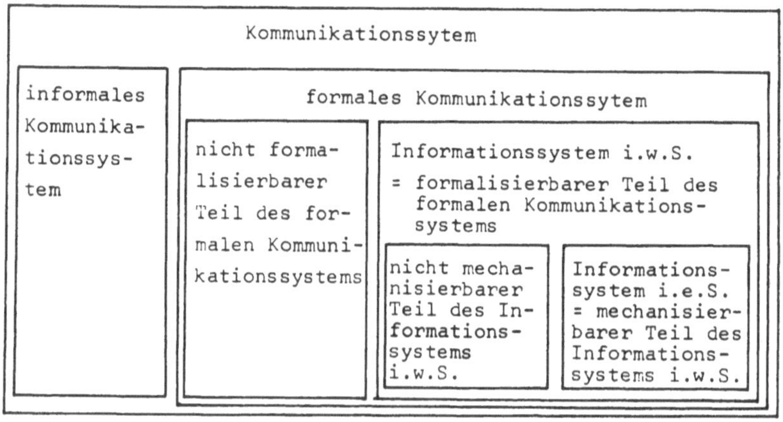

Abb. 7. Systemorientierte Abgrenzung von Kommunikations- und Informationssystemen

1.1.4 Struktur und Arten von Informationssystemen

Im vorhergehenden Abschnitt wurde das (computerorientierte) Informationssystem als Subsystem eines allgemeinen Kommunikationssystems abgegrenzt. Die Untersuchung in diesem Abschnitt richtet sich auf das Informationssystem selbst. Ziel ist es, die allgemeine Struktur zu beschreiben, die für alle Arten von Informationssystemen Gültigkeit besitzt.

Elemente eines allgemeinen Informationssystems sind nach Auffassung einiger Autoren:

Autor	Elemente			
Ackoff [112, S. 4]	User	Data Bank	Data Processor	(Computer)
Dworatschek [30, S. 59]	personelles Komm. syst.	Datenbank	Modellbank	Computer
Senn [172, S. 512]	Communication	Datenbank	Retrieval	(Computer)

Ackoff und Senn nennen den Computer zwar nicht explizit, schließen ihn aber implizit über die Datenbank mit ein. Data Processing bzw. Retrieval in Verbindung mit einer Datenbank ist ohne Computer nicht möglich. Als grundsätzliche Elemente eines Informationssystemes können also gelten:

a) personelles Kommunikationssystem mit spezifischen Aufgaben
b) Datenbank
c) Modellbank
d) Computersystem.

Zu a)
Unter dem Begriff „personelles Kommunikationssystem" werden alle Benutzer eines Informationssystems subsummiert. Allgemeine Aufgabe eines Informationssystems ist die informationelle Unterstützung der Benutzer bei der Durchführung ihrer Aufgaben und die wirtschaftliche Gestaltung der Kommunikationsprozesse. Je nach den gemeinsamen, spezifischen Benutzeraufgaben, die das Informationssystem unterstützt, steht eine bestimmte Funktion im Vordergrund. So wird in der Literatur unterschieden zwischen:

- Entscheidungssystemen
- Planungssystemen
- Steuerungssystemen
- Kontrollsystemen
- Dispositionssystemen
- Dokumentationssystemen
- Auskunftssystemen usw.

Diese Begriffe kennzeichnen unterschiedliche Entwicklungsstufen oder spezielle Ausprägungen von Informationssystemen.

Zu b)
Als Datenbank bezeichnet man die datentechnische Zusammenfassung aller Datenelemente in einem Informationssystem mit zentraler Verwaltung [193, S. 16]. Aus technischen Gründen werden in der automatisierten Datenverarbeitung numerische und nichtnumerische Daten stufenweise zu Daten höherer Ordnung aggregiert. Die so entstehende Datenhierarchie wird formal durch folgende Begriffe beschrieben:

Datenfeld – Daten 1. Ordnung
|
Datensatz – Daten 2. Ordnung
|
Datei – Daten 3. Ordnung
|
Datenbank – Daten 4. Ordnung

Datenfelder enthalten aus Zeichen zusammengesetzte Einzelinformationen wie z. B. Kunden-Nr., Name, Postleitzahl usw. Die Zusammenfassung zusammengehöriger Datenfelder ergibt einen Datensatz, z. B. Kundenstammsatz. Durch geordnete Zusammenfassung von Datensätzen gleichen Aufbaus entsteht eine Datei.

Beispiel:

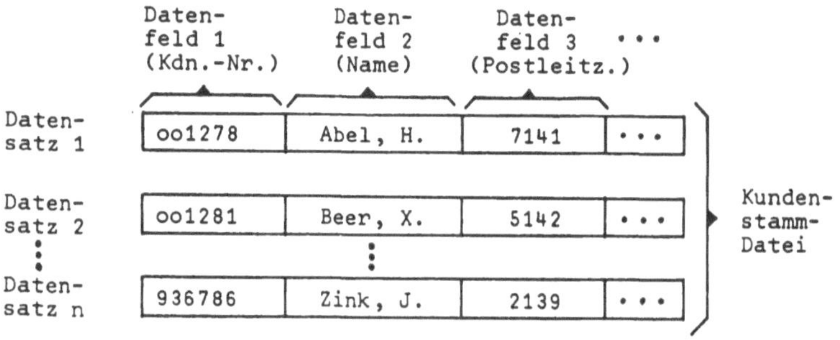

Erst die Verknüpfung mehrerer, miteinander in Beziehung stehender Dateien bildet die integrierte Datenbasis eines Informationssystems, die Datenbank.

Zu c)
Die Modellbank stellt das dritte Subsystem eines Informationssystems dar. Sie umfaßt vier Gruppen von Programmen:

(1) Programme zum Aufbau und zur Pflege der Datenbank (Dateiverwaltungsprogramme). Sie sind notwendiger Bestandteil jedes Informationssystems.

(2) Programmsysteme zur Formulierung von Anfragen an die Datenbank. Ihr sprachlicher Teil wird mit Ausdrücken wie Abfragesprache (query language), Datenbanksprache, usw. belegt. Sie dienen zur Kommunikation zwischen Benutzer und Datenbank.
(3) Programme zur Erstellung von Standardberichten.
(4) Anwendungsbezogene Verarbeitungsprogramme.

Zu d)
Die vierte Komponente eines Informationssystems bildet ein Computer. Seine Teilsysteme dienen im Rahmen eines Informationssystems folgenden Zwecken:

(1) Das Speichersystem, bestehend aus Arbeits- und Direktzugriffspeichern (Magnettrommel-, Magnetplatten-, Magnetstreifenspeicher), nimmt Daten- und Modellbank auf.
(2) Das Processorsystem, bestehend aus logischer Einheit und Steuerwerk, dient zur Manipulation der Datenbank nach Maßgabe der in der Modellbank niedergelegten Programme.
(3) Das System der Peripheriegeräte, insbesondere aber sog. Terminals wie Bildschirm und Schreibmaschine, dient der Abwicklung der kommunikativen Beziehungen zwischen Mensch (Benutzer) und Maschine.

Die allgemeine Struktur eines Informationssystems mit den Untersystemen personelles Kommunikationssystem, Datenbank, Modellbank und Computersystem ist in Abb. 8 dargestellt.

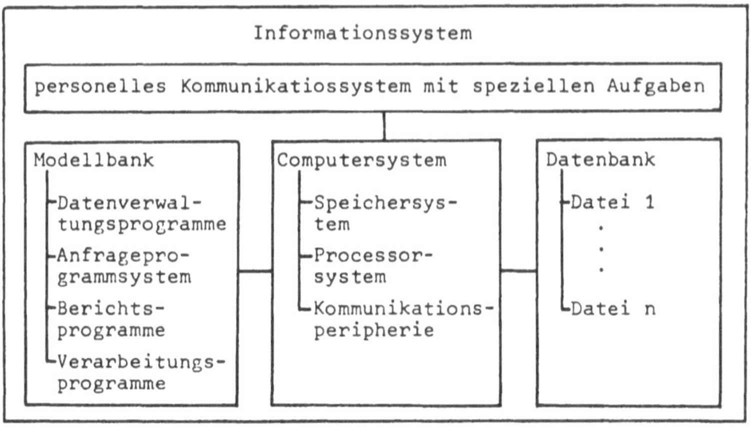

Abb. 8. Allgemeine Struktur eines Informationssystems

Bei der Klassifizierung allgemeiner Informationssysteme ist das Merkmal der Funktion zu berücksichtigen. Die oben genannten Funktionen, die einer ersten

Unterscheidung von Informationssystemen dienten, lassen sich in zwei Gruppen [103, S. 16] einteilen:

(1) Dokumentationsfunktion: Sie kennzeichnet die Fähigkeit des Informationssystems, den Benutzer auf Anfragen hin mit relevanten Informationen zu versorgen. Diese Funktion wird durch das Anfrage-Programmsystem der Modellbank gewährleistet.
(2) Steuerungsfunktion: Sie beruht auf den in der Modellbank niedergelegten weiterverarbeitenden Anwendungsprogrammen. Diese Anwendungsprogramme sind in Programmform gefaßte Rechenmodelle und ermöglichen so die Mechanisierung oder gar Automatisierung von Abrechnungs-, Dispositions-, Planungsaufgaben usw. der Benutzer.

Durch beide Funktionen werden die Entscheidungen der Benutzer beeinflußt [30, S. 59]: Durch Bereitstellung adäquater Daten aus der Datenbank unterstützt die Auskunftsfunktion die erste Komponente des Entscheidungsprozesses, die Entscheidungsvorbereitung. Mit den der Steuerungsfunktion zugrundeliegenden Rechenmodellen wird die zweite Komponente unterstützt, die Entscheidungsfindung.

Konkrete Informationssysteme sind für einen abgegrenzten Organisationsbereich konzipiert. Abhängig davon dominiert die Steuerungs- oder die Dokumentationsfunktion. Da der Organisationsbereich „Unternehmung" im Rahmen dieser Arbeit von besonderer Bedeutung ist, wird folgende Einteilung gewählt:

a) nichtbetriebliche Informationssysteme,
b) betriebliche Informationssysteme.

Zu a)
Nichtbetriebliche Informationssysteme lassen sich in zwei Gruppen einteilen:

(1) Nichtbetriebliche Informationssysteme mit reiner Dokumentationsfunktion. Sie werden als Information-Retrieval-Systeme (Dokumentations-, Auskunfts-, Informationserschließungssysteme) bezeichnet. Kennzeichnend für sie ist der hohe Anteil von Texten an der gesamten verarbeiteten Information und ein sog. Thesaurus. Dieser Thesaurus definiert diejenigen Begriffe, die der Benutzer bei der Formulierung von Anfragen verwenden darf. Beispiele für nichtbetriebliche Informationssysteme sind:
   - Esro/Eldo Space Information Service (umfaßt ca. $^1/_2$ Million Dokumente) [95]
   - Juristische Dokumentationszentren
   - Dokumentationszentren von Patentämtern
   - Dokumentationszentren von Kriminalämtern
   - Olympisches Dokumentationszentrum in München

(2) Nichtbetriebliche Informationssysteme mit Dokumentations- und Steuerungsfunktion. Von Bedeutung sind in dieser Gruppe vor allem:
   - Medizinische Informationssysteme [52]
   - Kommunale Informationssysteme
   - Informationssysteme von Hochschulen [72]

Zu b)
Informationssysteme, die eine Unternehmung betreffen und die sowohl die Steuerungs- als auch die Dokumentationsfunktion umfassen, werden hier als Management-Informationssysteme bezeichnet. Sie sind Gegenstand des nächsten Abschnitts.

1.2 Management-Informationssysteme

Betriebliche Informationssysteme werden in der Literatur mit einer Vielzahl von Begriffen belegt, so etwa mit:

- Management-Control-System (MCS) [112, S. 10]
- Management-Information and Control-System (MICS) [51, S. 93]
- Integriertes-Management-Informations-System (IMIS) [117, S. 249 ff.]

Sie betonen einzelne Managementfunktionen oder die Notwendigkeit der Systemintegration. Da diese Aspekte in jedem umfassenden betrieblichen Informationssystem zu beachten sind, wird im folgenden nur noch die Bezeichnung Management-Informationssystem (MIS) verwendet. Die Abgrenzung von Management-Informationssystemen gegenüber einem allgemeinen Informationssystem, wie es in Kapitel 1.1.4 beschrieben wurde, setzt eine Analyse des Begriffes „Management" voraus. Danach können Aufgaben und Merkmale von MIS behandelt werden.

1.2.1 Das Management

„Immer mehr scheint sich die Erkenntnis durchzusetzen, daß Gesellschaftsgewinne in Zukunft weniger als bisher von Materialeinsatz, Geld und Arbeitskräften, dafür aber umso mehr vom ‚Management' abhängen werden" [78, S. 17]. Dieses Zitat weist auf einen Wandel der Führungskonzeption hin, der sich vor allem in größeren Unternehmungen vollzogen hat. Der Unternehmer, der in sich die Funktionen des Kapitalgebers, Unternehmensleiters und Risikoträgers vereinigte, wurde in Kapitalgesellschaften weitgehend abgelöst durch die Anteilseigner und das Management. Der Begriff des Management erfährt in der Literatur verschiedene Interpretationen. Er wird in drei verschiedenen Bedeutungen gebraucht [77, S. 26]:

a) Management als Institution

b) Management als Funktion
c) Management als Fachgebiet

Zu a)
Das Management als Institution bezeichnet den Personenkreis der Manager in einer Unternehmung. Er umfaßt alle Träger dispositiver Aufgaben, d. h. Aufgaben, „die mit der Leitung und Lenkung der betrieblichen Vorgänge in Zusammenhang stehen" [46, S. 20]. Aufgaben des Management werden unterschieden von den objektbezogenen Aufgaben der ausführenden Ebene, die „unmittelbar mit der Leistungserstellung, der Leistungsverwertung und mit finanziellen Aufgaben in Zusammenhang stehen, ohne dispositiv-anordnender Natur zu sein" [46, S. 20]. Der Personenkreis des Management wird von vielen Autoren in oberes, mittleres und unteres Management unterteilt [63, S. 41], [83, S. 328]. Die Managementebenen mit zugeordneten Aufgabenschwerpunkten sind in Abb. 9 dargestellt.

Zu b)
Funktionell gesehen umfaßt Management die Gesamtheit dispositiver Aufgaben [54, S. 41 ff.]. Diese lassen sich in Teilfunktionen eines Managementprozesses zerlegen. In der Literatur werden als Teilfunktionen genannt:

(1) von allen Autoren:	Planung, Organisation, Kontrolle
(2) häufiger:	Koordination
(3) vereinzelt:	Information, Kommunikation, Motivation, Führen, Entscheidung, Zielsetzung, etc.

Teilfunktionen der Gruppen (2) und (3) werden von einigen Autoren nicht als gesonderte Teilfunktion, sondern als Elemente anderer Teilfunktionen ausgewiesen (z. B. Zielsetzung als Element der Planung, Koordination und Motivation als Elemente des Führens). In Anlehnung an Mackenzie [149, S. 80ff.] wird hier Management als Funktion definiert durch die sequentiellen Teilfunktionen

(1) Planung
(2) Organisation
(3) Führen
(4) Kontrolle,

die ständig von den kontinuierlichen Funktionen

(5) Entscheidung
(6) Kommunikation

durchdrungen werden.

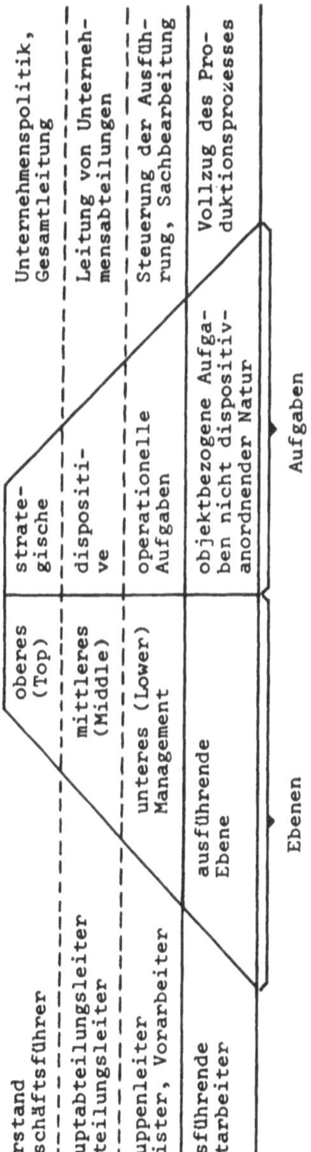

Abb. 9. Ebenen und Aufgaben des Management

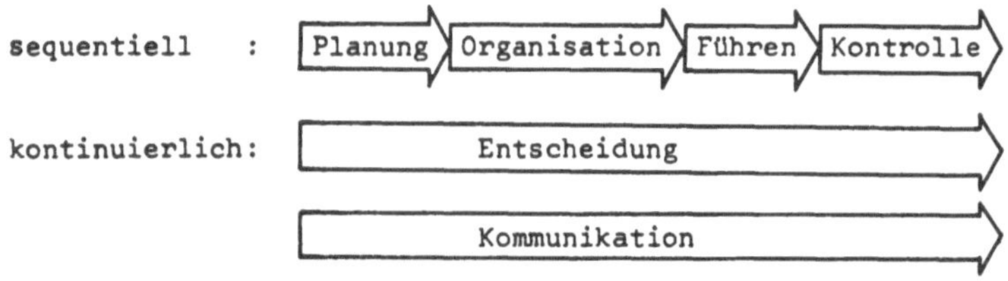

Abb. 10. Sequentielle und kontinuierliche Funktionen des Managementprozesses

Die Planungsfunktion läßt sich in die drei Phasen:

(1) Prognose
(2) Zielsetzung
(3) Gestaltung

zerlegen. Aufgabe der Prognose ist es, kommende Entwicklungen vorauszusagen und, bei Berücksichtigung des gegenwärtigen Zustandes (dokumentiert durch Ist-Daten) und der gegenwärtig verfolgten Politik, die zukünftige Situation möglichst quantitativ zu beschreiben. Mit dem Setzen von Zielen wird die erwünschte zukünftige Situation beschrieben. Schriftlich formulierte Ziele verhindern Mißverständnisse und schaffen eine eindeutige Grundlage für die spätere Kontrolle der Zielerreichung. Erwünscht ist die Vorgabe möglichst operationaler Ziele. Die Operationalität eines Zieles bezeichnet das Ausmaß, in dem es möglich ist, die Zielerreichung festzustellen [59, S. 42]. Höchste Operationalität weisen quantitativ formulierte Ziele auf (Vorgabe von Soll-Werten). Die Gestaltung hat die Aufgabe, die Wege zu den Zielen im vorhinein zu bestimmen. Es sind Strategien zu entwickeln, die die grundsätzliche Art der Zielerreichung kennzeichnen. Alternative Strategien sind zu bewerten und die günstigste ist auszuwählen. Die ausgewählten Strategien stecken für die planende organisatorische Einheit einen Handlungsraum ab. Dieser ist mit einem Handlungsprogramm, das die durchzuführenden Schritte nach Priorität, Reihenfolge und Zeit beschreibt, auszufüllen. In einer Unternehmung vollzieht sich dieser Planungsprozeß in Ebenen. In der obersten Managementebene wird das Zielsystem für die gesamte Unternehmung festgelegt. Aus dem Zielsystem leiten sich mit zunehmender Detaillierung Teilziele für Funktionsbereiche und Abteilungen ab. Mit dieser Zielhierarchie korrespondiert eine Hierarchie von Handlungsprogrammen, eine Planhierarchie. Von der obersten zur untersten Planebene wird die Unsicherheit der Planung geringer und die Fristigkeit der Planung nimmt ab.

Die Organisation ist die nächste sequentielle Management-Funktion. Sie umfaßt die beiden Teilaufgaben:

(1) Aufbauorganisation
(2) Ablauforganisation

Gegenstand der Aufbauorganisation ist die Festlegung der Organisationsstruktur. Dies erfordert die Bildung von Stellen und die Festlegung von Verbindungen zwischen den Stellen. Durch Stellenbeschreibungen werden die mit den Stellen verbundenen Aufgaben, Kompetenzen und Verantwortlichkeiten abgegrenzt. Verbindungen zwischen den Stellen sind Kommunikationswege mit besonderer Funktion, z. B. Anordnungs-, Vorschlags-, Mitteilungswege. Die Ablauforganisation richtet sich auf die Gestaltung des Arbeitsvollzuges. Die Gestaltung besteht in der Erarbeitung eines Systems von Regeln, die die Arbeitsdurchführung beschreiben. Ein Kernproblem der Ablauforganisation liegt darin, Arbeitsabläufe so weitgehend zu formalisieren, daß sie mechanisierber oder gar automatisierbar sind. Entsprechend den abnehmenden Planfristen und Unsicherheiten und der zunehmenden Determiniertheit der für die Aufgabendurchführung zur Verfügung stehenden Informationen, nehmen von der obersten zur untersten Unternehmensebene hin die formalisierbaren Aufgaben zu. Die Schwerpunkte der Ablauforganisation liegen daher in den unteren Managementebenen.

Unter Führen, einer weiteren sequentiellen Management-Funktion, werden hier die von Mackenzie [149] mit „Staff" und „Direct" bezeichneten Teilaufgaben verstanden. Führen umfaßt damit Einzelaufgaben wie:

(1) Auswahl von geeigneten Mitarbeitern,
(2) Einführung von Mitarbeitern in den neuen Aufgabenbereich,
(3) Ausbildung von Mitarbeitern,
(4) Ausrichtung von Mitarbeitern auf das gewünschte Ziel durch Motivation und Koordination,
(5) Anregung zu eigenem Denken und zur Kreativität,
(6) Lösung von Konflikten.

Die Kontrolle beendet die Folge der sequentiellen Management-Funktionen. Sie wird hier im Sinne von „Executive Control" oder „Management Control" interpretiert und umfaßt die Erkennung, Voraussage und Beeinflussung bedeutender Phasen der Geschäftsentwicklung zum Zweck der Erreichung vorher gesetzter Ziele [82, S. XI]. Die Kontrolltätigkeit läuft in folgenden Schritten ab:

(1) Formulierung von Beurteilungskriterien für die Zielerreichung,
(2) Erfassung von Informationen, die die Ergebnisse des ausgeführten Handlungsprogramms (Planes) beschreiben,
(3) Gegenüberstellung von Soll- und Ist-Ergebnissen,
(4) Analyse der Ursachen von Abweichungen,
(5) Auswahl und Durchführung von Korrekturmaßnahmen.

Der Schritt 5 wird nur durchgeführt, wenn Abweichungen die Zielerreichung gefährden. Er ist gleichbedeutend mit einer Planänderung. Damit schließt sich die Folge der sequentiellen Management-Funktionen zu einem überlappenden Zyklus.

Prozesse der beschriebenen Art vollziehen sich in allen Managementebenen und bilden ein System miteinander vermaschter Zyklen. An übergeordnete Zyklen der obersten Managementebene knüpfen stufenweise Zyklen unterer Ebenen an. Der Ablauf der sequentiellen Management-Funktionen vollzieht sich nicht in der in Abb. 10 dargestellten Strenge, denn:

(1) Einzelne Funktionen können mehrfach durchlaufen werden, ehe die nächste Funktion ausgeführt wird. Dies trifft vor allem für die Planung zu; die Abstimmung von Zielen und betrieblichen Gegebenheiten erfolgt in iterativen Planungsschritten.
(2) Einzelne Funktionen müssen nicht explizit ausgeführt werden. So erfordert z. B. der Vollzug von Arbeiten in der ausführenden Ebene nicht stets erneute organisatorische Regelungen.
(3) Die Durchlaufzeit für die Zyklen ist an die Fristigkeit der Planung gekoppelt, sie nimmt zu unteren Ebenen hin ab.
(4) Einzelne Funktionen können überlappt ablaufen, z. B. Planung und Kontrolle wie oben beschrieben.

Das Treffen von Entscheidungen stellt eine zentrale Funktion des Managements dar. Der gesamte Entscheidungsprozeß läßt sich im wesentlichen in zwei Phasen gliedern [109, S. 85 ff.]:

(1) Entscheidungsvorbereitung,
(2) Entscheidungsfindung.

Die Entscheidungsvorbereitung umfaßt die genaue Definition des zu lösenden Problems, die Analyse des Problems und die Ausarbeitung alternativer Entscheidungsmöglichkeiten. Die Entscheidungsfindung ist ein Festlegungsakt; sie besteht in der Auswahl der optimalen Entscheidungsmöglichkeit. In der Literatur wird der enge Zusammenhang zwischen Planung und Entscheidung betont. Ein Planungsprozeß, der von einer oberen Managementebene ausgeht und sich nach unten hin stufenweise in Teilplanungsprozesse auffächert, ist von einer dieser Stufung folgenden Sequenz von Entscheidungen durchsetzt. Entscheidungen werden aber nicht nur im Rahmen der Planung, sondern auch bei Ausführung der Funktionen Organisation, Führen und Kontrolle gefällt.
Die bisher behandelten Funktionen Planung, Organisation, Führen, Kontrolle und insbesondere die Entscheidung setzten ständiges Informiertsein des Managements voraus. Die Kommunikation kann daher, neben der Entscheidung, als zweite kontinuierliche Management-Funktion angesehen werden.

Zu c)
Auf die Interpretation Management gleich Fachgebiet wird hier lediglich hingewiesen. Sie ist im Rahmen dieser Arbeit von untergeordneter Bedeutung.

1.2.2 Struktur und Aufgaben eines MIS

Mit der Behandlung der Struktur eines allgemeinen Informationssystems und des Begriffs Management wurden die Voraussetzungen für die Abgrenzung von MIS geschaffen. Ein MIS kann als spezielle Ausprägung eines allgemeinen Informationssystems verstanden werden, das auf die Funktionen des Management ausgerichtet ist.

Generell soll ein MIS Aufgaben des Management auf allen Ebenen unterstützen oder gar zum Teil übernehmen. Die weitergehende Beschreibung seiner Einsatzmöglichkeiten erfordert eine Differenzierung nach:

a) prinzipiellen Funktionen eines Informationssystems,
b) Managementebenen.

Diese Differenzierung soll Abb. 11 graphisch veranschaulichen.

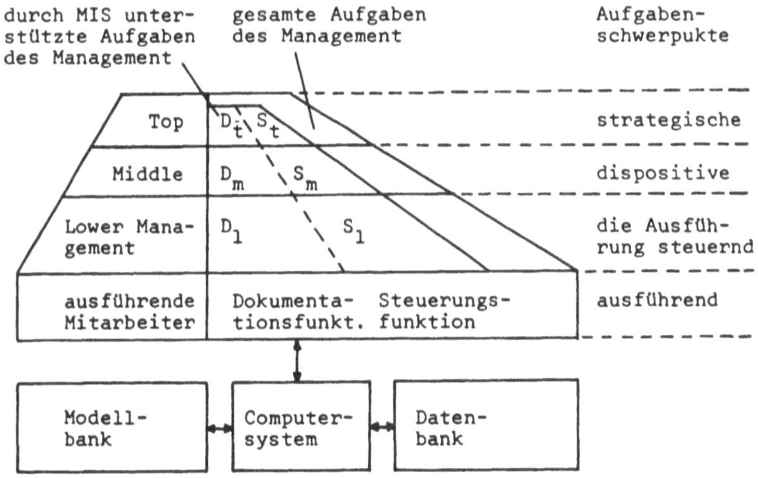

Abb. 11. Struktur und Aufgaben eines MIS

Zu a)
Ein Informationssystem und speziell auch ein MIS hat eine Dokumentations- und eine Steuerungsfunktion zu erfüllen; beide Funktionen sind entscheidungsorientiert. Die Dokumentationsfunktion dient der Entscheidungsvorbereitung; es liegt folgender Ablauf vor:

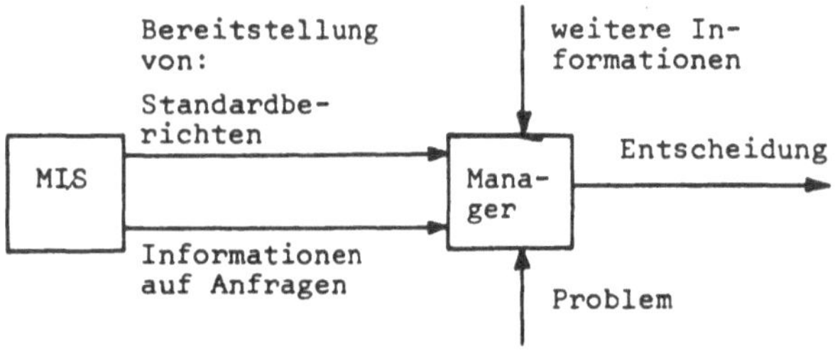

Abb. 12. Dokumentationsfunktion eines MIS

Die Informationsausgabe kann in Form periodischer Standardberichte und in nichtstandardisierter Form, bei der Beantwortung von Anfragen, erfolgen.

Die Steuerungsfunktion basiert auf Modellen der Modellbank; der Ablauf ist folgender:

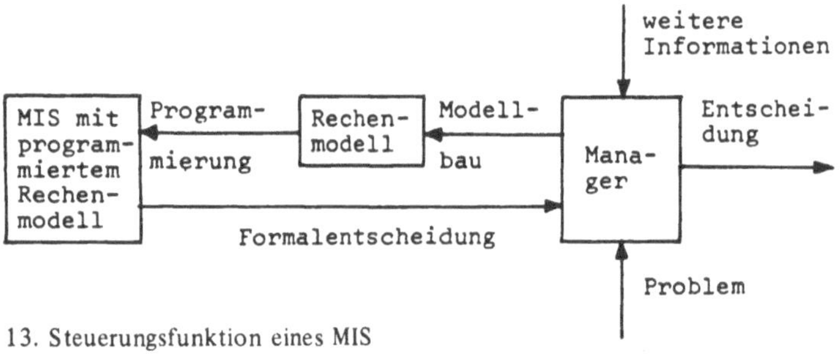

Abb. 13. Steuerungsfunktion eines MIS

Die Problemlösung läßt sich in diesem Falle in einem programmierten Rechenmodell fassen. Das MIS ist damit in der Lage, Formalentscheidungen zu treffen. Die tatsächliche Managerentscheidung kann dann von einer Formalentscheidung abweichen, wenn sich nicht alle entscheidungsrelevanten Informationen im Rechenmodell berücksichtigen lassen.

Zu b)

Ein MIS kann nur einen Teil der gesamten Managementaufgaben unterstützen bzw. übernehmen. Dieser Anteil nimmt von der oberen zur unteren Managementebene hin zu. Da umfassende MIS bis heute noch nicht realisiert sind und dementsprechend nur lückenhafte praktische Erfahrungen vorliegen, läßt sich ihr wirtschaftlicher Einsatzbereich nicht im Detail angeben. Jedoch können folgende Aufgabenschwerpunkte eines MIS angenommen werden:

(1) Im Bereich des oberen Management dominiert eindeutig die Dokumentationsfunktion. Das MIS stellt vor allem Informationen für gesamtunternehmens- und unternehmensbereichsbezogene Planungsvorgänge zur Verfügung. Die Steuerungsfunktion wird, in eingeschränkter Form, durch

Simulationsrechnungen repräsentiert. So sollen z. B. die Ergebnisse der Simulation eines vollautomatischen Zentrallagers die Investitionsentscheidungen der Geschäftsleitung einer deutschen Firma unterstützen [33, S. 102]. Die zur Simulation von Unternehmen und Unternehmensbereichen konzipierten Planspiele dienen vorwiegend der Management-Ausbildung. Sie unterstützen nur indirekt die Managementaufgaben.

(2) Das mittlere Management hat die vom oberen Management vorgegebene Unternehmenspolitik zu realisieren. Es ist verantwortlich für die in ihrem Bereich ablaufenden Produktionsprozesse und Verwaltungsaufgaben. Dazu gehört die selbständige Disposition und Kontrolle dieser Prozesse. Ein Teil der Dispositionsarbeiten läßt sich so weit formalisieren und in Programme fassen, daß ihre Mechanisierung im MIS möglich ist. So z. B. die Bestelldisposition im Bereich der Lagerhaltung oder die Auftragsdisposition in der Fertigung. Neben dieser Steuerungsfunktion ist im Bereich des mittleren Management auch die Dokumentationsfunktion des MIS von Bedeutung. Sie besteht in der Erstellung von abteilungsbezogenen Tabellen, Diagrammen, etc., die als Unterlagen für Dispositionsvorgänge dienen.

(3) Im Bereich des unteren Management zeigt sich die Steuerungsfunktion eines MIS vor allem in der Automatisierung von Sachbearbeitungsvorgängen im Bereich des Rechnungswesens. Zu nennen sind hier Lohn- und Gehaltsabrechnung, Betriebsabrechnung, Verkaufsabrechnung, usw. Die dokumentierende Funktion besteht in der Erstellung von Sachbearbeitungsunterlagen, wie Verkaufsstatistiken für einzelne Kunden, Kontoauszüge für Kunden, usw.

1.2.3 Voraussetzungen und Merkmale eines MIS

Die vielfältigen und komplexen Aufgaben, die an ein MIS herangetragen werden, lassen sich nur lösen, wenn:

a) eine integrierte betriebliche Datenverarbeitung auf Computerbasis gegeben ist,
b) alle Managementebenen in das System einbezogen werden und
c) es weitgehend gelingt, Entscheidungsprozesse nicht nur informationell zu unterstützen, sondern zu formalisieren und automatisieren.

Diese Punkte sind als wesentlichste Voraussetzungen und Merkmale eines MIS anzusehen. Sie werden im folgenden behandelt.

Zu a)
Integration als Begriff der Datenverarbeitung bezeichnet technische und organisatorische Phänomene. Der technische Integrationsbegriff bezieht sich auf

die Hardware eines Computersystems; er wird in zwei Bedeutungen gebraucht:

(1) integrierte Schaltkreistechnik,
(2) gerätemäßige Integration.

Integrierte Schaltkreise sind in Siliziumkristallen von Quadratmillimeter-Größe realisierte elektrische Schaltungen. Durch Aufdampf- und Diffusionsvorgänge können in einen Kristall bis zu 1000 Funktionen elektronischer Bauelemente (Transistoren, Dioden, Widerstände) integriert werden. Die Verwendung dieser Schaltkreistechnik ist mitbestimmend für die große Leistungsfähigkeit moderner Computersysteme. Unter gerätemäßiger Integration versteht man die Schaffung genormter Anschlußpunkte, sog. Schnittstellen, innerhalb eines Computersystems. Die Schnittstellen erlauben den Anschluß unterschiedlicher Peripheriegeräte. Dadurch ist es möglich, Peripheriegeräte in Systemkonfigurationen zu integrieren, die auf die jeweiligen Einsatzgebiete abgestimmt sind.

Organisatorisch gesehen kennzeichnet der Integrationsbegriff die Art der

(1) Datenerfassung,
(2) Datenspeicherung,
(3) Datenverarbeitung.

Die Daten sollen nur einmal und quellennah erfaßt werden. Quellennah bedeutet Erfassung der Daten möglichst am Ursprungsort unter Minimierung der manuellen Eingriffe, die stets einen gewichtigen Fehlerfaktor darstellen. Die Daten sollen möglichst in für die Verarbeitung endgültiger Form erfaßt werden, d.h. Erfassung in maschinenlesbarer, eingabegerechter Form. Sie sollen für alle Auswertungsvorgänge nur einmal im System gespeichert werden. Als Speichermedien kommen je nach Art der Verarbeitung Lochkarten, Magnetbänder oder Direktzugriffspeicher in Frage. Die Organisation der Aufgabenbearbeitung ist maßgeblich für folgende Einteilung der elektronischen Datenverarbeitung in Integrationsstufen [12, S. 31]:

(1) In der partiellen DV werden einzelne Aufgaben isoliert voneinander bearbeitet. Es liegt keine Integration vor.
(2) In der sukzessiv integrierten DV, der ersten Stufe der integrierten DV, werden die bearbeiteten Aufgaben nacheinander datenflußmäßig verknüpft. Ein- und Ausgabedaten bei der Bearbeitung einer ersten Aufgabe können als Eingabedaten der Bearbeitung der nächsten Aufgabe dienen. Die sukzessiv integrierte DV wird in Verbindung mit Lochkarten und Magnetbändern realisiert.
(3) Die simultan integrierte DV als nächste Stufe reduziert erheblich die Anzahl der bei der sukzessiv integrierten DV noch erforderlichen manuellen

Eingriffe. Die gleichen Daten werden für verschiedene Bearbeitungsvorgänge nicht mehr mehrfach eingegeben, sondern auf Direktzugriffspeichern für verschiedene simultan ablaufende Aufgabenbearbeitungen niedergelegt.

(4) Die höchste Form der Integration besteht in der Echtzeitverarbeitung. Während bei der sukzessiv und simultan integrierten DV Bewegungsdaten jeweils über einen Abrechnungszeitraum hinweg gesammelt und dann abgerechnet werden, kennt die Echtzeitverarbeitung diese periodische Verarbeitungsweise nicht. In einem Echtzeit-DV-System werden vielmehr Daten dezentral an ihrem Entstehungsort in Datenendstationen (Terminals) eingegeben, an den zentralen Computer übertragen und dort sofort verarbeitet. Der Bearbeitungsstand der so durchgeführten Aufgaben weist also permanente und nicht nur periodische Aktualität auf.

Im Rahmen eines MIS müssen die häufig auftretenden, routinemäßigen Aufgaben der Informationsverarbeitung auf wirtschaftliche Weise gelöst werden. Ohne integrierte betriebliche DV auf Computerbasis ist dies i. a. nicht möglich. Datenverarbeitungsintegration mit dem Computer kann daher als Voraussetzung und Merkmal eines MIS gelten.

Zu b)

Die integrierte betriebliche Datenverarbeitung, eine wirtschaftliche Form der Bewältigung von Massenarbeiten im Bereich der Informationsverarbeitung, berücksichtigt im wesentlichen nur Gesichtspunkte des Lower Management. Aufgaben, die auf „einer Ebene" liegen, wie Rechnungsschreibung, Lagerabrechnung, Lohn- und Gehaltsabrechnung, Anlagenabrechnung usw., werden in integrierter Form bearbeitet. Man kann daher auch von horizontaler Integration sprechen. Neben der wirtschaftlichen Gestaltung von Massenarbeiten dient die integrierte DV zugleich als eine Grundlage für eine vertikal gerichtete Integration. Hierunter wird das Einbeziehen aller Managementebenen in das MIS verstanden. Datenflußmäßig ist die vertikale Integration durch zwei Aspekte gekennzeichnet:

(1) Aufwärts gerichtete Informationsverdichtung: Daten der integrierten betrieblichen DV und weitere Daten werden mittels selektiver, kumulativer und statistischer Verfahren zu Berichten und betriebswirtschaftlichen Kennzahlen verdichtet. Von der unteren zur obersten Managementebene nimmt der Aggregationsgrad der Daten zu und die Häufigkeit der einzelnen periodischen Berichte ab. Von besonderer Bedeutung für das Management ist der Ausweis von Plandaten neben den verdichteten Istdaten.

(2) Abwärts gerichtete Informationsauffächerung: Management-Ziele der höheren Ebenen sind in Plandaten umzusetzen und den unteren Managementebenen vorzugeben.

Die Informationsausgabe an das Management kann in folgenden Formen automatisiert werden [151, S. 235]:

(1) Informationsausgabe nur im Ausnahmefall (aperiodisch), entsprechend dem Gedanken eines „Management by Exception“,
(2) Periodische Informationsausgabe,
(3) Informationsausgabe auf Wunsch eines Managers (Anfragen).

Alle Informationen, die dem Management periodisch, aperiodisch oder auf Anfrage ausgegeben werden, sind in der Datenbank niedergelegt. Bei der Gestaltung der Datenbank ist neben der eben angesprochenen Dokumentationsfunktion auch die Steuerungsfunktion eines MIS zu beachten. Sie greift neben Daten, die im Rahmen der Dokumentationsfunktion gehandhabt werden, auf weitere für die Entscheidungsautomatisierung notwendige betriebliche Daten zurück.

Zu c)
Das Treffen von Entscheidungen ist ein wesentliches Merkmal der Managertätigkeit. Abb. 14 zeigt, wie ein MIS auf zweifache Weise die Entscheidungen des Managements beeinflußt: Es unterstützt durch Informationsverdichtung die Entscheidungsvorbereitung, und es wird zur Entscheidungsfindung selbst eingesetzt. Eine Entscheidung ist durch zwei Merkmale gekennzeichnet [48, S. 14]:

(1) Es muß eine Wahlmöglichkeit aus verschiedenen Entscheidungsalternativen gegeben sein.
(2) Mit der Wahl muß das Risiko einer Fehlentscheidung verbunden sein.

Das Risiko einer Fehlentscheidung resultiert aus der bei jeder „echten“ [48, S. 14] Entscheidung vorhandenen Ungewißheit. Diese beruht einerseits auf unvollkommenen Informationen über Erfahrungen der Vergangenheit und andererseits auf der Zukunftsbezogenheit einer Entscheidung und der damit verbundenen Unsicherheit über die Entscheidungsfolgen. Nach der Formalisierbarkeit des Auswahlprozesses können Entscheidungen in zwei Gruppen eingeteilt werden [163, S. 9 ff.]:

aa) Entscheidungen ohne rational-formale Entscheidungsregel,

ab) Entscheidungen mit rational-formaler Entscheidungsregel.

Zu aa)
Entscheidungen dieser Gruppe sind nicht formalisierbar und bleiben menschlichen Entscheidungsträgern vorbehalten. Sie stellen Entscheidungen unter Unsicherheit dar, d.h. die Entscheidungsfolgen sind zwar unterschiedlich je

nach der Situation, die eintreten wird, aber es existieren keine gesicherten Kenntnisse über die Situation, die eintreten wird. Anders formuliert: Ein gesetzmäßiges Beziehungssystem, nach dem sich die Entscheidungsfolgen aus der Entscheidung ableiten lassen, ist nicht bekannt und bei vertretbarem Aufwand auch nicht ableitbar. Entscheidungen unter Unsicherheit treten als Führungsentscheidungen hauptsächlich im Bereich des Top Management auf. Gelöst werden sie auf intuitivem Wege, wobei das MIS die Entscheidungsvorbereitung unterstützen kann.

Zu ab)
Bei Entscheidungen, die nach einer rational-formalen Entscheidungsregel vollzogen werden, liegt kein Handlungsspielraum wie bei Entscheidungen unter Ungewißheit vor. Sie vollziehen routinemäßig die Entscheidung nach, die bei Aufstellung der Entscheidungsregel getroffen wurde. Hierzu zählen Entscheidungen unter Sicherheit, für die sämtliche notwendigen Informationen verfügbar sind und deren Folgen absehbar sind, aber auch Entscheidungen unter Risiko. Bei ihnen läßt sich zwar das genaue Ergebnis nicht vorhersagen, doch ist das Risiko statistisch erfaßbar: die Entscheidung führt zu einer von mehreren bekannten Entscheidungsfolgen, wobei die Wahrscheinlichkeiten für deren Eintreten bekannt sind. Entscheidungen unter Sicherheit sind hauptsächlich für das Lower Management gegeben.

Rational-formale Entscheidungsprozesse lassen sich im MIS automatisieren, d. h. programmieren und auf den Computer übertragen. Die Modellerstellung und Automatisierung muß jedoch wirtschaftlich gerechtfertigt sein. Die Fachdisziplin Operations Research (OR), auch bezeichnet als mathematische Entscheidungsforschung, bietet eine Vielzahl rational-formaler Entscheidungsmethoden an. Für die Realisierung eines MIS sind drei Gruppen von OR-Verfahren von besonderer Bedeutung:

(1) Analytische Verfahren
    (Lineare, Parametrische, Quadratische, . . . Programmierung),
(2) Simulation,
(3) Heuristische Verfahren.

Zu (1)
Sie sind gekennzeichnet durch das Vorhandensein eines mathematischen Modells und eines Lösungsalgorithmus, der das im Modell niedergelegte Entscheidungsproblem optimiert. Den gesamten Lösungsgang soll Abb. 14 verdeutlichen.

Ausgehend von einem genau abgegrenzten Entscheidungsproblem in einem realen System, wird über einen Abstraktionsprozeß ein qualitatives Modell [94, S. 6] erstellt, das anschließend in ein mathematisches Modell überführt wird. Dieses umfaßt als Entscheidungskriterium eine sog. Zielfunktion, nach

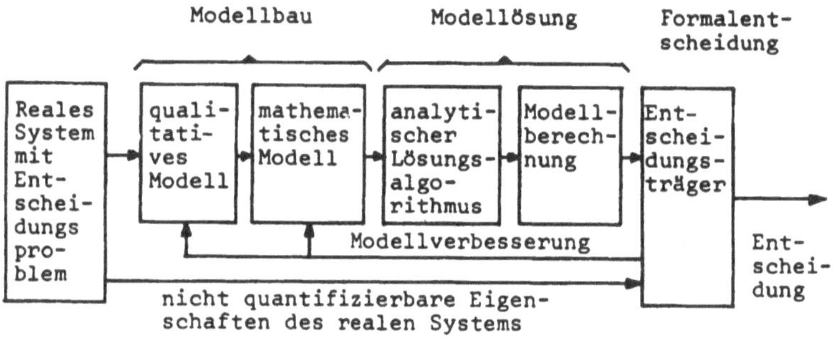

Abb. 14. Problemlösung mit analytischen Verfahren

der die optimale Entscheidung unter Berücksichtigung der sog. Nebenbedingungen, in denen Beschränkungen technischer, kapazitätsmäßiger, personeller Art usw. zum Ausdruck kommen, zu finden ist. Führt die Anwendung eines analytischen Lösungsalgorithmus, z. B. Simplexmethode bei Linearem Modell, zu einer optimalen Lösung, so optimiert diese nur die im mathematischen Modell formulierte Problemstellung, nicht aber die des realen Systems. Die Annäherung an das reale Optimum ist um so größer, je genauer das Modell das reale System (Problem) abbildet. Die Anwendung analytischer Verfahren im MIS führt zu Formalentscheidungen, die vom Entscheidungsträger akzeptiert werden können. Dies muß nicht der Fall sein, wenn nicht quantifizierbare Eigenschaften des realen Systems, die folglich nicht in der Formalentscheidung berücksichtigt sind, einen wesentlichen Einfluß auf die Entscheidungsfindung haben; z. B. der Druck der öffentlichen Meinung gegen eine Neuinvestition, die die Umwelt erheblich belastet.

Zu (2)

Simulationsmethoden haben in der Wirtschaftspraxis eine überragende Bedeutung erlangt, weil sie die Lösung sehr vieler Probleme gestatten, ohne sich mit dem Modell unzulässig weit vom realen System zu entfernen [115, S. 2 ff.]. Wie bei den analytischen Verfahren ist auch hier das Operieren mit Modellen realer Systeme von zentraler Bedeutung. Es existiert jedoch kein formaler Algorithmus der zwangsläufig zu einem Optimum führt. Vielmehr wird das Modell sehr häufig, unter Veränderung der Eingangsdaten und Modellparameter, durchgerechnet. Aus den Lösungen aller Berechnungsserien wählt der Entscheidungsträger die günstigste aus.

Zu (3)

Die Anwendung analytischer Verfahren und der Simulation setzt die Quantifizierbarkeit von wesentlichen Eigenschaften realer Systeme voraus. Viele Entscheidungsprobleme der oberen und mittleren Managementebene lassen sich jedoch nicht mathematisch formulieren. Sie können evtl. mit Hilfe heuristischer Verfahren gelöst werden. Heuristische Verfahren basieren auf der Analyse des menschlichen Entscheidungsprozesses. Die vom Menschen aus der Erfahrung gewonnenen Entscheidungsregeln und Plausibilitätsbetrachtungen werden programmiert und auf den Computer übertragen, der dann das menschliche Entscheidungsverhalten simuliert [103, S. 51 f.]. Als Ergebnis erhält man zwar keine optimalen, doch zufriedenstellende Lösungen.

Wie die obigen Ausführungen zeigen, ist in einem MIS zwischen

(1) automatisierbaren und
(2) teilautomatisierbaren (mechanisierbaren)

Entscheidungen zu unterscheiden. Vollständig automatisierbar sind hauptsächlich die im Bereich des unteren Management auftretenden Sachbearbeitungsentscheidungen. Sie werden ohne menschliche Eingriffe in den Entscheidungsprozeß routinemäßig innerhalb der integrierten betrieblichen ADV abgewickelt. Dispositionsentscheidungen der mittleren Managementebene lassen sich zum Teil unter Verwendung von OR-Verfahren teilautomatisieren. Der gesamte Entscheidungsvorgang umfaßt den automatischen Vollzug von Formalentscheidungen, die vom Entscheidungsträger in endgültige Entscheidungen überführt werden.

1.2.4 Totalsystem, Gesamtsystem und Teilsysteme

Die Idee des computergestützten Totalsystems, das den wesentlichsten Informationsbedarf des Management deckt und das mit Hilfe seiner Modellbank dem Management gestattet, ein Unternehmen zumindest in seinen wesentlichsten Teilen zu planen, steuern und kontrollieren, ist, wie die vorangehenden Untersuchungen gezeigt haben, nicht realisierbar. Ein Totalsystem kann, wie jedes Informationssystem, nur den formalisierbaren Teil eines formalen Kommunikationssystems umfassen. Wesentliche Aktionsbereiche des Management, vor allem in der oberen Ebene, lassen sich nicht automatisieren, höchstens informationell unterstützen. Wacker [101, S. 208] versteht das Totalsystem als Maximalkriterium, das als notwendige integrationsfördernde Orientierungslinie bei der Konzeption und Realisierung von MIS zu beachten ist.

Vom Begriff „Totalsystem" ist der des Gesamtsystems zu trennen. Er weist darauf hin, daß das MIS einer Unternehmung aus Teilsystemen besteht, die ausgehend von einer Gesamtkonzeption entwickelt werden sollten. Einige Autoren [103, S. 108 ff.] befürworten die simultane Realisierung der Teilsysteme, doch in der Praxis herrscht die sukzessive Vorgehensweise vor. Oft beschränkt man sich sogar auf die Realisierung nur eines Subsystems, schließt aber den späteren Anbau weiterer nicht aus. Bei dieser Vorgehensweise besteht die Gefahr der Desintegration der Subsysteme [155, S. 338 ff.]. Sie läßt sich nur bannen, wenn man der Entwicklung von Teilsystemen eine Gesamtsystem-Konzeption voranstellt, die immer wieder an Veränderungen im Unternehmen anzupassen ist.

Eine Gesamtkonzeption, die realisierbare oder schon realisierte Teilsysteme umfaßt, wird von Dearden/McFarlan [27, S. 7 ff.] vorgeschlagen. Sie untergliedern die Teilsysteme in gesamtunternehmensbezogene Teilsysteme (Finanzielles, Logistisches und Personelles Teilsystem) und unternehmensbereichsbezogene Teilsysteme (Marketing-Teilsystem, Forschung und Entwicklung, Strategische Planung und Executive Observation, d.h. Management-Informationen aufgrund externer Beobachtungen).

Eine andere Betrachtungsweise, die die Linienbereiche einer Unternehmung deutlicher in den Vordergrund stellt, ist in Abb. 15 wiedergegeben:

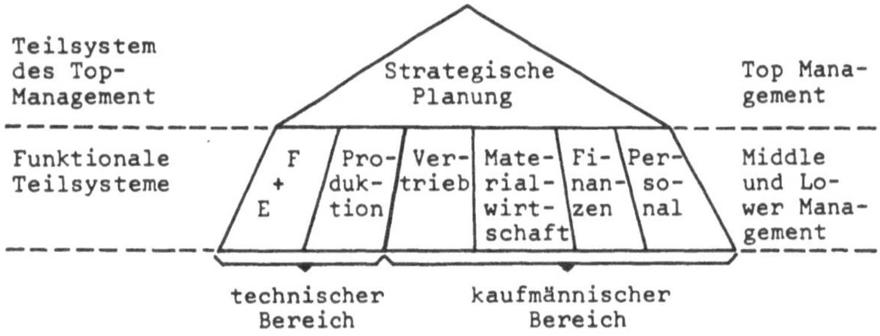

Abb. 15. Teilsysteme eines MIS

Das Gesamtsystem besteht hier aus einem Teilsystem für das Top Management und Teilsystemen für die einzelnen Linienbereiche. In dieser und den vorangegangenen Betrachtungen sind jedoch spezielle Anforderungen an das Management, die aus der zunehmenden Anzahl „komplexer Querschnittsaufgaben" in heutigen Unternehmungen resultieren, nicht berücksichtigt. Komplexe Querschnittsaufgaben sind Vorhaben, deren Durchführung die Mitwirkung und die speziellen Fachkenntnisse von Abteilungen mehrerer Linienbereiche erfordert. Den für ihre Planung, Realisierung und Kontrolle verantwortlichen Managementkreis bezeichnet man als Projekt-Management. Im nächsten Abschnitt wird zunächst untersucht, welche Anforderungen komplexe Querschnittsaufgaben an das Projekt-Management stellen und welche adäquaten Organisationsformen für ihre Durchführung bestehen. Anschließend stellt sich die Frage nach der Struktur eines Projekt-Management-Informationssystems (PMIS), welches das Projekt-Management mit geeigneten Informationen versorgt und bei der Projektplanung, -steuerung und -kontrolle unterstützt.

1.3 Informationssysteme für das Projekt-Management

1.3.1 Komplexe Querschnittsaufgaben und Projekt-Management

Der Prozeß der Industrialisierung, der mit Beginn des 19. Jahrhunderts einsetzte, war gekennzeichnet durch einen Trend von der Einzel- zur Massenfertigung. Diese Entwicklung war begleitet von einer immer stärkeren Arbeitsteilung und Aufgliederung der Linienbereiche. Stand früher noch der repetitive Produktionsvollzug in den Linienbereichen im Vordergrund, so müssen heute immer mehr Unternehmen ihr Hauptaugenmerk auf den Markt richten. Gründe dafür sind kürzere Innovationszeiten, Produktdiversifikation und Entstehung internationaler Märkte. Für das Management erwachsen daraus laufende, produktbezogene Aufgaben, die alle Linienbereiche betreffen. Seit einigen Jahren versucht man sie mit dem Konzept des Product Management zu bewältigen. Darunter ist eine „besondere, organisatorisch institutionalisierte Form der produktbezogenen Steuerung und Koordination betrieblicher Aktivitäten durch den Produkt-Manager“ [105, S. 12] zu verstehen. Hauptziele des Product Management sind:

(1) Steigerung der Produktgewinne durch Optimierung aller Marketing-Aktionen.

(2) Frühzeitige Erkennung von Marktveränderungen und schnelle Durchführung marktkonformer Produktinnovationen.

(3) Ausrichtungen der Teilleistungen der Linienbereiche auf eine einheitliche Marktstrategie der einzelnen Produkte.

Eine zweite Form von querschnittsbezogenen Aufgaben, die besondere Führungsprobleme aufwerfen, sind die seit Ende des zweiten Weltkrieges in den Unternehmen stark zunehmenden einmaligen Vorhaben wie Entwicklung von Waffensystemen, Einführung neuer Fertigungsmethoden und elektronischer Datenverarbeitungssysteme, Errichtung von Fabriken und Anlagen. Für derartige komplexe Einzelerzeugnisse, die aus verschiedensten aufeinander abzustimmenden Komponenten bestehen, sind aus den unterschiedlichsten Abteilungen der Linienbereiche Spezialkenntnisse zur Verfügung zu stellen und Dienstleistungen zu erbringen. Da sie zudem meist unter Zeit- und Kostendruck zu realisieren sind, ist eine wirksame, die Liniengrenzen durchstoßende Zusammenfassung aller Bemühungen erforderlich. Zur Lösung der dabei auftretenden Koordinationsprobleme wird seit einigen Jahren das Konzept des Projekt-Management empfohlen. Die Erörterung dieser Konzeption erfordert zunächst eine Abgrenzung des Projektbegriffes.

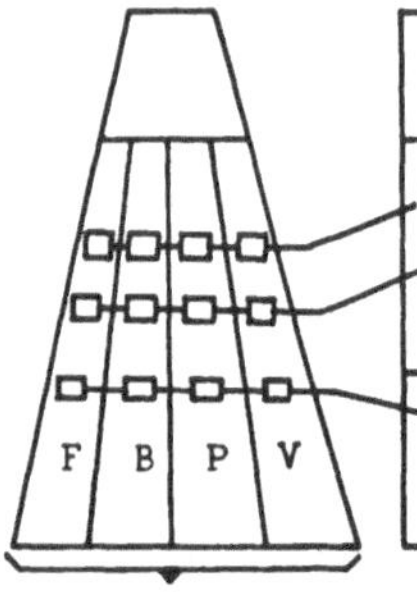

Gegenstand	Führungskonzeption	Schwerpunkte	Beispiele
Produkt 1 Produkt 2 ⋮	Product-Management	Marketing, Produktinnovation	Einzelprodukt, Produktgruppe, Marke
Projekt	Projekt-Management	Zeit/Kostensenkung	Waffensystem, MIS, Anlagenbau

funktionale Linienbereiche

F = Forschung und Entwicklung P = Produktion

B = Beschaffung V = Vertrieb

Abb. 16. Querschnittsaufgaben und Führungskonzeptionen

Der Begriff des Projektes erfährt in der Literatur keine einheitliche Definition. Er wird in zwei Bedeutungen gebraucht:

a) Projekt als Organisationseinheit,
b) Projekt als Vorhaben.

Zu a)

Gaddis [133, S. 89] versteht unter einem Projekt eine „organization unit dedicated to the attainment of a goal–generally the successful completion of a developmental product on time, within budget, and in conformance with predetermined performance specifications". Da die personell-organisatorische Seite mit Begriffen wie Projekt-Management, Projekt-Organisation und Team-Konzept umschrieben wird, ist diese Interpretation nicht zweckmäßig.

Zu b)

Die meisten Autoren definieren Projekt im Sinne eines Vorhabens. Als Beispiel möge folgende Definition dienen: „Unter einem Projekt wird ein zeitlich begrenztes, in der Zielsetzung (technische Spezifikationen, Zeit, Kosten) klar definiertes Problem verstanden, das in eine umfangreiche Zahl von Teilaufgaben untergliedert und durch einen hohen Verflechtungsgrad zwischen den Teilaufgaben und innerhalb der Organisation gekennzeichnet ist" [183, S. 1]. In diesem Sinne wird der Projektbegriff auch hier ausgelegt. Als Merkmale eines Projektes können gelten:

(1) Vorgabe einer Zielsetzung, in der die zu erbringende Leistung spezifiziert wird.
(2) Temporärer Charakter, d. h. ein Projekt ist zeitlich begrenzt und besitzt einen definierbaren Anfang und ein definierbares Ende.

(3) Interdisziplinärer Charakter, d. h. die im Rahmen eines Projektes zu lösenden Probleme erfordern die Anwendung von Wissen und know how aus verschiedenen Fachdisziplinen.

(4) Komplexität: Jedes Projekt zerfällt in zahlreiche Teilaufgaben, die untereinander in Beziehung stehen; die Komplexität bezeichnet den Reichtum an bestehenden Beziehungen.

(5) Wagnis: Es kennzeichnet die Höhe des Schadens, der bei Nichterreichung des Projektzieles entsteht; z. B. Konventionalstrafen bei Nichteinhaltung von Lieferterminen.

(6) Ablauf in Phasen. Die in der Literatur [97, S. 148 f.], [93, S. 9] am häufigsten anzutreffende Einteilung in drei Phasen wird auch hier zugrundegelegt. Die Phasen
- Projektkonzeption
- Projektdefinition
- Projektrealisation

sind in Abb. 17 erläutert.

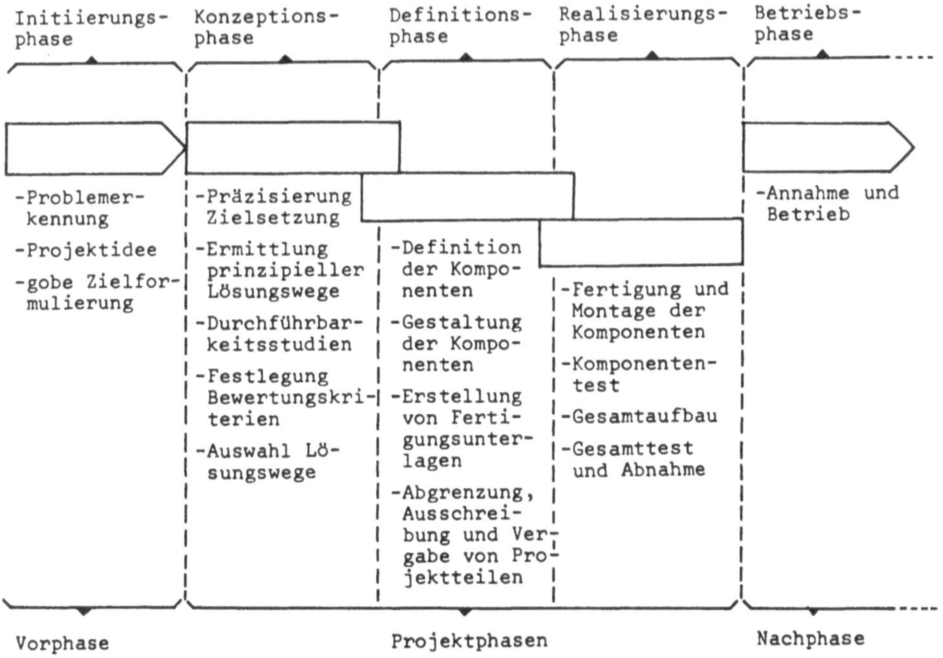

Abb. 17. Phasen des Projektablaufes

Die dargestellte Folge von Projektphasen bedarf einiger ergänzender Bemerkungen:

(1) Die einzelnen Phasen laufen nicht streng sequentiell, sondern überlappt ab. Dies folgt schon daraus, daß die Entscheidung über die Durchführung der nächsten Phase in einem Prozeß abläuft. Er umfaßt die Erstellung von Entscheidungsunterlagen, die Einarbeitung von Gutachtern, Erstellung von Gutachten und die Entscheidungsfindung selbst. Während dieses Prozesses liegen schon Entscheidungsprognosen vor, auf deren Grundlage die Bearbeitung der nächsten Phase begonnen wird.
(2) Die Phasen können teilweise mehrmals durchlaufen werden, wobei der Anstoß von einer nachfolgenden Phase gegeben wird. So kann bei der Komponentenentwicklung festgestellt werden, daß der vorgegebene Lösungsweg nicht realisierbar ist. Ein Rücksprung in die Konzeptionsphase ist die Folge.
(3) Das Projekt kann sich auf eine oder zwei Phasen beschränken. Als Beispiele seien genannt: Entwicklung einer Datenverarbeitungskonzeption durch eine Beratungsfirma (Konzeptions- und Definitionsphase, falls Programme, Dateien, Laufzeiten, Personalanforderungen, usw. genau spezifiziert sind), Errichtung eines Gebäudes nach vorliegenden Plänen (nur Realisierungsphase).

Den eigentlichen Projektphasen ist eine Vorphase vorgeschaltet, in der die Initiierung des Projektes erfolgt, und die Betriebsphase nachgeschaltet, in der der realisierte Projektgegenstand genutzt wird. Die Aufgaben des Projekt-Management sind auf die eigentlichen Phasen beschränkt.

1.3.2 Der Begriff des Projekt-Management

Der Begriff „Projekt-Management" wird in der Literatur [167, S. 612], [183, S. 2] auch gleichgesetzt mit Projekt-Organisation, Team-Konzept, Management by Task Force. Als Sonderform des Management weist er zwei Bedeutungen auf:

a) Projekt-Management als Institution,
b) Projekt-Management als Funktion.

Zu a)
In diesem Sinne bezeichnet der Begriff den Personenkreis der Projekt-Manager. Er besteht in der Regel aus einem Projektleiter, dem die Gesamtverantwortung für das Projekt übertragen wird, und einem ihm unterstellten Projekt-Team. Das personelle Projekt-Management wird z. B. aus der formalen Stab-Linienorganisation herausgebildet, wobei externe Berater hinzutreten können.

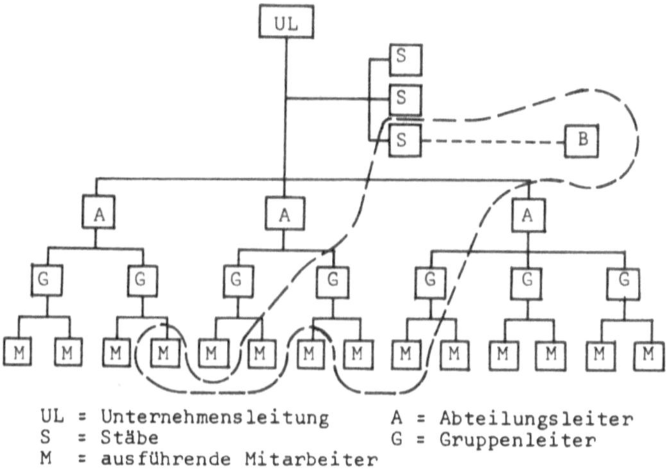

Abb. 18. Bildung eines Projekt-Teams

Organisationsformen und Beziehungen des Projekt-Management zur Stablinienorganisation stellen ein besonderes Problem dar. Darauf wird im nächsten Abschnitt eingegangen.

Zu b)

In funktionaler Sicht umfaßt Projekt-Management grundsätzlich die gleichen Teilfunktionen wie Management allgemein, also sequentiell ablaufend Planung, Organisation, Führen, Kontrolle und kontinuierlich Entscheidung und Kommunikation. Determinierte Projekte, deren Ablauf im vorhinein weitgehend planbar ist, bezeichnen einen Aufgabenkomplex, der sich stufenweise in eine detaillierte Hierarchie von Teilaufgaben zerlegen läßt. Teilaufgaben an der Basis der Hierarchie stellen Durchführungsarbeiten dar, die größtenteils an Linienabteilungen delegiert werden. Dem Projekt-Management obliegt die Spezifikation der zu erbringenden Leistung, während die spezialisierte Linie die Art des Leistungsvollzuges bestimmt. Ausführende Mitarbeiter der Linie sind disziplinarisch dem Linienmanager unterstellt, müssen aber fachlich mit dem Projekt-Management zusammenarbeiten. Hieraus ergeben sich laufende Konflikte zwischen Linie und Projekt-Management. Sie werden verstärkt durch den Zeit- und Kostendruck, unter dem ein Projekt in der Regel steht. Aus diesen Problemen resultiert eine spezielle Orientierung der sequentiellen Funktionen

aa) Planung
ab) Organisation und Führen
ac) Kontrolle

und kontinuierlichen Funktionen

ad) Entscheidung
ae) Kommunikation

des Projekt-Management, die nun darzulegen ist.

Zu aa)
Interdisziplinärer Charakter, Komplexität und Risiko von Projekten erfordern eine sorgfältige Erstplanung, die während des Projektablaufes immer wieder durch Planrevisionen zu ergänzen ist. Der Planungsprozeß läuft in den Phasen[1] Zielsetzung, Analyse, Synthese und Disposition ab.

(1) Zielsetzung
Das Gesamtziel wird dem Projekt-Management von der Unternehmensleitung vorgegeben. Es ist in Teilziele zu untergliedern, die durch drei interdependente Zielkomponenten zu spezifizieren sind. Die erste besteht in der zu erbringenden Teilleistung, die zweite im erforderlichen Zeitbedarf und die dritte in den veranschlagten Kosten. Zieluntergliederung mit Spezifikation ist praktisch nicht von der Analyse zu trennen.
(2) Analyse
Sie besteht in drei sich überlappenden Schritten, die wiederholt durchlaufen werden: Erstellung eines Projektstrukturplanes, Erstellung eines Netzplanes und Schätzung von Solldaten.
(2.1) Erstellung eines Projektstrukturplanes
Mit der Teilzieluntergliederung korrespondiert eine stufenweise Zerlegung der Gesamtaufgabe „Projekt" in Teilaufgaben. In jeder Stufe kann nach dem Merkmal Objekt oder Verrichtung weiter untergliedert werden. Die entstehende Projektaufbaustruktur kann rein objekt- oder verrichtungsorientiert sein oder eine Mischform darstellen.
Die Frage Objekt- oder Verrichtungsgliederung läßt sich nicht eindeutig beantworten; in der Praxis herrschen Mischformen vor. Die Untergliederung sollte jedoch zu Teilaufgaben führen, die eine klar formulierte Zielsetzung besitzen, in ihrer Abgrenzung auf die Leistungsfähigkeit und speziellen Fähigkeiten der durchführenden Linienabteilungen abgestimmt sind und einen weitgehend in sich geschlossenen Arbeitskomplex mit möglichst wenig Verknüpfungen zu anderen Teilaufgaben darstellen. Die Gliederungstiefe wird vor allem von der erwünschten Genauigkeit der Zeit- und Kostenkontrolle bestimmt. Wegen des hohen Aufwands, der mit einer detaillierten Istkostenermittlung verbunden ist, geht in der Praxis die Genauigkeit der Kostenplanung über die der Kontrolle

[1] Modifikation der Darstellung von Schröder [89, S. 36], der noch Zuordnung als fünfte Phase hinzunimmt.

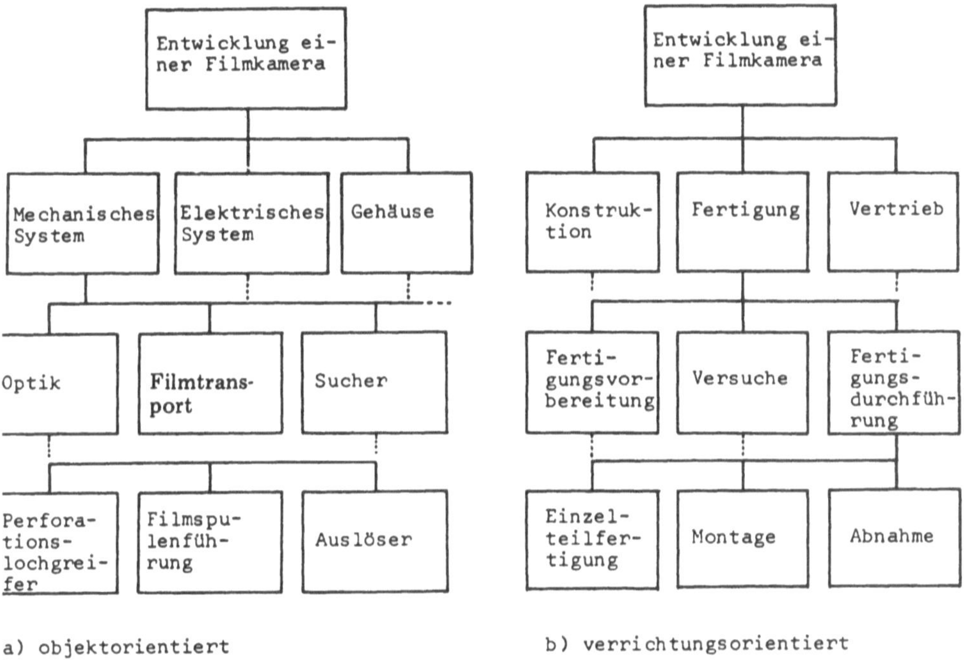

Abb. 19. Objekt- und verrichtungsorientierter Projektstrukturplan [39, S. 9 f.]

hinaus. Als Kriterium der Tiefengliederung dominiert daher praktisch die Genauigkeit der Zeitkontrolle.

(2.2) Erstellung eines Netzplanes
Der Projektablauf wird in der Regel mit Netzwerkmodellen dargestellt. Man verfährt etwa in folgenden Schritten:

- Zerlegung der Teilaufgaben an der Basis des Projektstrukturplans in eine oder mehrere Aktivitäten (Vorgänge).
- Ermittlung der logischen und technologischen Reihenfolgebedingungen (Anordnungsbeziehungen) zwischen den Aktivitäten.
- Graphische Darstellung der Aktivitätenfolge gemäß den Anordnungsbeziehungen in einem Netzwerk (Netzplan).

Das Ablaufmodell „Netzplan“ hat eine wichtige Gestaltungsfunktion. Anordnungsbeziehungen, die in einem gewissen Umfang wählbar sind, und Aktivitäten sind so zu bestimmen, daß die Aktivitäten möglichst parallel und nicht sequentiell ablaufen. Je mehr dies gelingt, um so eher kann die Projektlaufzeit verkürzt, die Auslastung der Kapazitäten erhöht und eine Kostensenkung realisiert werden.

(2.3) Schätzung von Solldaten
Da eine Schätzung von Solldaten für das gesamte Projekt zu ungenau ist, wird sie für die einzelnen Vorgänge durchgeführt. Für sie liegen bei deterministischen Projekten zum Teil Erfahrungswerte vor. Anzugeben sind Sollzeit, Sollkosten und Sollkapazitäten pro Vorgang. Unter Kapazität wird das Leistungsvermögen eines Produktionsfaktors innerhalb eines Zeitraumes unter Normalbedingungen verstanden.

Bei der Kostenschätzung ist zu unterscheiden zwischen direkten und indirekten Kosten. Erstere lassen sich einzelnen Vorgängen zurechnen, letztere nur einzelnen Teilaufgaben oder dem Projekt insgesamt. Indirekte Kosten sind z. B. Versicherungskosten, Beraterkosten, Kosten des Projekt-Management. Direkte Kosten sind als Geldbeträge zu schätzen oder sie ergeben sich aus den erforderlichen Faktoreinsatzmengen multipliziert mit ihren Preisen. In beiden Fällen kann eine Multiplikation mit innerbetrieblichen Zuschlagsfaktoren erfolgen, z. B. Zuschlag für Materialgemeinkosten.

Die Schätzung ist von den vorgangsdurchführenden Fachleuten vorzunehmen und in Diskussion mit dem verantwortlichen Projekt-Management abzustimmen. Zeit-, Kosten- und Kapazitätsdaten sind keine deterministischen Größen. Die bei ihrer Schätzung zugrunde gelegten Normalbedingungen werden bei der Projektdurchführung oft nicht gegeben sein. Solldaten sind daher als Erwartungswerte aufzufassen, um die die später realisierten Istwerte streuen.

(3) Synthese
In der Projektsynthese werden Vorgangsdaten zu Gesamtdaten für das Projekt zusammengefaßt. Ab einer Netzplangröße von etwa 100 bis 200 Vorgängen empfiehlt sich die Anwendung von Netzplanberechnungsprogrammen. Die rechnerische Durchführung umfaßt:

(3.1) Zeitrechnung
Pro Vorgang werden ein Sollstart- und Sollendtermin sowie verschiedene Pufferzeiten ermittelt. Vorgänge ohne positive Gesamtpufferzeit bilden einen kritischen Pfad oder ein kritisches Teilnetz. Bei ihrer Verzögerung wird zwangsläufig der errechnete Projektendtermin hinausgeschoben. Die anderen Vorgänge lassen sich im Rahmen ihrer Pufferzeit, unter Berücksichtigung der zeitrechnerischen Interdependenzen mit benachbarten Vorgängen, zeitlich verschieben.

(3.2) Kostenverdichtung
Die Vorgangskosten werden über den Zeitablauf akkumuliert. Form und Lage der entstehenden Gesamtkostenkurve hängt von zwei Faktoren ab:

– Kostenzuordnung: die geschätzten Vorgangskosten werden dem Anfang oder dem Ende des Vorgangs zugeordnet, oder mit konstanter Rate pro Zeiteinheit über die Vorgangsdauer verteilt.

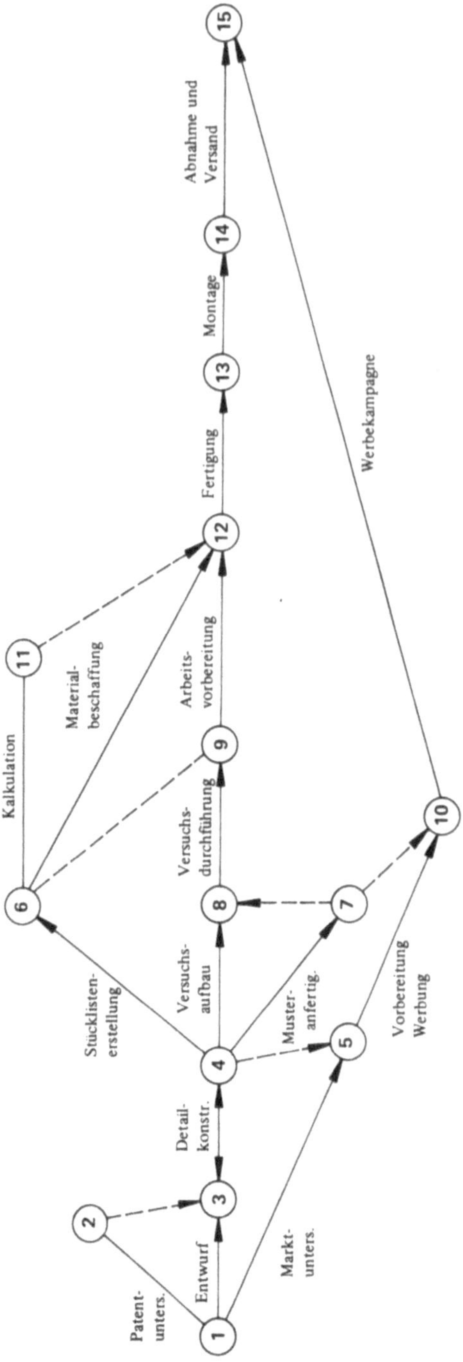

Abb. 20. Netzplan für das Projekt „Entwicklung einer Filmkamera“[2]

2 Modifikation einer Darstellung von S. Gläss, H. Groh et al. [39, S. 14]

- Pufferzuordnung: die Vorgänge beginnen zum frühest möglichen Termin oder zum spätest zulässigen. Im ersten Fall sind alle Vorgangspuffer als Null angenommen und im zweiten Fall ihr maximaler Wert.

Derartige Kostenaussagen können auch auf einzelne Kostenarten beschränkt bleiben.

(3.3) Kapazitätsverdichtung
Die Sollkapazitäten der Vorgänge werden über den Zeitablauf zu einer Gesamtkapazitätskurve verdichtet. Die Verdichtung kann auf einzelne Kapazitätsarten beschränkt bleiben.

Aussagen aus der Verdichtung von Vorgangsdaten müssen nicht das gesamte Projekt betreffen. Sie können auch teilaufgabenbezogen ermittelt werden.

(4) Disposition
Ziel der Disposition ist die zeitgerechte Erreichung des Projektzieles bei möglichst niedrigen Kosten. Sie besteht vor allem in:

i) der Verfügung über die Pufferzeiten von Vorgängen,
ii) der Änderung von Sollkapazitäten von Vorgängen,
iii) der Änderung der Dauer von Vorgängen bei gleichzeitiger Kostenänderung.

Die Disposition kann sich im Fall i) innerhalb der in der Synthese ermittelten Solldaten bewegen, sie kann im Fall i) und wird in den Fällen ii) und iii) eine Änderung der Solldaten bedeuten.

Die Durchführung der Disposition kann manuell oder, bei Verwendung entsprechender Programmpakete, auch maschinell erfolgen. Mit Dispositionsprogrammen, die nur den Zeitaspekt berücksichtigen, werden Pufferausgleichsrechnungen durchgeführt. Sie dienen dazu, die sich aus der Zeitrechnung zufällig ergebenden Puffergrößen der Vorgänge sinnvoller zu gestalten. Dies geschieht auf der Grundlage heuristischer Kriterien. So sollte man einem Vorgang um so mehr Pufferzeit zuteilen [110, S. 108]:

- je weniger er technisch beherrscht wird,
- je länger seine Dauer ist,
- je mehr Vorgänge ihm noch bis zum Projektende folgen.

Auf dem Zeitteil eines Netzplanverfahrens können Module zur Kosten- und/oder Kapazitätsplanung aufbauen. Kostenmodule wurden zum Zweck der Kostenkontrolle und der Kostenoptimierung entwickelt. Im ersten Fall werden Istkosten und Sollkosten in Form von Tabellen oder Kurven gegenübergestellt. Im zweiten Fall wird die Dauer aller Vorgänge so bestimmt, daß die Gesamtkosten minimal sind.

Für Zwecke der Kapazitätsoptimierung wurden eine Vielzahl von Modellen und Programmen entwickelt. Kapazitätsoptimierung bedeutet „einen solchen

Termin- und Belastungsplan zu finden, bei dem die durch die Wahl des Termin- und Belastungsplans beeinflußbaren Kosten des Projekts minimal sind" [38, S. 15]. Während bei Einprojektmodellen nur ein Projekt betrachtet wird, konkurrieren bei Mehrprojektmodellen mehrere Projekte teilweise um die gleichen Kapazitäten. Einprojektmodelle sind zu unterscheiden nach solchen, denen ausreichende, und solchen, denen beschränkte Kapazitäten zugrunde liegen. Als weitere alternative Modellprämissen treten auf:

- die Dauer der Vorgänge ist als konstant angenommen oder als variabel zugelassen,
- der Projektendtermin ist fix oder variabel.

Insgesamt können die in Abb. 21 dargestellten Modelle zur Zeit-, Kosten- und Kapazitätsplanung unterschieden werden.

In der Regel führt die Projektsynthese oder die eventuell angewandte maschinelle Disposition nicht zu akzeptablen Solldaten (Projektendtermin, Gesamtkosten, Kapazitätsauslastung). Aufgabe der manuellen Disposition ist es nun, möglichst den gewünschten Sollzustand herzustellen. Die drei wichtigsten Maßnahme-Möglichkeiten wurden oben angegeben. Bei der Anwendung von Dispositionsprogrammen ist insbesondere die Zulässigkeit der Modellprämissen zu überprüfen. Sie bedeuten meist eine sehr starke Vereinfachung der komplexen praktischen Probleme. Ihre Anwendung ist daher noch stark begrenzt. Ein akzeptabler Sollzustand läßt sich im allgemeinen nicht in einem Planungsdurchlauf, sondern nur bei Vornahme von Planrevisionen erreichen. Diese können das mehrfache Durchlaufen aller Planungsphasen erfordern, von der Zielsetzung bis zu wiederholten Dispositionsüberlegungen.

Zu ab)
Die Organisationsfunktion und spezielle Führungsprobleme, die aus den möglichen Organisationsformen des Projekt-Management erwachsen, werden im folgenden Kapitel behandelt. Weitere Organisations- und Führungsaufgaben des Projekt-Management bestehen in:

(1) der Ermittlung der in Frage kommenden durchführenden Linienabteilungen oder externen Auftragnehmer,
(2) der Vergabe von Teilaufgaben oder Vorgängen an interne oder externe durchführende Stellen,
(3) der Koordination der Durchführung.

Den in der Praxis vielfach gebildeten Projektausschüssen, Terminkonferenzen, usw., die aus Vertretern des Projekt-Management und Managern der durchführenden Stellen bestehen, kommt aufgrund ihrer Zusammensetzung eine besondere Koordinationsfunktion zu.

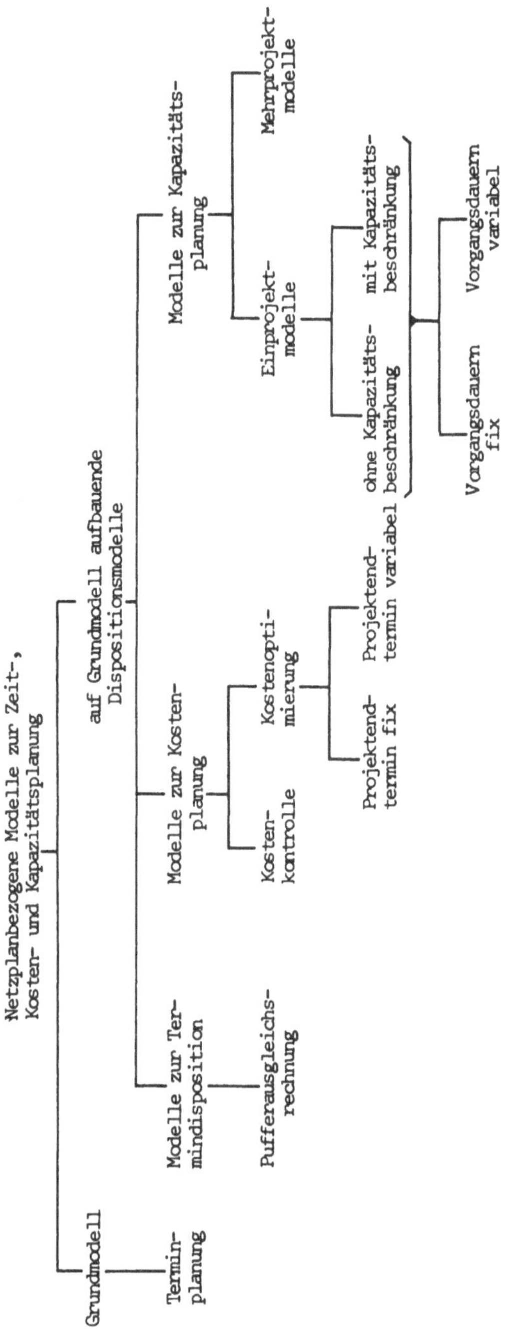

Abb. 21. Netzplanbezogene Modelle zur Zeit-, Kosten- und Kapazitätsplanung

Die Phase Organisation und Führen überlappt mit der Planung. Die Überlappung resultiert aus der Mitwirkung der durchführenden Stellen bei:

(1) der Abgrenzung und Spezifikation der zu erbringenden Leistungen,
(2) der Schätzung von Sollzeiten und erforderlichen Faktoreinsatzmengen.

Zu ac) Kontrolle
Die Kontrollfunktion erstreckt sich auf den Leistungs-, Zeit- und Kostenaspekt; Faktoreinsatzmengen werden über die Kosten kontrolliert. Prinzipiell kann die Kontrolle auf den Ebenen Gesamtprojekt, Teilaufgaben und Vorgang durchgeführt werden; in der Praxis ist jedoch zu differenzieren wie folgt:

(1) Die Zeitkontrolle ist in ihrer feinsten Form, d.h. auf Vorgangsebene durchführbar.
(2) Die Kostenkontrolle wird oft nicht auf Vorgangsebene, sondern auf Teilaufgabenebene praktiziert. Dafür gibt es zwei Gründe. Erstens erfordert die detaillierte Erfassung von Istkosten einen erheblichen Aufwand und zweitens liefert die Betriebsabrechnung Istkostendaten meist mit einem Zeitverzug, der zur Folge hat, daß eine für korrektive Steuerungsmaßnahmen notwendige Datenaktualität nur auf der Ebene von Teilaufgaben gegeben ist. Ein weiteres Problem beim Einsatz des betrieblichen Rechnungswesens für die Istkostenerfassung liegt, insbesondere bei Unternehmen, die nicht wie z.B. Firmen des Industrieanlagenbaus auf die Durchführung von Projekten ausgerichtet sind, in der Abstimmung der für die Kontrolle eines Projektes für notwendig erachteten Kostenartenuntergliederung und der in der Betriebsabrechnung üblichen. Im Rahmen der Kostenkontrolle sind auch Bindungen zu berücksichtigen. Dies sind Beträge über die schon verfügt wurde, z.B. durch Bestellung von Geräten, die aber noch nicht zu Ausgaben geworden sind.

(3) Die Kontrolle der Leistung eines Projektes ist mindestens von gleicher Bedeutung wie die Zeit- und Kostenkontrolle. Wurde ein Projekt zwar termin- und kostengerecht abgewickelt, entspricht aber seine Istleistung nicht dem Sollwert, so ist, unter Inkaufnahme weiteren Zeit- und Kostenaufwandes, die Leistung anzupassen. Zwischen den drei Kontrollgrößen Zeit, Kosten und Leistung besteht also eine enge Beziehung.

Im Gegensatz zur Leistungskontrolle am Projektende, die sich auf das gesamte Projekt bezieht, können sich bei der laufenden Leistungskontrolle, die auf Vorgänge und Teilaufgaben ausgerichtet ist, erhebliche Probleme ergeben. Sie resultieren aus mangelnder Umsetzbarkeit der gesamtprojektbezogenen Leistungsparameter auf Leistungsparameter von Teilaufgaben und Vorgängen. In der Praxis verzichtet man daher oft auf eine detaillierte echte Leistungskontrolle zugunsten von Behelfslösungen. Eine Behelfslösung besteht z. B. in der Angabe des Arbeitswertes [190, S. 2–18 ff.] für das gesamte Projekt zu einem Stichtag:

$$AW = \sum_{i=1}^{l} VSK_i^a + \sum_{j=1}^{m} k \cdot VSK_j^n$$

AW = Arbeitswert am Stichtag

VSK_i^a = Sollkosten der Vorgänge, die am Stichtag abgeschlossen sind

VSK_j^n = Sollkosten der Vorgänge, die am Stichtag nicht abgeschlossen sind

k = Fertigstellungsgrad eines Vorganges, $k \in [0,1)$

l = Anzahl der Vorgänge, die am Stichtag abgeschlossen sind

m = Anzahl der Vorgänge, die am Stichtag nicht abgeschlossen sind

Durch stichtagweise Gegenüberstellung von Arbeitswert und Istkosten erhält man frühzeitige Hinweise auf eventuelle Kostenabweichungen. Wird der Arbeitswert von den Istkosten überschritten, so kann dies ein Hinweis darauf sein, daß zur Realisierung der Leistungsparameter von Projektkomponenten ein höherer Aufwand zu betreiben ist als geplant. Nämlich dann, wenn keine Preissteigerungen der Produktionsfaktoren gegeben sind und keine Vorgänge in der Bearbeitung unplangemäß vorgezogen wurden.

Die Effizienz der Kontrolle kann durch folgende Maßnahmen verbessert werden:

- Periodische Durchführung der Kontrolle; der Kontrollzyklus kann, je nach Projektdauer und Feinheit der Projektuntergliederung, eine Woche bis zu einem Vierteljahr umfassen.
- Formalisierung der Kontrolle durch einheitliche Gestaltung der von den durchführenden Stellen zu liefernden Kontrollberichte bzw. Rückmeldeformulare.
- Auswertung von Kontrollberichten und Gegenüberstellung von Soll- und Istdaten mit Hilfe von Programmen der Netzplantechnik.

Zu ad)

Das Projekt-Management trägt zwar immer die volle Verantwortung für das Projekt, es besitzt aber nicht immer die Entscheidungsgewalt, die der übernommenen Verantwortung entspricht. Je nach Organisationsform des Projekt-Management kann die Entscheidungsgewalt bezüglich der durchzuführenden Aufgaben mehr beim Projekt- oder Linien-Management liegen. Im letzteren Fall, der in der Praxis häufiger auftritt, verbleibt für das Projekt-Management nur ein sehr begrenztes Weisungsrecht. Die Frage der notwendigen Kompetenzausstattung des Projekt-Management läßt sich nicht allgemeingültig beantworten. Sie ist im Zusammenhang mit speziellen Organisationsformen des Projekt-Management zu behandeln.

Zu ae)

Projekt-Management bezieht sich auf ein System von Teilaufgaben und Vorgängen, die in einer mitunter komplexen Struktur interner und externer durchführender Stellen, Berater, Gutachter und Projektausschüsse abzuwickeln sind. Voraussetzung für ein erfolgreiches Projekt-Management in einer derartigen Umgebung ist auch ein gut funktionierendes Kommunikationssystem. Die umfassende Lösung aller formalisierbaren Kommunikationsprozesse wird im Rahmen eines Informationssystems für das Projekt-Management angestrebt.

Bei der Behandlung der Funktionen des Projekt-Management wurde mehrfach auf den in Abb. 19 dargestellten Projektstrukturplan Bezug genommen. Dies ist eine Form der Projektuntergliederung. Eine weitere Form besteht in Schaffung einer Hierarchie überlagerter Teilnetze. Man unterscheidet häufig drei Planungsebenen (vgl. Abb. 22):

(1) Die obere enthält den Grobnetzplan, der das Projekt in seinen Phasen darstellt. Elemente des Grobnetzplanes werden hier Aufgabenkomplexe genannt.
(2) Die mittlere umfaßt eine Reihe von Teilnetzen. In ihnen sind Aufgabenkomplexe in eine vernetzte Folge von Aufgabengruppen untergliedert.
(3) Die untere besteht aus Feinnetzen, in denen Aufgabengruppen in eine Folge vernetzter Vorgänge „aufgelöst“ sind.

Die Beziehungen zwischen den einzelnen Teilnetzen werden über ein System von Anschlußpunkten hergestellt.

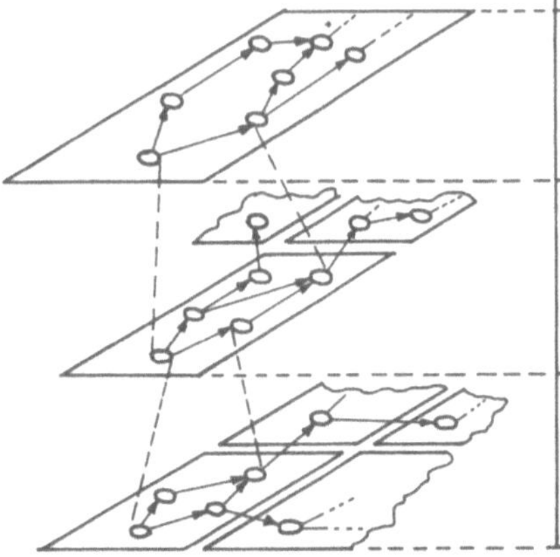

Teilnetze	Netzplan-elemente	Gliederungs-art
Grobnetz (Generalnetz) = Teilnetz 3.Ordnung	Aufgaben-komplexe = Vorgänge 3.Ordng.	Projektgliederung nach Phasen und Aufgabenkomplexen
Netze mittlerer Stufe (Gruppennetze) = Teilnetze 2.Ordnung	Aufgaben-gruppen = Vorgänge 2.Ordng.	Gliederung von Aufgabenkomplexen nach Aufgabengruppen
Feinnetze (Detailnetze) = Teilnetze 1.Ordnung	Vorgänge (1.Ordnung)	Gliederung von Aufgabengruppen nach Vorgängen; Arbeitsplanung im Detail

Abb. 22. Teilnetz-Hierarchie mit drei Planungsebenen

Diese Planungstechnik ist vor allem angebracht, wenn sehr große Netzpläne beherrscht werden sollen und wenn die Detailplanung aus Gründen mangelnder Information nur stufenweise, nach Realisierung vorausgehender Projektabschnitte, durchgeführt werden kann. Die Abwicklung vorangehender Projektabschnitte ergibt dann einen Informationszuwachs, der erst die Detailplanung folgender Abschnitte erlaubt.

1.3.3 Organisationsformen des Projekt-Management

Das Projekt-Management als Institution zeigt sich in verschiedenen Organisationsformen. Allen gemeinsam ist die Übertragung der Verantwortung für das Projekt auf das Projekt-Management, d.h. auf einen Projektleiter bei Einzelverantwortung oder auf ein Projektteam bei kollektiver Verantwortung. Unterschiedlich sind dagegen die Kompetenzen des Projekt-Management geregelt. Die Organisationsformen beeinflussen daher die Funktionen des Projekt-Management, insbesondere die Führungs- und Entscheidungsfunktion. Die Wahl der Organisationsform hängt im wesentlichen von zwei Kriterien ab:

(1) Art des Unternehmens: Ein Unternehmen kann auf die Durchführung von Projekten spezialisiert sein; die Durchführung eines Projektes kann jedoch auch den selten auftretenden Ausnahmefall darstellen.
(2) Art des Projektes, d.h. Komplexität, Umfang, Dauer, Determiniertheit.

Die in der Praxis auftretenden vielfältigen Organisationsformen können als Modifikationen oder Mischformen dreier Grundtypen aufgefaßt werden:

a) Reines Projekt-Management
b) Matrix-Projekt-Management
c) Projektgruppen-Organisation

Diese Grundtypen unterscheiden sich in folgenden Punkten:

(1) Art der Eingliederung der Projektorganisation in die Unternehmensorganisation,
(2) Kompetenzausstattung des Projekt-Management,
(3) Lebensdauer der Projektorganisation.

Eine zusammenfassende Übersicht gibt Abb. 23.

1.3.3.1 Reines Projekt-Management

Im reinen Projekt-Management [97, S. 7 ff.] sind der Personenkreis der Projekt-Manager und unter seiner Leitung die ausführenden Mitarbeiter mit den für die Projektdurchführung notwendigen Betriebsmitteln zu einer organisatorischen

Grundtypen / Merkmale	Reines Projekt-Management	Projekt-Matrix-Management	Projektgruppen-organisation
Eingliederung in die Unternehmens-organisation	Projektorg. = Teil der formalen Unternehmensorga-nisation	Projektorg. = eine Art informaler Org. neben forma-ler Stab-Linien-organisation	Integration der Projektgruppe in eine Fachabtei-lung
Kompetenzen des Projekt-Management	Projekt-Manager sind Instanzen (mit Kompetenzen einer Instanz)	Projekt-Manager ist keine Instanz, hat jedoch Kompe-tenzen im weiteren Sinne, ist bei großen Projekten der Geschäftslei-tung unterstellt	Extremfälle: Projektleiter ist disziplinar. Vorgesetzter oder gleichbe-rechtigter Spre-cher der Gruppe
Lebensdauer der Organisation	Unbegrenzt bzw. Auflösung der Unternehmung nach Projektabschluß	begrenzt; häufigere Durch-führung ähnlicher Projekte	begrenzt; fallweise Bildung zu unterschied-lichen Zwecken

Abb. 23. Unterscheidungsmerkmale der Grundtypen des Projekt-Management

Einheit zusammengeschlossen. Der Projektleiter trägt die gesamte Verantwortung für das Projekt. Inhaltsmäßig bedeutet dies [105, S. 100]:

(1) Führungsverantwortung
(2) Handlungsverantwortung
(3) Ergebnisverantwortung

Die Führungsverantwortung bezieht sich auf die direkt dem Projektleiter unterstellten Mitarbeiter, die Handlungsverantwortung dagegen auf die in seiner Stellenbeschreibung abgegrenzten Aufgaben. Während eine Führungsverantwortung gegenüber direkt unterstellten Mitarbeitern immer besteht, tritt beim Projektleiter die Handlungsverantwortung gegenüber der Ergebnisverantwortung zurück. Der Projektleiter ist verantwortlich für die Erreichung des Projektzieles. Er hat jedoch innerhalb eines weitgehenden Handlungsspielraumes selbst zu entscheiden, wie das Ergebnis zu erreichen ist.

Bezüglich der ihm unterstellten Personen besitzt der Projektleiter die volle Kompetenz einer Instanz, d.h. die Befugnisse [105, S. 83]:

(1) Entscheidungen zu treffen,
(2) Anweisungen zu erteilen,
(3) Kontrollen auszuüben,
(4) Dritte zur Verantwortung zu ziehen.

Diese totale Organisationsform tritt in der Praxis in zwei Modifikationen auf:

a) reines Projekt-Management als Teilbereich einer Unternehmung unbegrenzter Lebensdauer,
b) reines Projekt-Management als zeitlich befristetes Unternehmen.

Zu a)
Unternehmen dieser Gruppe sind speziell auf die Ausführung von Projekten ausgerichtet. Sie integrieren eine oder mehrere Projekt-Organisationen als Teilbereiche in die Unternehmenshierarchie.

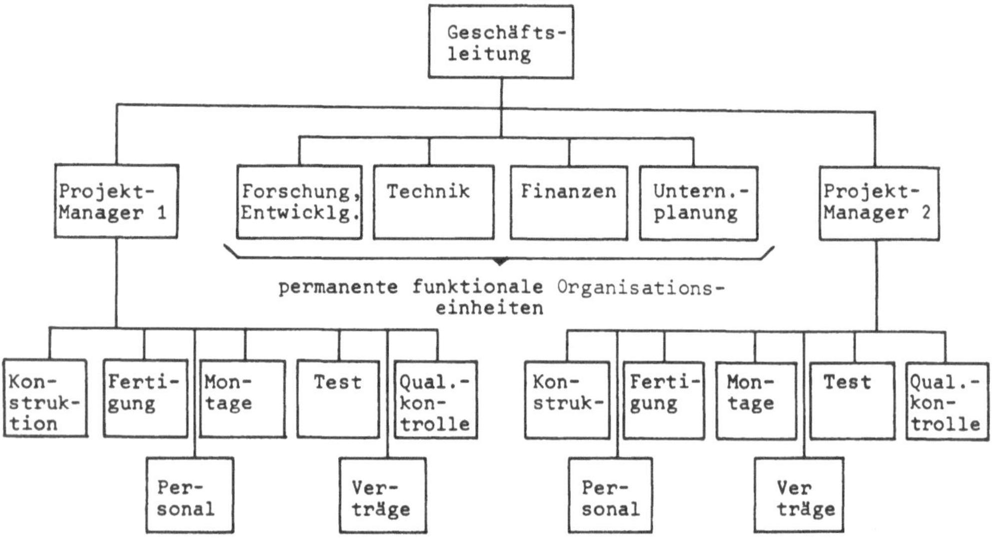

Abb. 24. Reines Projekt-Management als Teilbereich einer Unternehmung[3]

Das Beispiel in Abb. 24 enthält zwei Projekt-Teilbereiche und einen permanenten, funktionalen Teilbereich. Letzterer umfaßt organisatorische Einheiten, die den Projekten übergeordnete oder gesamtunternehmensbezogene Aufgaben wahrnehmen. Die Lebensdauer der Unternehmung ist nicht begrenzt. Nach Beendigung der aktuellen Projekte werden neue durchgeführt. Die dann stets erforderliche Umorganisation von Projekt-Management und Produktionsfaktoren und die Ungewißheit bezüglich künftiger Aufgaben und Vorgesetzter wirken sich negativ auf die Mitarbeiter aus und können langfristig die Leistungsfähigkeit eines Unternehmens beeinträchtigen [153, S. 158].

[3] Modifikation einer Darstellung von Steiner/Ryan [97, S. 8].

Zu b)
Diese Gruppe umfaßt Unternehmen, die speziell zur Durchführung sehr großer Projekte gegründet und nach Projektabschluß wieder aufgelöst werden. Es handelt sich hierbei vor allem um große öffentliche Projekte, wie z. B. das europäische ELDO-Raumfahrtprogramm. In Abb. 25 ist der deutsche Teil aus dem ELDO-Programm als Beispiel für ein rein temporäres Einprojekt-Unternehmen dargestellt. Der vom deutschen Auftraggeber vergebene Teil, es handelt sich um die dritte Stufe der Europarakete, wird von zwei deutschen Firmen als Auftragnehmer bearbeitet. Zur Projektabwicklung wurde eine Projekt-Organisation gegründet, die an Ministerien der am ELDO-Programm beteiligten Ländern, an das ELDO-Sekretariat, den deutschen Auftraggeber und einen Aufsichtsausschuß der deutschen Auftragnehmer berichtet. Der Projektleitung, mit den Bereichen Technik, Planung und kaufmännische Abwicklung, sind Referate unterstellt, die direktes technisches Weisungsrecht bezüglich der durchführenden Fachabteilungen, Versuchsabteilungen, Fertigungsstätten und Prüffelder der Auftragnehmer besitzen [183, S. 11].

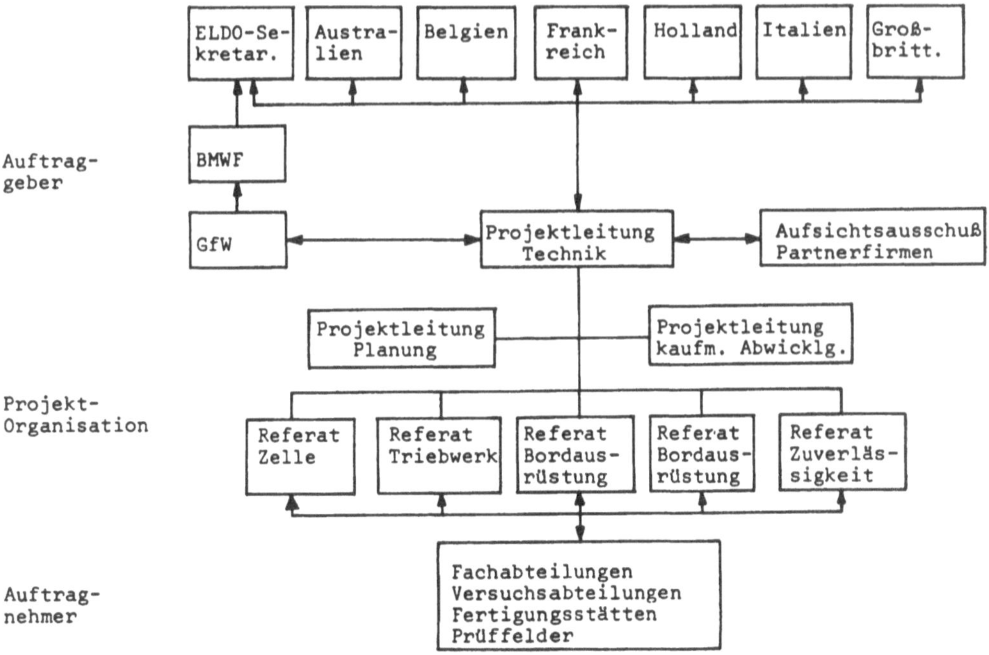

Abb. 25. Reines Projekt-Management als zeitlich befristetes Unternehmen [183, S. 10 ff.].

1.3.3.2 Matrix-Projekt-Management

Für die Durchführung komplexer Querschnittsaufgaben ist die Koordinationsfähigkeit des funktional organisierten Stab-Liniensystems unzureichend. Diese Organisationsform ist durch eine vertikal gerichtete, die Funktionsbereiche betreffende, Koordinationsdimension gekennzeichnet. Im Matrix-Projekt-Management wird eine zusätzliche horizontal gerichtete, die Querschnittsaufgaben betreffende, Koordinationsdimension geschaffen. Sie besteht als temporäres Organisationsgebilde neben der Stab-Linienorganisation. Mit dieser Organisationsform wird folgende Aufgabenverteilung angestrebt:

(1) Mitarbeiter von Fachabteilungen der Stab-Linienorganisation bearbeiten Teilaufgaben eines Projektes. Sie gehören ständig der Stab-Linienorganisation an und bleiben der disziplinarischen Weisungsbefugnis der Linien-Manager unterstellt.

(2) Die Projektverantwortung wird einem Projekt-Manager übertragen, der –ausgegliedert aus dem Linienbereich – die erforderliche Koordination der Fachabteilungen sicherstellen soll. Der von ihm geführten Projekt-Organisation gehören temporär Mitarbeiter der Fachabteilungen an, die Projekt-Teilaufgaben übernommen haben.

Hinzu tritt bei Dullien [29, S. 18] die Institution der Zentralen Koordination als dritter Koordinationsfaktor. Praktische Erscheinungsformen der Zentralen Koordination sind Projektausschüsse, Planungsstäbe, Terminkonferenzen, Zwischeninstanzen, usw. Ihre Aufgabe ist das Setzen von Regeln, nach denen die zwischen Linien- und Projekt-Organisationen auftretenden Spannungen auszutragen sind. Abb. 26 zeigt das Schema des Matrix-Projekt-Management.

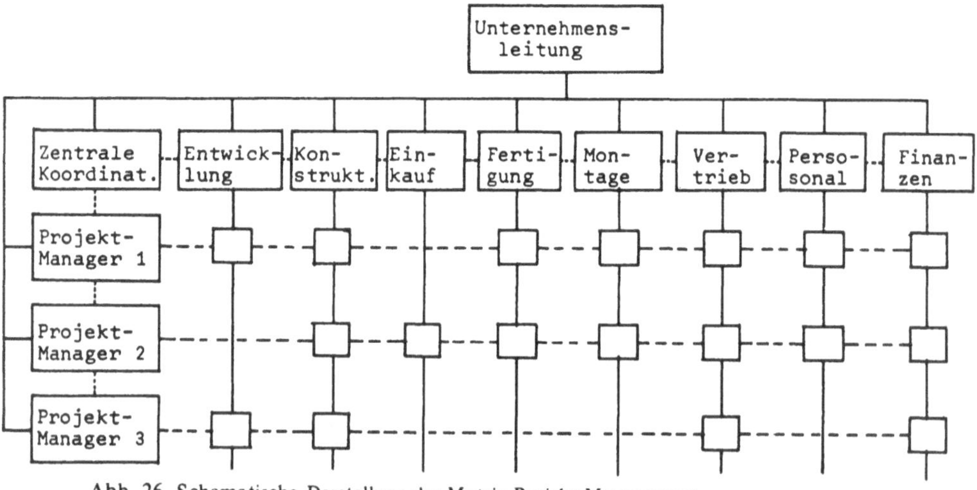

Abb. 26. Schematische Darstellung des Matrix-Projekt-Management

Die Stellung des Projekt-Managers in dieser Organisation ist durch zwei Aspekte gekennzeichnet: Er trägt einerseits die volle Verantwortung für das Projektergebnis, verfügt aber nicht über die dieser Verantwortung entsprechenden Kompetenzen gegenüber den ausführenden Mitgliedern der Fachabteilungen. Das Organisationsprinzip der Übereinstimmung von Verantwortung und Kompetenz eines Aufgabenträgers wird offensichtlich durchbrochen. Der Projekt-Manager muß versuchen, auch ohne die Befugnisse einer Instanz das Projektziel zu erreichen. Voraussetzungen hierfür sind:

a) Übertragung von Kompetenzen im weiteren Sinne an den Projekt-Manager, die er gegenüber anderen Aufgabenträgern wahrnehmen kann,
b) spezielle Eigenschaften des Projekt-Managers als Führungskraft.

Zu a)
Gegenüber anderen Aufgabenträgern, die ihm nicht unmittelbar unterstellt sind, können dem Projekt-Manager grundsätzlich folgende, projektbezogene Rechte übertragen werden[4]:

(1) Entscheidungsrecht (einschließlich Mitentscheidungsrecht),
(2) funktionales Weisungsrecht,
(3) Kontrollrecht,
(4) Auftragsrecht,
(5) Einspruch- und Genehmigungsrecht,
(6) Vortrags- und Beratungsrecht,
(7) Informationsrecht.

Diese Kompetenzen sind auf projektbezogene Probleme beschränkt. Bei ihrer Wahrnehmung ist nach auftragnehmenden Fachabteilungen zu differenzieren.

Zu b)
Die im Vergleich zu Linien-Managern schwache Kompetenzausstattung muß der Projekt-Manager durch spezielle personelle Eigenschaften ausgleichen, wie:

(1) Motivationsvermögen,
(2) Verhandlungsgeschick und Überzeugungskraft,
(3) Fachkenntnisse,
(4) kooperativen Führungsstil.
Weiter kann hinzutreten:
(5) Unterstützung durch höhere Linieninstanzen.

In der vorliegenden Organisationsform stehen sich ständig Linien- und Projektinteressen gegenüber. Die Linie ist darauf spezialisiert, in möglichst kurzer Zeit Fachleistungen zu erbringen. In ihrem Interesse liegt es, Konflikte auszu-

4 In Analogie zu den Rechten eines Produkt-Managers bei Wild [105, S. 84].

schalten, was durch die Schaffung der Instanzenhierarchie weitgehend gelingt. Durch die Beanspruchung von Fachabteilungen für Projektzwecke werden dagegen Konflikte geschaffen und offengelegt. Ihre Ursache haben sie vor allem in der Zugehörigkeit der ausführenden Personen einerseits zur Stab-Linien-organisation, andererseits zur Matrix-Projekt-Organisation. Zur disziplinarischen Unterstellung unter einen Linien-Manager treten Anforderungen von Seiten eines Projekt-Managers hinzu; Spannungen und Differenzen zwischen Linien- und Projekt-Management sind eine zwangsläufige Folge. Das Offenlegen von Interessengegensätzen muß nicht als negativ beurteilt werden. Es ist aber ein Modus zu finden, nach dem unausgleichbare Konflikte vermieden und andere beigelegt werden. Dies geschieht durch folgende Maßnahmen:

a) Vermeidung von Kompetenzüberschneidungen durch eindeutige Kompetenzverteilung zwischen Linien- und Projekt-Managern,
b) Aufstellen von Regeln für die Zusammenarbeit von Linien und Projekt-Management,
c) Einrichtung von Koordinationsorganen.

Zu a)

Analog dem Kompetenzbild, das Wild [105, S. 88] für den Produkt-Manager vorschlägt, kann eines für den Projekt-Manager definiert werden. Aus ihm gehen die Rechte des Projekt-Managers gegenüber anderen Stellen bezüglich einzelner Aufgaben eindeutig hervor. Ein Kompetenzbild für ausgewählte Aufgaben zeigt Abb. 27.

Mit der Differenzierung der Kompetenzen des Projekt-Managers nach Aufgaben und Fachabteilungen soll eine projektgerechte Kooperation sichergestellt werden. Zu achten ist darauf, daß sich keine Überschneidungen der Weisungsrechte der Linien- und Projekt-Manager ergeben. Sie können die Quelle nur schwer lösbarer Konflikte sein.

Zu b)

Hierfür eignet sich das sog. Charting-System, dessen Zweck darin besteht, eine „einheitliche und transparente Regelung der Zusammenarbeit in abteilungsübergreifenden Aufgaben zu liefern, die alle Beteiligten einbezieht, deren Rechte und Pflichten, Teilaufgaben, Ziele und Funktionen offenlegt und die den Kooperationsprozeß ablaufmäßig regelt“ [105, S. 219]. Mögliche Bestandteile des Charting-Systems sind etwa [105, S. 219 ff.]:

(1) Richtlinien für die Zusammenarbeit,
(2) Stellenbeschreibungen,
(3) Funktionsdiagramme (Linear Responsibility Charts),
(4) Ablaufdiagramme (Flow Charts).

Art der Aufgabe	Stelle	Kompetenzen des Projekt-Managers
Aufstellen des Projekt-Budgets	Controller, Finanz-Abteilung	VB, I, EG
Erteilung von Aufträgen (Teilaufgaben)	ausführende Fachabteilung	E, W
technische Lösung von Teilaufgaben	ausführende Fachabteilung	I, EG, VB, K
Meldung von Ist-Daten	ausführende Fachabteilung	A, I
Netzplanberechnungen	ADV-Abteilung	E, W

Legende: E = Entscheidungsrecht; EG = Einspruchs- und Genehmigungsrecht; W = funktionales Weisungsrecht; VB = Vorschlags- und Beratungsrecht; K = Kontrollrecht; I = Informationsrecht; A = Aufsichtsrecht

Abb. 27. Schema eines Kompetenzbildes für den Projekt-Manager

Sie sind in der bezeichneten Literaturstelle beschrieben, allerdings für das Product-Management. Mit dem in Abb. 28 dargestellten „Ablaufdiagramm für die Auftragsvergabe" soll beispielhaft gezeigt werden, daß sich diese Hilfsmittel auch für das Projekt-Management eignen.

Zu c)

Die Einrichtung besonderer Koordinationsorgane dient der Lösung gemeinsamer Probleme und Aufgaben. Einige Erscheinungsformen dieser Organe wurden oben werwähnt. Während kurzfristig auftretende Probleme durch fallweise gebildete Koordinationsgruppen zu lösen sind, erfolgt die laufende Koordination durch periodisch tagende Ausschüsse. Diese ständigen Gruppen haben Aufgaben zu lösen wie:

(1) Zuweisung von Kapazitäten zu Teilaufgaben,
(2) Festlegung der Bearbeitungsprioritäten von Teilaufgaben verschiedener Projekte,
(3) Schlichtung von Konflikten,
(4) Mitwirkung bzw. Beratung bei der Abgrenzung von Teilaufgaben,
(5) Austausch von Erfahrungen,
(6) Verbesserung der Zusammenarbeit.

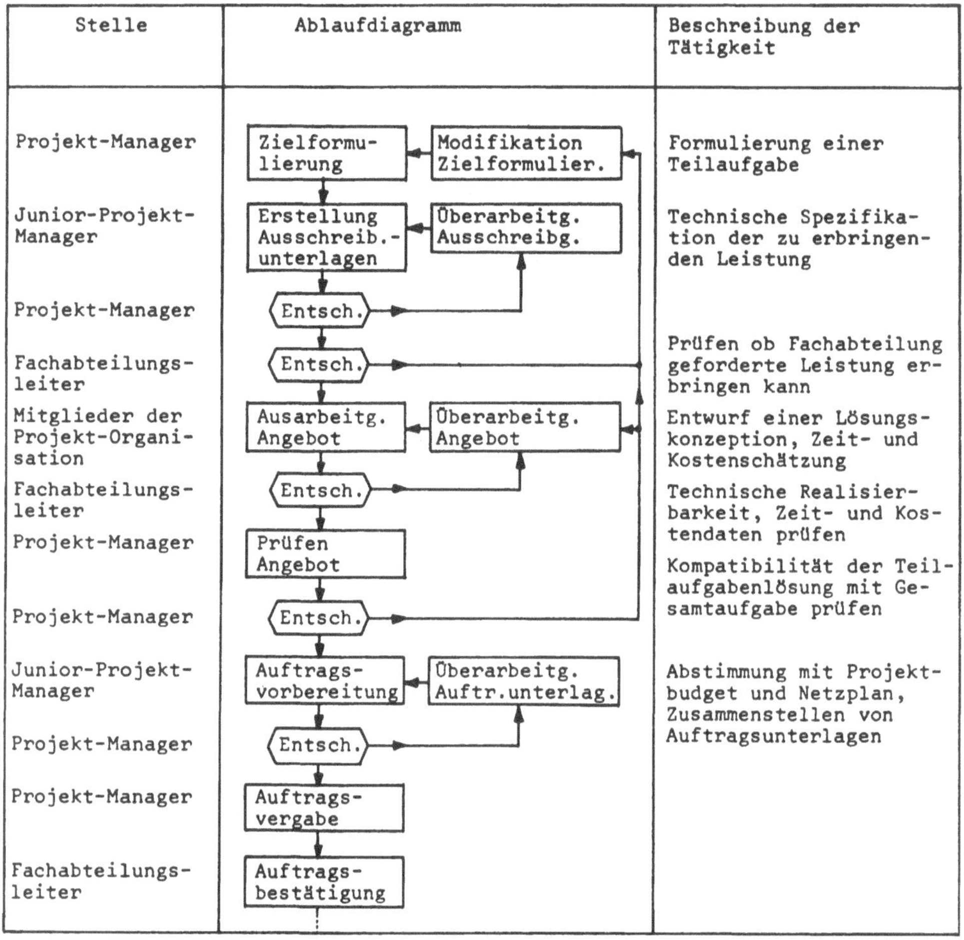

Abb. 28. Ablaufdiagramm für die Auftragsvergabe

Die Organisationsform des Matrix-Projekt-Management tritt in der Praxis am häufigsten auf, ist allerdings auch am problematischsten. Modifikationen dieser Organisationsform und spezielle Fälle wie „Staatliche Programm-Matrix", „allgemeines Matrix-Modell bei Konzernorganisation" und die „seitenverkehrte Matrix" werden hier nicht behandelt. Sie sind bei Dullien [29, S. 70ff.] beschrieben.

1.3.3.3 Projektgruppen-Organisation

Im Gegensatz zum Matrix-Projekt-Management sind Projektgruppen in der Regel stark in die formale Unternehmensorganisation integriert. Projektgruppen werden meist als interdisziplinäre Teams unterhalb der Fachabteilungsebene gebildet. Folgende Maßnahmen sind zu treffen:

(1) Zusammenstellen eines interdisziplinären Projektteams aus Personen verschiedener Fachabteilungen. Die Größe und Zusammensetzung ist abhängig von Art und Komplexität des Projektes und von den für die Teambildung verfügbaren Personen.

(2) Festlegung von Verantwortung und Kompetenzen. Bei gleichberechtigten Teammitgliedern ist das Projektergebnis im Kollektiv zu verantworten. Wurde ein Projektleiter benannt, so trägt er die Verantwortung. Das Verhältnis von Projektleiter zu Mitgliedern der Projektgruppe kann unterschiedlich geregelt sein. Zwei Extremfälle sind denkbar:

    (2.1) Der Projektleiter ist disziplinarischer und fachlicher Vorgesetzter der Gruppenmitglieder.
    (2.2) Die Gruppenmitglieder bleiben disziplinarisch dem Linienmanager ihrer Fachabteilung unterstellt und sind auch an seine fachlichen Weisungen gebunden.

    Um im zweiten Fall eine wirksame Gruppenarbeit zu ermöglichen, ist eine Auflockerung der hierarchischen Beziehungen erforderlich. Sie besteht darin, die Gruppenmitglieder zu direkten Kontakten über die Abteilungsgrenzen hinweg zu bevollmächtigen. Die Gruppenmitglieder erhalten damit die für ihre Arbeit notwendige Unabhängigkeit. Bei Mißbrauch kann diese Vollmacht entzogen werden [29, S. 112].
    Erbringen Fachabteilungen Dienstleistungen für das Projekt, so ist eine eindeutige Kompetenzverteilung zwischen Projektleiter bzw. -team und Linienmanagern zu schaffen. Hierzu bietet sich das beim Matrix-Projekt-Management behandelte Kompetenzbild an.

(3) Schaffung eines Projektausschusses, der etwa die Aufgaben der Zentralen Koordination im Matrix-Projekt-Management übernimmt. Ausschußmitglieder sollten der Projektleiter bzw. ein Teammitglied und Manager der am Projekt beteiligten Fachabteilungen sein.

Die Bildung einer Projektgruppe innerhalb einer Stab-Linienorganisation ist in Abb. 29 schematisch dargestellt.

Die Kommunikationsstruktur in der Projektgruppe wird weitgehend durch die Rolle des Projektleiters festgelegt. Zwei Extremfälle korrespondieren mit den oben genannten Punkten (2.1) und (2.2) (vgl. Abb. 30).

Ist der Projektleiter disziplinarischer Vorgesetzter der anderen Gruppenmitglieder, so liegt praktisch eine zentrale Kommunikationsstruktur vor. Fungiert er, sonst Gleicher unter Gleichen, zusätzlich als Gruppensprecher, so ist eine dezentrale Kommunikationsstruktur zu erwarten.

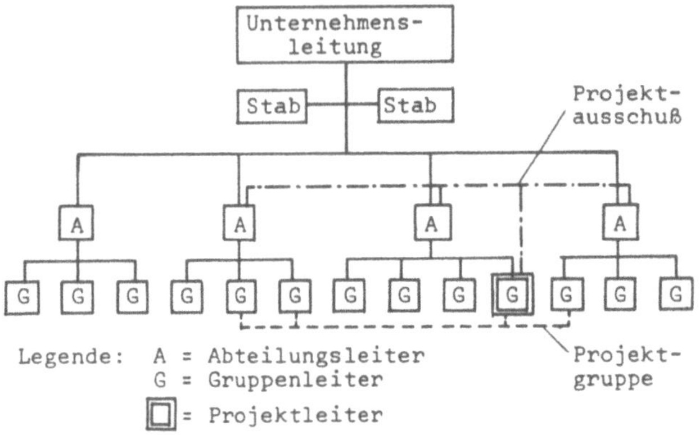

Abb. 29. In die Stab-Linienorganisation integrierte Projektgruppen-Organisation

Die erste Form eignet sich für die Durchführung größerer Projekte mit genau definiertem Projektziel. Seine starke Stellung versetzt den Projektleiter in die Lage, die Zusammenarbeit und den Teamgeist in der Gruppe zu fördern. Jedoch können sich Schwierigkeiten bei der Herauslösung der Gruppenmitglieder aus den Fachabteilungen ergeben. Die Betroffenen fürchten, ihre Aufstiegschancen innerhalb der Fachabteilung oder nach Projektabschluß sogar ihre ehemalige Position zu verlieren.

In der zweiten Form bleibt die disziplinarische Unterstellung in den Fachabteilungen ungeändert. Probleme der Rückeingliederung nach Projektende gibt es nicht. Die Bindung der Mitglieder an die Fachabteilungen erschwert jedoch den Gruppenzusammenhalt. Durch die relative Unabhängigkeit in der Gruppe wird dagegen die Eigeninitiative und Kreativität der Mitglieder gefördert. Dezentrale Kommunikationsstrukturen eignen sich daher für die Durchführung kleinerer Projekte mit ungenauer Zielvorgabe. Beispielhaft hierfür sind die von Dullien [29, S. 96] als Suchaufgaben bezeichneten Aufgaben in der Entstehungsphase großer Projekte, die von Forschungs-Teams, Entwurf-Teams, MIS-

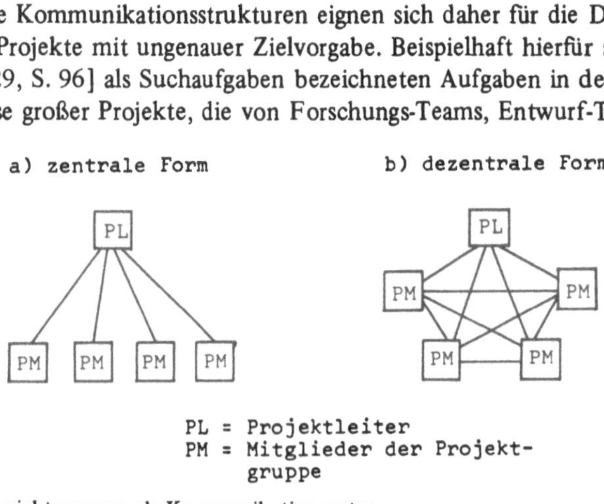

Abb. 30. Projektgruppen als Kommunikationsnetze

Teams, Unternehmensberatungs-Teams, usw. durchgeführt werden. Die noch ungenaue Zieldefinition erfordert eine flexible Vorgehensweise, die Entfaltung kreativer Kräfte des Einzelnen und ihre Zusammenfassung in einem gemeinsamen Lernprozeß. Die besten Voraussetzungen hierfür sind mit einer dezentralen Teamstruktur gegeben, innerhalb der der Einzelne einerseits weitgehend unabhängig ist und andererseits jederzeit mit jedem anderen Teammitglied in Kontakt treten kann. Dem im Vergleich zum zentralen Netz hohen Kommunikationsaufwand steht ein effizienterer Lernprozeß und ein besseres Erkennen von Fehlern gegenüber [16, S. 81].

1.3.4 Struktur und Aufgaben eines PMIS

Nachdem in den vorangegangenen Kapiteln Funktionen, Aufgaben und Organisationsformen des Projekt-Management behandelt wurden, stellt sich nun die Frage nach seiner Unterstützung durch adäquate Informationen. Jede Projekt-Management-Organisation enthält als Subsystem ein formales Kommunikationssystem. Dessen formalisierbarer und (teil)automatisierbarer Teil kann in ein spezielles MIS übernommen werden, das Projekt-Management-Informationssystem (PMIS). Art und Merkmale eines Projektes sowie die Organisationsform des Projekt-Management bestimmen individuelle Eigenschaften und Inhalte eines PMIS. Seine Struktur dagegen ist die eines allgemeinen Informationssystems oder eines MIS. Sie umfaßt folgende Elemente:

a) personelles Kommunikationssystem,
b) Aufgaben des personellen Kommunikationssystems,
c) Modellbank,
d) Datenbank,
e) Computersystem.

Im folgenden wird auf die Punkte a) bis d) eingegangen.

Zu a)
Das personelle Kommunikationssystem eines PMIS besteht zunächst einmal im Personenkreis der Projekt-Manager. Je nach der vorliegenden Organisationsform kann dieser umfangreich und in mehreren Ebenen hierarchisch gegliedert sein oder wenige gleichberechtigte Personen umfassen. Bei Zugrundelegung des Matrix-Projekt-Management ist z. B. folgende Gliederung denkbar:

(1) Projekt-Manager, eventuell mit unterstelltem Junior-Projekt-Manager,
(2) Projekt-Team, z. B. Mitglieder des Projekt-Management aus verschiedenen Fachabteilungen,
(3) ausführende Mitarbeiter in verschiedenen Fachabteilungen.

Weiter ist jedoch zu berücksichtigen, daß ein Projekt starke Verflechtungen mit seiner Umgebung aufweist. Es ist hinsichtlich seiner Abwicklung in einen

Rahmen von Fachabteilungen eingebettet. Es kann darüberhinaus von großer Bedeutung für das gesamte Unternehmen sein. Die hieraus resultierenden informationellen Verknüpfungen zwischen Projekt- und Linien-Management beziehen sich auf Projektziele und -ergebnisse, Budget bzw. Kosten, Verfügbarkeit von Produktionsfaktoren, Zeiten, usw. Im Rahmen eines PMIS müssen diese Verknüpfungen auch berücksichtigt werden. Das personelle Kommunikationssystem eines PMIS beschränkt sich also nicht nur auf das Projekt-Management, sondern umfaßt auch organisatorische Einheiten, mit denen das Projekt-Management kooperiert oder an die es Bericht zu erstatten hat. Dazu können z. B. gehören:

(1) Unternehmensleitung,
(2) Linienmanager,
(3) Koordinations- und Kontrollausschüsse,
(4) Externe Auftraggeber,
(5) Externe Berater.

Zu b)
Hier ist zu differenzieren nach Projekt-Management und weiteren Personen. Die Aufgaben des Projekt-Management sind von primärem Interesse. In funktionaler Sicht wurden sie oben ausführlich behandelt. Auch wurden Aufgabenschwerpunkte in einzelnen Projektphasen angegeben. Zu ergänzen sind diese Ausführungen noch durch eine kurze Darstellung der Beziehungen zwischen Projekt-Management und Projektstrukturplan. Legt man z. B. das Matrix-Projekt-Management zugrunde, so ergibt sich folgende Zuordnung:

(1) Der Projekt-Leiter leitet aus dem Projektziel Teilaufgaben ab. Er ist am Gesamtprojekt und an Teilaufgaben orientiert.
(2) Mitglieder des Projekt-Teams zerlegen ihnen übertragene Teilaufgaben in Vorgänge, deren Durchführung sie überwachen. Sie sind an Teilaufgaben und an Vorgängen orientiert.
(3) Ausführende Mitarbeiter bearbeiten Vorgänge. Sie nehmen vorgangsbezogene Soll-Daten entgegen und erzeugen Ist-Daten.

Das PMIS hat die Aufgabe, die Projektuntergliederung zu dokumentieren und den ab- bzw. aufwärts gerichteten Strom von Soll- bzw. Ist-Daten weitgehend zu mechanisieren.

Von den Aufgaben weiterer, nicht dem Projekt-Management angehöriger Personen werden hier nur die projektbezogenen angedeutet:

(1) Unternehmensleitung: Für Projekte, die für die gesamtunternehmerische Zielsetzung von Bedeutung sind, gibt sie die Zielsetzung sowie globale Zeit- und Kostendaten vor. Während der Durchführung entscheidet sie über Änderungen der Zielsetzung oder über einen möglichen Projektabbruch.

(2) Linien-Management: Werden in seinem Betrieb Dienstleistungen für das Projekt erbracht, so bestimmt es die technische Realisierung der übertragenen Aufgabe. Neben der Abgrenzung der zu erbringenden Leistungen wirkt es bei der Veranschlagung von Zeit- und Produktionsfaktorbedarf mit. Eine wichtige Aufgabe besteht in der Festlegung der Prioritäten von konkurrierenden Teilaufgaben verschiedener Projekte. Hier wirkt das Linien-Management z. B. im Rahmen von Koordinationsausschüssen mit.
(3) Koordinations- und Kontrollausschüsse: Sie existieren in vielfältiger Form. Ihre Aufgaben erstrecken sich von einer fachlichen Beratung bis hin zur Festlegung von Durchführungsprioritäten von Teilaufgaben und der Projektüberwachung.
(4) Externe Auftraggeber: Sie legen die Projektzielsetzung fest und entscheiden über Projektänderungen.
(5) Externe Berater: Sie wirken bei der Klärung der Projektzielsetzung und bei der Erarbeitung und Beurteilung von Lösungsalternativen mit.

Die Informationen, die diese Personen zur Wahrnehmung ihrer Aufgaben benötigen, sind – soweit formalisierbar und wirtschaftlich – im PMIS bereitzustellen.

Zu c)
Analog einem MIS hat auch ein PMIS zwei entscheidungsorientierte Grundfunktionen zu erfüllen: eine Dokumentations- und eine Steuerungsfunktion. Die Dokumentationsfunktion dient der laufenden Verfolgung der Projektentwicklung und der Offenlegung des aktuellen Projektstandes. Die Steuerungsfunktion besteht in der termin-, kosten- und kapazitätsmäßigen Planung, Disposition und Kontrolle von Teilaufgaben und Vorgängen. Beide Funktionen können durch Programme der Modellbank teilweise automatisiert werden. Zentrale Bedeutung besitzen hierfür Struktur- und Ablaufmodelle wie Projektstrukturplan und Netzplan. Die im Projektstrukturplan niedergelegte Aufgabengliederung erfüllt neben früher schon behandelten noch folgende Zwecke:

(1) Sie fungiert als Zuordnungsgrundlage von Projektteilen zu ausführenden organisatorischen Einheiten.
(2) Sie ermöglicht eine Verdichtung von Informationen gemäß dem vorgegebenen Aufgabengerüst.

Der Projektstrukturplan stellt somit die Basis für eine teilaufgabenbezogene Projektdokumentation, -steuerung und -kontrolle dar. Gleiche Funktionen erfüllt auch der Netzplan, jedoch auf der Ebene der kleinsten Projektschritte, der Vorgänge.

Kern der Modellbank eines PMIS ist daher ein Verfahren der Netzplantechnik, das die flexible Handhabung von Projektstrukturplänen und Netzplänen gestattet. Flexibilität läßt sich nur durch modularen Aufbau der Netzplan-Programmpakete erreichen. Nur wenige der von Softwareherstellern angebotenen Programmpakete umfassen die Hauptmodule Zeit-, Kosten-, Kapazitäts- und Berichtsteil und ermöglichen die Verwendung von Projektstrukturplänen. Die Erörterung vorhandener Netzplantechnik-Software, insbesondere ihre Leistungsfähigkeit und Auswahl für ein PMIS, bleibt einem späteren Kapitel vorbehalten.

Weitere Programme der Modellbank, die ein Hilfsmittel des Projekt-Management darstellen können, lassen sich im wesentlichen in zwei Gruppen einteilen:

(1) Verfahren zur Lösung spezieller Planungsaufgaben, hierzu gehören vor allem:
 (1.1) Methoden der Linearen Programmierung wie Transportmethode, Simplexmethode. Sie dienen zur Lösung von Mischungsproblemen, Transportproblemen, Zuweisungsproblemen, usw.
 (1.2) Simulationsmethoden eignen sich zur Planung von Materialflüssen, Versorgungssystemen, Datenverarbeitungssystemen, Personal- und Maschineneinsatz, Tourenplänen, usw.
 (1.3) Spezielle Prognoseverfahren zur Ermittlung der Kostenentwicklung von Teilaufgaben bzw. des Projektes bis zu einem vorgegebenen Stichtag.

(2) Verfahren zur Bewertung und/oder Auswahl von (Teil-)Projekten, u. a.:
 (2.1) Verfahren der Investitionsrechnung,
 (2.2) Verfahren der mathematischen Programmierung,
 (2.3) Entscheidungsregeln der Entscheidungs- und Spieltheorie,
 (2.4) Bewertungsmatrizen.

Die Modellbank wird ergänzt durch Dateiverwaltungsprogramme und durch Verfahren der Informationserschließung (Abfrage-Programmsysteme).

Zu d)

Die zur Erfüllung der Dokumentations- und Steuerungsfunktion eines PMIS notwendigen Daten sind in den Dateien der Datenbank gespeichert. Die Informationen, die für das Projekt-Management von grundsätzlicher Bedeutung sind, lassen sich in zwei Gruppen einteilen:

(1) Projektinformationen, d. h. Informationen, die das Projekt beschreiben,
(2) Rahmeninformationen, d. h. Informationen, die den Rahmen beschreiben, in dem das Projekt abgewickelt wird.

Einen Überblick über Projekt- und Rahmeninformationen gibt Abb. 31.

In einer „Netzplandatei", der Datenbasis moderner Netzplantechnik-Programmpakete, sind praktisch alle genannten Struktur-, Termin-, Kosten- und Kapazitätsinformationen sowie teilweise organisatorische und Finanzinformationen enthalten. Sie bildet daher den Kern der Datenbank eines PMIS.

Informationsarten	Projektinformationen	Rahmeninformationen	Org.Einheiten des Rahmens
Zielinformationen	- Projektziel - Projektabschnitte		Untern.leitung Projektanschluß
Organisatorische Informationen	- Projektleiter - Projektteam	- Fachabteilungsleiter - Fachabteilungen	Fachabteilungen
Strukturinformationen	- Projektabschnitte - Teilaufgaben (TA) - Teilnetze - Vorgänge - Anordnungsbez.	- Aufträge	
Termininformationen	- Vorgangsdauer - Start/Endtermin - Vorgangspuffer - TA-Dauer - TA-Start/Endterm.	- Fabrikkalender - Zeiteinheit - Planungszeiträume - Abrechnungszeiträume	
Kosteninformationen	- Vorgangskosten - TA-Kosten - Kostenarten - Arbeitswert	- Kostenstellen - Kostenarten - Stundensätze	
Kapazitätsinformationen	- Kapazitätsbedarf	- Kapazitätsarten - Kapazitätseinheiten - Kapazitätsauslastung	
Technische Informationen	- Leistungskennziffern - spezielle techn. Probleme	- techn. know how - Lösungsverfahren	
Finanzinformationen	- Ausgaben - Bindungen - Restmittel	- Budgetansätze	

Abb. 31. Projekt- und Rahmeninformationen

Ergänzt wird die Datenbank durch folgende weitere Dateien:

(1) Finanzdatei: In ihr sind die Budgetansätze für das Projekt, getätigte Ausgaben, eingegangene Bindungen und noch frei verfügbare Mittel auszuweisen. Sie stellt die Beziehung zwischen der unternehmerischen Finanzplanung und der finanziellen Projektabwicklung her.
(2) Technische Beschreibungsdatei: Sie dient der technischen Beschreibung von Projektkomponenten, Baugruppen, Bauteilen, usw. durch Leistungskennziffern, Materialeigenschaften, Maße, Toleranzbereiche, usw. Grundlage dieser Datei ist ein objektorientierter Projektstrukturplan, der die Untergliederung des Projektes in Komponenten, Baugruppen, Bauteile, usw. ausweist.
(3) Dokumentdatei: In ihr werden die wesentlichen Fakten über Verträge, Berichte, wichtige Aktennotizen sowie Kurzprotokolle über Arbeitsbesprechungen, Ausschußsitzungen, usw. zusammengetragen.

Fragen der Strukturierung der Datenbank (Verknüpfung der Dateien, Ordnungsbegriffe, Datensatzinhalte und -formate) werden in einem späteren Kapitel behandelt.
Nach der Behandlung der einzelnen Elemente kann nun die Struktur eines PMIS etwas detaillierter angegeben werden:

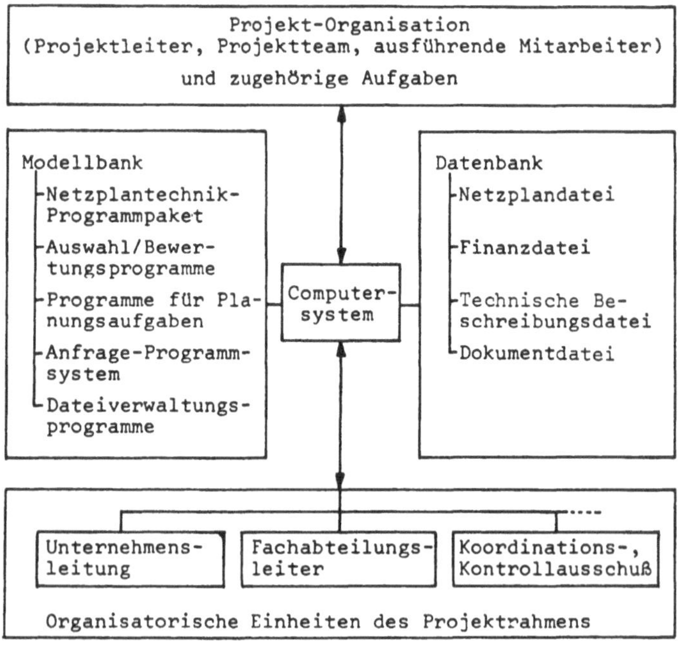

Abb. 32. Struktur eines PMIS

Netzplantechnik-Programmpaket und Netzplandatei sind unabdingbarer Bestandteil eines computergestützten PMIS. Weitere Programme und Dateien sind möglicher Bestandteil. Ihre Implementierung im PMIS ist fallweise zu entscheiden. Sie hängt von den stark variierenden Elementen des PMIS ab: der Organisationsform des Projekt-Management und den organisatorischen Einheiten des Rahmens für die Projektabwicklung.

1.3.5 Beziehungen zwischen PMIS und MIS

In einer Unternehmung, in der neben dem laufenden Betriebsgeschehen auch größere Projekte abgewickelt werden, sind zwei Managementstrukturen zu unterscheiden: das Projekt-Management sowie das Top- und Linienmanagement. Dieser „Management mix" kann seinen Schwerpunkt mehr im einen oder anderen Bereich haben. Ihm entspricht ein „MIS mix", bestehend aus PMIS und MIS-Teilsystemen. Grimshaw [41, S. 476 ff.] stellt diese Unterteilung in folgender Weise grafisch dar:

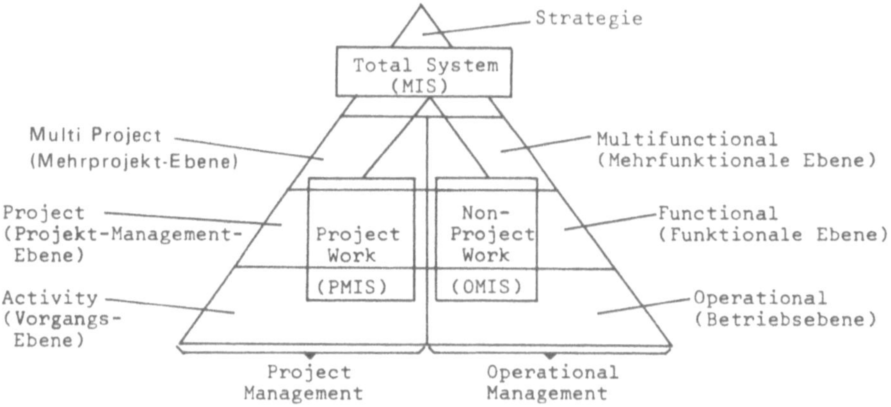

Diese Darstellung erfordert einige kritische Bemerkungen.

(1) Zur Unterteilung in MIS und OMIS: Eine formal ähnliche Unterteilung führt Bürki [117] durch, indem er ein MIS und OIS (Operationelles Informations-System) als Bestandteile eines umfassenden IMIS (Integriertes MIS) begreift. Inhaltlich bestehen jedoch wesentliche Unterschiede. Bürki beschränkt das OIS auf die operationelle Ebene und unterscheidet im MIS drei Führungsebenen. Falls man, wie Grimshaw, den Begriff OMIS verwendet, sollte man ihn auch auf die operationelle Ebene beschränken.

(2) Zum MIS der strategischen Ebene: Aufgabe des Top-Management ist zweifellos die strategische Gesamtplanung. Sie ist jedoch von integrierendem Charakter, d. h. die einzelnen Funktionsbereiche müssen in der strategischen

Gesamtschau in ihrer Interdependenz gesehen und aufeinander abgestimmt werden. Ein Teil-MIS für das Top-Management sollte daher die mehrfunktionale Ebene umfassen.

(3) Die gleiche Gewichtung von mehrfunktionaler und Mehr-Projekt-Ebene gilt am ehesten für das Reine Projekt-Management als Teilbereich der Unternehmung, nicht aber für in Linienbereiche integrierte Projekt-Management-Organisationen.

Berücksichtigt man diese Punkte, so scheint die in Abb. 33 gezeigte Modifikation der obigen Darstellung angebracht.

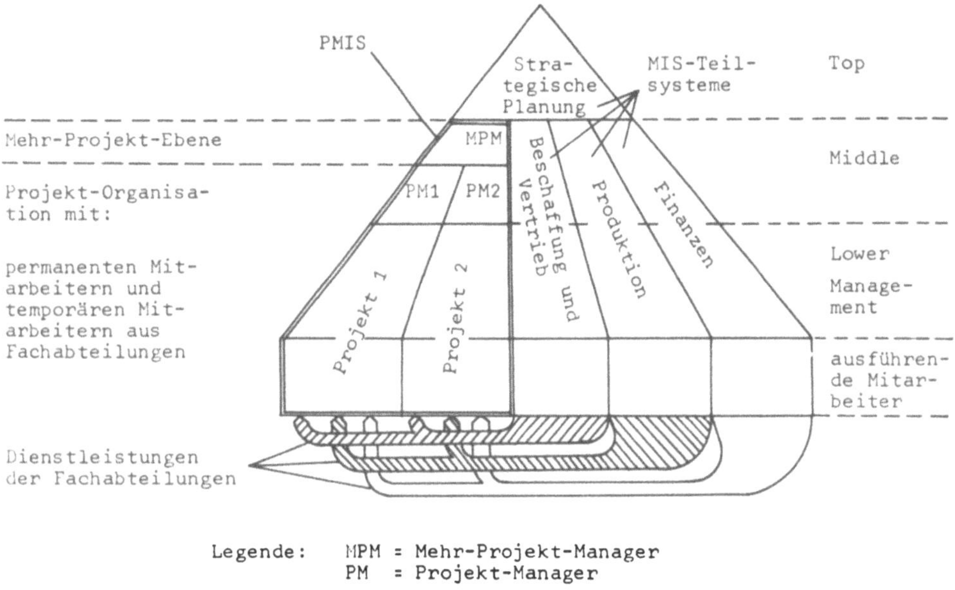

Abb. 33. PMIS und MIS-Teilsysteme

Die Einordnung eines PMIS in ein Gesamt-MIS wirft drei Fragenkomplexe auf; sie beziehen sich auf:

a) die innere Strukturierung des PMIS selbst,
b) die Beziehungen zwischen PMIS und den funktionalen Teilsystemen (Linien-MIS),
c) die Beziehungen zwischen PMIS und dem Teilsystem Strategische Planung.

Im Rahmen dieser Arbeit ist eine erschöpfende Behandlung der Fragen nicht möglich. Es können lediglich einige wichtige Aspekte aufgezeigt werden.

Zu a)
Das PMIS-Beispiel in Abb. 33 umfaßt zwei Projekte. Den zwei Projektleitern ist eine gemeinsame Leitungsfunktion übergeordnet, was aber nicht der Fall sein muß. Die Gestaltung des PMIS bewegt sich innerhalb zweier extremer Alternativen. Die eine besteht darin, die einzelnen Projekte isoliert zu betrachten und je eine eigene Datenbasis vorzusehen. Bei der anderen faßt man die einzelnen Projekte als Teile eines Gesamt-Projektes auf und strebt eine gemeinsame Datenbasis an. Bei der Behandlung dieser Gesichtspunkte ist nach Dateien zu differenzieren, wobei jedoch die Netzplandatei im Vordergrund steht.

aa) Netzplandatei
Für eine isolierte Betrachtung sprechen folgende Argumente:

(1) Projekte sind in der Regel nicht miteinander verknüpft. Es liegen also isolierte Struktur- und Netzpläne vor, was für getrennte Netzplandateien spricht.
(2) Projekte können stark unterschiedlichen Charakter aufweisen, d.h. unterschiedliche durchschnittliche Vorgangsdauer, Projektdauer, Überwachungszyklen, usw. Die mit verschiedener Periodizität durchzuführenden Netzplantechnik-Programmläufe erfordern abgegrenzte Netzpläne und eigene Netzplandateien.
(3) Falls Projekte starke Unterschiede in den Kostenarten aufweisen, kann ein gemeinsames Kostenartenschema nicht zweckgerecht und zu speicheraufwendig sein.

Eine Gesamtbetrachtung wird durch folgende Argumente unterstützt:

(1) Falls die Projekte um gleiche Kapazitäten konkurrieren, ist zum Zweck des Kapazitätsabgleichs und der Prioritätenfestlegung die Zusammenfassung der individuellen Kapazitätsdaten erforderlich.
(2) Ist-Daten werden von gleichen Fachabteilungen gemeldet. Wünschenswert ist eine weitgehende Vereinheitlichung des damit verbundenen Formularwesens für alle Projekte.

Von ausschlaggebender Bedeutung ist letztlich die verwendete Netzplantechnik-Software. Die heute von Software-Herstellern angebotenen PMIS-geeigneten Programmpakete weisen zwar sehr flexible Struktur/Zeit-, Kosten- und Kapazitätsmodule auf, erfordern jedoch meist eigene Datenbereiche für die einzelnen Projekte.

ab) Weitere Dateien
Eine technische Beschreibungsdatei ist für jedes Projekt gesondert aufzubauen. Die Gestaltung der Finanz- und Dokumentdateien hängt stark von der verfügbaren Abfrage-Software ab. Ist diese flexibel und leistungsfähig, so kann z. B.

für alle Projekte eine gemeinsame Dokumentdatei errichtet werden. Auf Probleme der Dateiorganisation und Abfrage-Software wird in Kapitel 3.2 eingegangen.

Zu b)

Es bestehen zwei ausgezeichnete Beziehungsbereiche:

(1) Die Beziehung des PMIS zum Linien-MIS „Finanzen“: Das Teilsystem Finanzen wiest die Budgetansätze für die im PMIS beschriebenen Projekte aus. Diese Budgetdaten finden sich wieder in der Finanzdatei des PMIS sowie evtl. im Kostenteil der Netzplandatei als Soll-Kosten oder als Soll-Ausgaben, falls das verwendete Netzplanverfahren Soll-Kosten und Soll-Ausgaben unterscheidet.

(2) Beziehungen des PMIS zu ausführenden Fachabteilungen: Sie bestehen in:
- der Vorgabe von Auftrags-Solldaten an die Fachabteilungen,
- der Änderung von Solldaten aufgrund von Kapazitätsdispositionen von Fachabteilungen evtl. gemeinsam mit einem Koordinationsausschuß,
- der Meldung von Istdaten durch die Fachabteilungen für die Projektkontrolle.

Die Verwendung gemeinsamer Dateien in PMIS und in Linien-MIS ist äußerst problematisch, da beide Typen von MIS erhebliche Unterschiede in ihrem Charakter aufweisen. Archibald [4, S. 5 f.] sieht Unterschiede vor allem in den in Abb. 34 aufgeführten Punkten. Einer dateimäßigen Integration von PMIS und Linien-MIS, die auf der operationellen, d. h. der untersten Ebene ansetzen müßte, stehen also Unterschiede in Planungshorizonten, Kostenarten, Zeiteinheiten, usw. entgegen. Der Versuch, beide Typen von Informationssystemen auf unterer Ebene miteinander in Einklang zu bringen, beispielsweise durch die Integration herkömmlicher Kalkulationsmethoden und der Netzplantechnik, ist nach Grimshaw nicht ganz geglückt [136, S. 62]. Ein PMIS wird dateimäßig selbständig bleiben müssen, jedoch besteht grundsätzlich die Möglichkeit, mit Hilfe von Überleitungsprogrammen bestimmte Daten aus MIS-Dateien zu extrahieren und in PMIS-Dateien einzuspeichern. Auf diese Weise läßt sich eine Doppelerfassung gleicher Daten vermeiden.

Zu c)

Die Beziehungen zwischen PMIS und dem Teilsystem Strategische Planung hängen von der Ebene der Einordnung des Projekt-Management in die Unternehmenshierarchie ab. In Abb. 33 z. B. besitzt der Projektbereich eine gleich große Bedeutung wie einzelne Funktionsbereiche. Daten aus dem PMIS gehen dann durch Verdichtung, Selektion, usw. in das Top-MIS ein. Bei geringerer Bedeutung des Projektbereiches ist dies nicht der Fall. Ist das Projekt-Manage-

Vergleichskriterium \ Informationssystem	Management-Informationssystem bzw. Teilsysteme (MIS)	Projekt-Management-Informationssystem (PMIS)
1. Zweck des Informationssystems	Management von permanenten, sich langsam ändernden Organisationen	Management von temporären, sich schnell ändernden Projekten
2. Typ der gehandhabten Information	Jedes Teilsystem enthält spezifische Informationen entsprechend dem Funktionsbereich	Das System enthält viele Arten von Informationen entsprechend den Beziehungen zu Funktionsbereichen
3. Zeitlicher Horizont	Gewöhnlich begrenzt auf den jährlichen Budget-Planungszyklus	Sehr flexibel, da gleichzeitig auf gesamte Projektdauer, Projektphasen und Vorgänge bezogen
4. Voraussagefähigkeit (Predictive Capacity)	Begrenzt auf eine Budgetperiode, maximal gewöhnlich ein Jahr	Muß sich bis an das Projektende erstrecken, gewöhnlich größer als ein Jahr
5. Integrierende Wirkung	Teilsysteme: begrenzt, da nur ein spezieller Funktionsbereich betroffen. Ausnahme: das Teilsystem Strategische Planung hat hohe integrierende Wirkung	Hohe integrierende Wirkung, da viele Beziehungen zu verschiedenen Funktionsbereichen bestehen
6. Schwierigkeiten bei Implementierung	Bei modularem Aufbau bereitet die Einfügung neuer Prozeduren keine großen Schwierigkeiten, da sie nur einen begrenzten Teil eines Funktionsbereiches betreffen.	Groß aufgrund der vielen Verknüpfungen mit funktionalen Teilsystemen, die unterschiedliche Charakteristiken in Programm- und Datenorganisation aufweisen können (verschiedene Nummernsysteme, Zeitzyklen,...)

Abb. 34. Vergleich von (Teil-)MIS und PMIS

ment z. B. in einen Linienbereich integriert, so liegt keine datenmäßige Verknüpfung mit dem Top-MIS, wohl aber mit dem entsprechenden (Linien-)Teil-MIS, vor.

2. Projekt-Management und sein Informationsbedarf im Bereich der Forschung und Entwicklung

Im 1. Kapitel wurde die Konzeption eines allgemeinen PMIS entwickelt. Sein Kern ist ein Netzplantechnik-Programmpaket mit einer in Verbindung damit betriebenen, auf Projektstrukturplan und Netzplan aufbauenden, Netzplandatei. In den Beispielen für Projektstrukturplan und Netzplan wurden „deterministische" Projekte unterstellt. Das sind Projekte, deren Ablauf sich im Vorhinein in allen Schritten planen läßt. Die Netzplandatei für ein in Durchführung befindliches deterministisches Projekt kann daher wesentliche Informationen über alle abgelaufenen, gegenwärtig durchgeführten und zukünftig durchzuführenden Projektschritte enthalten.

In dieser Arbeit interessieren nun aber vor allem Projekte, die in ihrem Ablauf – abweichend von der bisher stillschweigend getroffenen Annahme – nicht determiniert sind. Als typische Beispiele lassen sich Forschungs- und Entwicklungsprojekte, im folgenden als F + E-Projekte bezeichnet, anführen. Ihr Ablauf ist im voraus nicht in allen Schritten bestimmbar und vor Projektausführung kann auch nur ein Teilnetzplan und ein Teilprojektstrukturplan aufgestellt werden. Bevor im 3. Kapitel auf die Konzeption eines PMIS für F + E-Projekte eingegangen werden kann, sind daher in diesem Kapitel spezielle Anforderungen von F + E-Projekten an das Projekt-Management zu untersuchen. Im einzelnen werden folgende Punkte behandelt:

(1) Begriff und Wesen der Forschung und Entwicklung.
(2) Spezifische Merkmale, die F + E-Projekte im Gegensatz zu determinierten Projekten aufweisen.
(3) Auswirkungen von F + E-Projekten auf die Aufgaben und Organisationsformen des Projekt-Management im F + E-Bereich.
(4) Informationsbedarf des F + E-Management und Anforderungen der Benutzer an ein PMIS.

2.1 Wesen der Forschung und Entwicklung

Der Begriff „Forschung" bezeichnet die Erzeugung neuen Wissens durch den Einsatz wissenschaftlicher Methoden; der Begriff „Entwicklung" bedeutet Nutzung dieses neuen oder schon vorhandenen Wissens für wirtschaftliche Zwecke [13, S. 13]. Forschung und Entwicklung als ein Begriff weist, angewandt auf den Bereich der Wirtschaft, eine eigene, besondere Bedeutung auf. Forschung und Entwicklung kann heute als wesentlichster Veursachungsfaktor des technischen Fortschritts gelten, der seinerseits Voraussetzung für das Wachstum der einzelnen Unternehmung und der gesamten Wirtschaft ist. Versteht man unter

Technik die „wirtschaftliche Anwendung der Naturwissenschaften zur Befriedigung von Bedürfnissen" [92, S. 1417], so liegt technischer Fortschritt dann vor, wenn es gelingt, durch Verwendung schon vorhandener oder neuer naturwissenschaftlicher oder technischer Kenntnisse vorhandene Bedürfnisse besser zu befriedigen oder neue Bedürfnisse erstmalig zu befriedigen.

2.1.1 Phasen des technischen Fortschritts

Der Begriff des technischen Fortschritts wird in der Literatur auf den Bereich der Wirtschaft begrenzt und im Zusammenhang mit dem Prozeß der Produktion und Verwertung naturwissenschaftlich-technischen Wissens gesehen; letzteres jedoch in unterschiedlicher Weite. Schätzle [86, S. 42] beschreibt eine Dreiteilung in Erfindung (invention), Neuerung (innovation) und Nachahmung (imitation), die nach seinen Worten wohl auf Schumpeter zurückzuführen ist. Er verwendet die Begriffe „technischer Fortschritt" und „technische Neuerungen" als Synonyma, denn „die technischen Neuerungen wiederum machen den technischen Fortschritt aus" [86, S. 42]. In dieser engen Definition wird der technische Fortschritt auf eine Phase des Prozesses der Produktion und Verwertung naturwissenschaftlich-technischen Wissens beschränkt, sie ist m. E. deshalb zu eng. Eine weitergefaßte Definition, die auch die für Erfindungen notwendigen Wissensgrundlagen und die breite Anwendung von Erfindungen berücksichtigt, gibt Geschka [37, S. 6 ff.], indem er die folgenden vier Phasen des technischen Fortschritts unterscheidet:

a) Vermehrung und Verbreiterung des naturwissenschaftlich-technischen Wissens,
b) Konkretisierung technischer Neuerungen,
c) wirtschaftliche Anwendung technischer Neuerungen,
d) Rezeption technischer Neuerungen.

Zu a)
Mit der Produktion neuen naturwissenschaftlich-technischen Wissens wird die Wissensbasis über Vorgänge und Gesetzmäßigkeiten in der Natur erweitert. Schon vorhandenes oder neu gewonnenes Grundlagenwissen ist zwar praktisch nicht unmittelbar verwertbar, ermöglicht aber in vielen Fällen erst den Akt der Erfindung. Neues Grundlagenwissen wird als Ergebnis der Grundlagenforschung gewonnen, die an Hochschulen, in staatlichen Forschungsanstalten und in Forschungsabteilungen größerer Industriefirmen betrieben wird. Eine weite Verbreitung des in westlichen Ländern nicht patentierbaren Grundlagenwissens wird erreicht durch:

– wissenschaftliche Veröffentlichungen, zu denen potentielle Autoren durch den mit der Erstveröffentlichung verbundenen wissenschaftlichen Ruhm angeregt werden,

- Tagungen, Konferenzen und persönliche Kontakte der Wissenschaftler,
- die an naturwissenschaftlich-technischen Ausbildungsstätten aufgrund des vom Staat gestellten Auftrages durchgeführte Lehre,
- das innerbetriebliche Ausbildungswesen.

Zu b)
Erst durch die Anwendung naturwissenschaftlich-technischen Wissens auf praktische Probleme wird der Entwicklungsstand der Technik erhöht. Die durch eine Problemlösung erzielte technische Neuerung (invention) kann unterschiedlicher Erfindungshöhe sein. Eine originelle, schöpferische Neuerung von objektiv erheblicher Erfindungshöhe wird juristisch als patentierfähige Erfindung anerkannt. Dagegen werden technische Neuerungen geringerer Erfindungshöhe als nicht patentierfähige technische Verbesserungen eingestuft. Dieser in kleinen Schritten vollzogenen Form des technischen Fortschritts messen einige Autoren sogar die größere Bedeutung zu [45, S. 381 f.], [123, S. 104 ff.].

In der Anfangsphase der industriellen Entwicklung zeichneten sich bei der Konkretisierung technischer Neuerungen vor allem die unabhängigen Erfinder aus. Einige dieser Erfinder, wie Daimler, Siemens, Linde, wurden später zu erfolgreichen Unternehmern, da ihnen die wirtschaftliche Anwendung ihrer Erfindung gelang. Heute herrscht die in industriellen Unternehmungen organisiert und systematisch als angewandte Forschung und Entwicklung betriebene Erfindertätigkeit vor. Initiativen zu Vorhaben der angewandten Forschung und Entwicklung werden mit dem betrieblichen Vorschlagswesen erfaßt. Sie gehen auf Mitarbeiter aus allen Abteilungen zurück, Kunden und externe Personen, wie z. B. Berater. Nach Chorafas [22, S. 28] fordern in den USA jedoch nur 23 % aller Großbetriebe ihre Arbeiter und Angestellten zur Teilnahme am betrieblichen Vorschlagswesen auf, die übrigen 77 % halten den Nutzen für zu gering.

Zu c)
Die wirtschaftliche Anwendung technischer Neuerungen bezeichnet man als Innovation (innovation). Die Bedeutung der Innovation für die wirtschaftliche Entwicklung wurde umfassend erstmals von Schumpeter dargestellt. Er unterscheidet fünf Arten der Innovation oder, wie er es bezeichnet, der Durchsetzung neuer Kombinationen [90, S. 100 f.]:

(1) Herstellung eines neuen Gutes oder einer neuen Qualität eines Gutes,
(2) Einführung einer neuen Produktionsmethode,
(3) Erschließung eines neuen Absatzmarktes,
(4) Eroberung einer neuen Bezugsquelle von Rohstoffen oder Halbfabrikaten,
(5) Durchführung einer Neuorganisation, wie Schaffung einer Monopolstellung oder Durchbrechen eines Monopols.

Schumpeter beschränkte den Begriff der Innovation auf revolutionierende Neuerungen, also Neuerungen großer wirtschaftlicher Tragweite, die stoßartig von einzelnen Personen, den Unternehmern, eingeführt werden. In kleinen Schritten vorgenommene technische Verbesserungen, die nur geringfügige Änderungen des Kombinationsprozesses bewirken, stellen nach Schumpeter folglich keine Innovation dar. Diese Meinung wird auch noch heute von einer Reihe von Autoren unterstützt [44, S. 386 f.], [37, S. 25]. Die Auffassung Schumpeters, Innovationen seien einmalige, revolutionierende Leistungen von Unternehmern mag zwar im Rahmen einer Theorie der wirtschaftlichen Entwicklung von erheblicher Bedeutung sein, steht heute aber als Einzelfall der in zunehmendem Maße geplanten, systematisch und kontinuierlich durchgeführten Innovation vieler Industriebetriebe gegenüber. Der zunehmende Umfang systematisch betriebener Innovation zeigt sich in den starken Änderungen, denen das Produktionsprogramm großer Unternehmungen innerhalb weniger Jahre unterworfen ist. So sind nach Angaben in der Literatur 70 bis 80 Prozent der heute produzierten Erzeugnisse großer Unternehmen vor 5 oder 10 Jahren noch unbekannt gewesen [61, Einleitung S. 9], [69, S. 27].

Nicht auf alle der oben angeführten fünf Fälle trifft der Begriff „Innovation" zu, wie er hier verstanden wird, nämlich als wirtschaftliche Anwendung technischer Neuerungen, die nicht nur geringfügige Änderungen des Kombinationsprozesses zur Folge haben. Der Fall (5) stellt sicher keine technische Neuerung dar; für die Abgrenzung problematischer ist der Fall (4). Bedeutet Erschließung einer neuen Bezugsquelle die Verwendung bisher nicht benutzter Rohstoffe oder Halbfabrikate oder die Ausbeutung bisher mangels technischer Kenntnisse

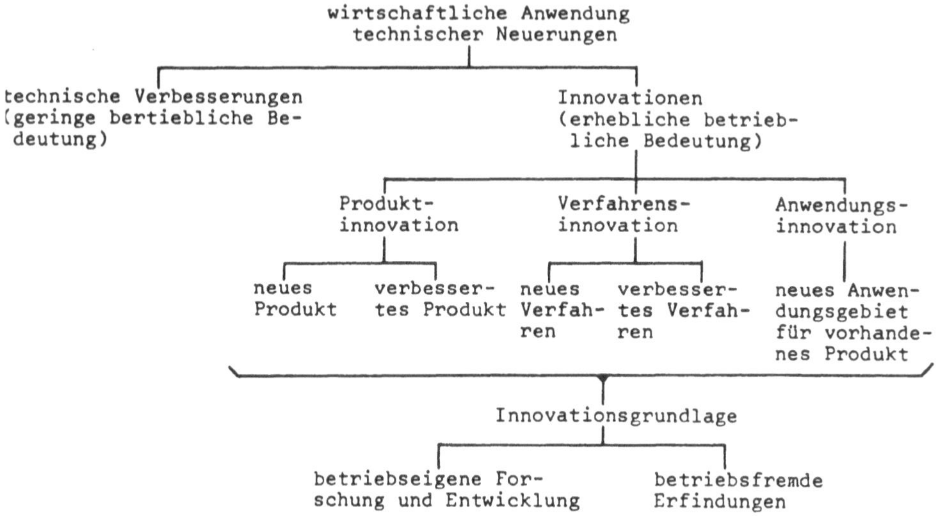

Abb. 35. Innovation und technische Verbesserungen als wirtschaftliche Anwendung technischer Neuerungen

nicht genutzter Lagerstätten, so liegt jeweils ein neues Produktionsverfahren vor. Beide Beispiele wären also in den obigen Fall (2) einzuordnen. Der Fall (3) ist dann als Innovation anzusehen, wenn die Erschließung neuer Anwendungsgebiete für vorhandene Produkte ohne neue technische Kenntnisse nicht möglich ist. Schließlich ist eine Innovation auch auf der Grundlage erworbener Patente oder Lizenzverträge möglich, wohingegen die wirtschaftliche Verwertung von Erfindungen durch Patentverkauf, Lizenzvergabe, usw. nicht als Innovation anzusehen ist [37, S. 26 u. S. 28].

Eine zusammenfassende Begriffsabgrenzung ist in Abbildung 35 dargestellt.

Zu d)

Die Produkt- und die Verfahrensinnovation haben in der Regel für die einzelne Unternehmung die größte Bedeutung. Während die Verfahrensinnovation produktivitätserhöhend wirkt, vollzieht sich die Produktinnovation über den Absatzmarkt, unterstützt durch geeignete absatzpolitische Maßnahmen.

Gesamtwirtschaftliche Auswirkungen, d. h. Wachstum der Volkswirtschaft und umfangreichere Befriedigung menschlicher Bedürfnisse in einer Volkswirtschaft, ergeben sich nur bei einer weiten Verbreitung technischer Neuerungen. Diese Rezeption technischer Neuerungen beinhaltet jedoch Konfliktmöglichkeiten zwischen dem Interesse einzelner Unternehmungen und dem gesamtwirtschaftlichen Interesse. Der eine Verfahrensinnovation vornehmende Betrieb wird diese Neuerung entweder unter Patentschutz stellen oder geheimhalten. Im ersten Fall ist eine Rezeption der technischen Neuerung durch Konkurrenten für den Schutzzeitraum unterbunden, im zweiten Fall ist eine allmähliche Rezeption denkbar, ausgelöst z. B. durch Werksspionage oder Abwanderen von Arbeitskräften. Eine schnellere Reaktion der Konkurrenten löst i. a. eine Produktinnovation aus, da sie, vollzogen über dem Markt, den Konkurrenten Zweck und Qualität des neuen oder verbesserten Produktes und die Aufnahme durch den Konsumenten offenlegt. Falls kein Patentschutz gegeben ist, erfolgt die Rezeption der technischen Neuerung durch Nachahmer. Falls Patentschutz gegeben ist, besteht für die potentiellen Konkurrenten die Möglichkeit der Patentumgehung durch eigene Forschung und Entwicklung. Die innovierende Unternehmung wird daher bei sehr großem Markterfolg in der Regel bestenfalls eine temporäre Monopolstellung erringen können.

2.1.2 Stufen der Forschung und Entwicklung

Die Produktion technischen Wissens ist kein einheitlicher Vorgang, sondern verläuft in mehreren Stufen. Über die Anzahl der Stufen der Forschung und Entwicklung bestehen in der Literatur unterschiedliche Auffassungen. Ein Überblick ist nachfolgender Tabelle zu entnehmen:

Autor	Forschungsstufen						
Bund, K. [19, S. 34 f.]		Grundlagen-forschung	Zweck-forschung	Neu-entwicklung	Weiter-entwicklung	Fertig.entw. Erprobung	Anwend.-entwicklung
Chorafas, D. N. [22, S. 23]	Reine Forschung	Grundlagen-forschung	angewandte Forschung	Entwicklungs-arbeiten			
Collinson, H. A. [24, S. 14 f.]		Grundlagen-forschung	zweckgebund. Forschung	Entwicklung			
Dathe, H. M. [25, 11 f.]		Grundlagen-forschung	angewandte Forschung	vorfühlende Entwicklung	Vor-entwicklung	Prototypen-entwicklung	Produkt-entwicklung
Dean, B. V. [26, S. 46]		basic research	applied research	development			
Geschka, H. [37, S. 39]		Grundlagen-forschung	angewandte Forschung	Entwicklung			
Schätzle, G. [86, S. 24 ff.]		Grundlagen-forschung	angewandte Forschung	Entwicklung			

Legt man die Motive der Forscher als Kriterium zugrunde, so kann man zwar zwischen reiner Forschung, die der reinen Erkenntnisgewinnung dient, und der Zweckforschung, die auf anwendbare Ergebnisse abzielt, unterscheiden. Vom Standpunkt der Unternehmungen ist jedoch jegliche Forschung als Zweckforschung zu betrachten [18, S. 3 f.]; obige Unterscheidung ist daher wirtschaftlich nicht relevant. Eine Einteilung der Entwicklung in vorfühlende, Vor-, Prototypen- und Produktentwicklung ist, da produktbezogen, nicht allgemeingültig. Hier wird daher der Mehrzahl der Autoren gefolgt und Forschung und Entwicklung eingeteilt in die drei Stufen

a) Grundlagenforschung,
b) angewandte Forschung,
c) Entwicklung.

Zu a)
Ziel der Grundlagenforschung ist die Gewinnung allgemeiner Kenntnisse grundsätzlicher Art. Dieses Grundlagenwissen ist technisch nicht unmittelbar verwertbar oder patentierbar. Es besitzt jedoch in seiner Eigenschaft als Wissens-Input für die angewandte Forschung große Bedeutung. Ein wesentlicher Teil der heute gemachten Erfingungen ist ohne Grundlagenforschung nicht denkbar. Durch Grundlagenforschung kann Wissen erworben werden, das eventuell eine erhebliche Einengung des Untersuchungsgebietes von Projekten der angewandten Forschung erlaubt. Dies kann eine erhebliche Senkung von Erfindungskosten bedeuten.

Der betriebliche Grenznutzen der Grundlagenforschung wird häufig geringer sein als der volkswirtschaftliche. Dies liegt auch daran, daß Grundlagenforschung erhebliche Aufwendungen erfordert, die nur sehr große Unternehmungen aufbringen können. Aus diesem Grunde wird die Grundlagenforschung zum großen Teil vom Staat getragen. Träger der staatlichen Grundlagenforschung sind im wesentlichen staatliche Forschungsinstitute und Universitäten bzw. Hochschulen. Die industrielle Grundlagenforschung ist weitgehend der sog. Wissenschaftsindustrie [37, S. 9] vorbehalten. Damit sind Industriezweige gemeint, die wesentlich auf naturwissenschaftlicher Forschung basieren, wie Chemie, Elektrotechnik, Flugzeugbau und optische Industrie.

Zu b)
Während bei der Grundlagenforschung ein konkretes, praktisches Forschungsziel fehlt und lediglich eine Ausrichtung anhand eines vorgegebenen, zu erforschenden Wissensgebietes erfolgt, erstrebt die angewandte Forschung die Realisierung eines vorgegebenen, praktischen Zieles. Aufbauend auf vorhandenem oder noch zu erarbeitendem Grundlagenwissen ist das technische Wissen systematisch zu erarbeiten, das den Lösungsweg zu dem vorgegebenen Ziel darstellt.

Dieses technische Wissen kann eine Erfindung oder, bei geringerer Erfindungshöhe, eine technische Verbesserung bedeuten. In beiden Fällen kann das Neuartige bestehen in [45, S. 381]:

(1) der Lösung einer neuen technischen Aufgabe mit bekanntem technischen Wissen,

(2) der Lösung einer bekannten technischen Aufgabe mit neuem technischen Wissen,

(3) der Lösung einer neuen technischen Aufgabe mit neuem technischen Wissen.

Die Erfindungs- und Verbesserungsaktivitäten werden heute in der Industrie in organisierter Form und unter Berücksichtigung von Prinzipien wie Arbeitsteilung, Spezialisierung, usw. systematisch betrieben. Diese Aktivitäten werden unter dem Begriff „angewandte Forschung" zusammengefaßt. Sie ist unmittelbare Voraussetzung für die Innovationstätigkeit von Unternehmungen und macht daher den größten Teil der industriellen Forschung aus.

Zu c)

Aufgabe der Entwicklung ist die Anpassung von Erfindungen oder anderen Ergebnissen der angewandten Forschung an produktionstechnische, gebrauchsbedingte und wirtschaftliche Erfordernisse. Die Entwicklung ist also auf ein noch konkreteres, genauer spezifiziertes Ziel ausgerichtet als die angewandte Forschung. Anforderungskriterien an das Entwicklungsergebnis können sein [37, S. 21]: Handhabung, Zeit/Krafterspamis, Lebensdauer, Wartungsbedarf, Betriebskosten, Betriebsgeräusch, Gewicht, Raumbedarf, Betriebssicherheit, Klimafertigkeit, Stoßfertigkeit, Herstellungskosten, usw.

Die Entwicklung ist eine Ingenieurtätigkeit. Sie umfaßt Vorgänge wie Konstruktion, Modellbau, Erprobung, Versuche und Tests, Herstellung von Prototypen und Errichtung und Betrieb von pilot-plants [86, S. 37]. Das durch die Entwicklungstätigkeit erworbene technische Wissen ist nicht patentierbar. Es stellt das sog. know-how eines Betriebes dar und ist Geheimhaltungsmaßnahmen unterworfen.

Die drei abgegrenzten Stufen Grundlagenforschung, angewandte Forschung und Entwicklung stellen „Idealtypen" [86, S. 24] dar, die in der Wirklichkeit nicht so klar gegeneinander abgegrenzt werden können und starke Verflechtungen untereinander aufweisen. So kann z.B. Grundlagenforschung zu Erfindungen führen. Dieser Widerspruch zu der obigen Einteilung des Forschungs- und Entwicklungsprozesses in drei Stufen wird entkräftet, wenn man sich auf den Standpunkt stellt, daß das in jeder Forschungsstufe angestrebte technische Wissen mit größter Wahrscheinlichkeit dann erreicht werden kann, wenn die entsprechenden Forschungsbedingungen gegeben sind [143, S. 370].

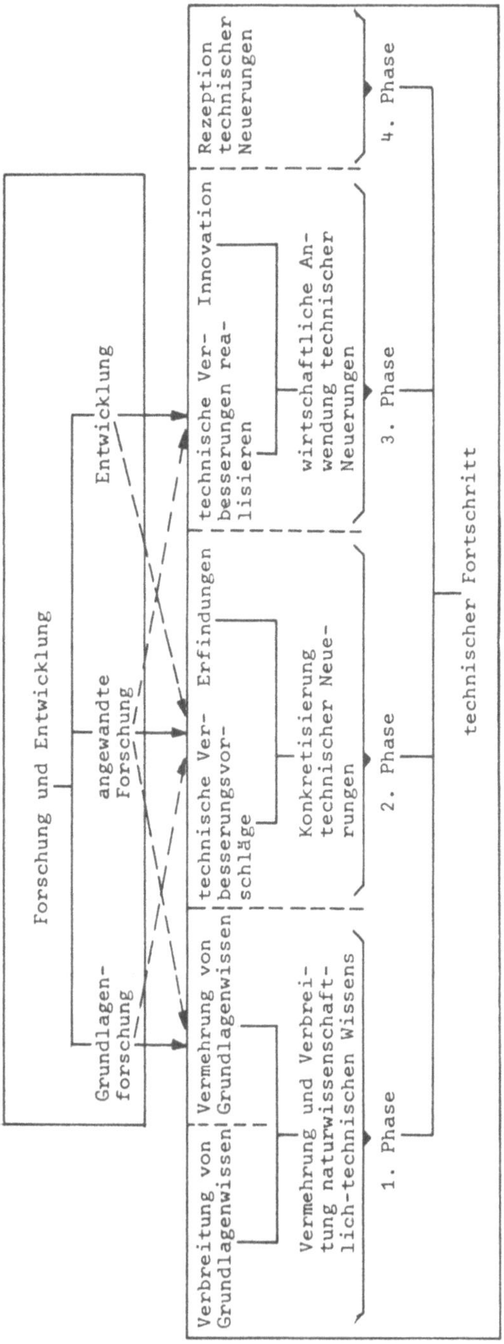

Abb. 36. Beziehungen zwischen Forschung und Entwicklung und technischem Fortschritt

Die Beziehungen zwischen den drei Stufen der Forschung und Entwicklung und den vier Phasen des technischen Fortschritts sind schematisch in Abb. 36 dargestellt.

Die Forschungs- und Entwicklungstätigkeit besitzt instrumentalen Charakter bezüglich des Vorantreibens des technischen Fortschritts. Dabei gelten folgende Zusammenhänge: Das für die erste bzw. zweite bzw. dritte Phase des technischen Fortschritts relevante technische Wissen wird mit größter Wahrscheinlichkeit durch Betreiben von Grundlagenforschung bzw. angewandter Forschung bzw. Entwicklung vermehrt. Es korrespondieren also die drei Forschungsstufen mit den ersten drei Phasen des technischen Fortschrittes, was durch die durchgezogenen Pfeile in Abb. 36 symbolisiert wird. Jedoch mit Einschränkung, denn es sind noch weitere Beziehungen möglich. Sie sind durch gestrichelte Pfeile dargestellt. Beispielsweise kann aus dem Betreiben von Grundlagenforschung eine Erfindung resultieren; dies war bei der Erfindung des Transistors der Fall. Oder die Durchführung eines Vorhabens der angewandten Forschung kann, aufgrund mangelnder naturwissenschaftlich-technischer Kenntnisse, zwischendurch das Betreiben von Grundlagenstudien erforderlich machen.

2.2 Spezifische Merkmale von F + E-Projekten

In Kapitel 1.3.1 wurden Vorgabe einer Zielsetzung, temporärer und interdisziplinärer Charakter, Komplexität, Wagnis und Ablauf in Phasen als Merkmale von Projekten genannt. Einige dieser Merkmale treffen in der behandelten Form nicht auf alle Projekte der Forschung und Entwicklung zu oder weisen Besonderheiten auf, die aus dem Wesen der Forschung und Entwicklung resultieren. Es sind dies die Merkmale Vorgabe einer Zielsetzung, Wagnis und Ablauf in Phasen. Auf sie wird in den beiden folgenden Kapiteln eingegangen, sowie im drittfolgenden Kapitel auf spezielle Vorgehensweisen bei der Forschung und Entwicklung, die dem Wesen von F + E-Projekten angepaßt sind.

2.2.1 Ungewißheit und Wagnis der Forschungs- und Entwicklungstätigkeit

Unsicherheit und Risiko (im Sinne eines Kapitalwagnis) werden häufig als besondere Charakteristika der Forschung und Entwicklung genannt [64, S. 12 f.], [173]. Da dem Begriff Risiko in der Entscheidungstheorie eine bestimmte Bedeutung zukommt, ist zunächst eine kurze Abgrenzung zwischen Unsicherheit, Risiko und Wagnis angebracht.

In einer Entscheidungssituation stehen dem Entscheidenden eine Menge möglicher Aktionen zur Verfügung. Das zukünftige Ergebnis hängt aber nicht nur von der gewählten Aktion, sondern auch von der später tatsächlich eintretenden Umweltsituation ab. Je nach dem Informationsstand bezüglich der zukünftigen Umweltsituation unterscheidet man folgende Entscheidungsfälle:

(1) Entscheidung unter Sicherheit: Der Entscheidende ist sicher, daß zukünftig eine bestimmte Umweltsituation eintreten wird.
(2) Entscheidung unter Risiko: Der Entscheidende kennt die verschiedenen möglichen zukünftigen Umweltsituationen und zusätzlich die Wahrscheinlichkeiten für deren Eintreten.
(3) Entscheidung unter Unsicherheit: Der Entscheidende kennt eine Menge zukünftig möglicher Umweltsituationen, nicht aber die Wahrscheinlichkeiten für deren Eintreten. Außerdem kann er unvorhersehbare zukünftige Umweltsituationen nicht ausschließen.

Die Fälle (2) und (3) werden auch unter dem Oberbegriff „Entscheidung unter Ungewißheit" zusammengefaßt, bzw. als Entscheidungen bei unvollkommener Information bezeichnet.

Jede Entscheidung bedeutet letztlich das Verfügen über Kapital. Entscheidungen bei unvollkommener Information beinhalten die Gefahr des Mißlingens und damit die Gefahr des Verlustes des eingesetzten Kapitals. Diese Verlustgefahr wird hier mit Wagnis bezeichnet und nicht, wie in der Betriebswirtschaftslehre üblich, mit Risiko, da der Risikobegriff hier im Sinne mathematisch-statistisch erfaßbarer Ungewißheit verstanden wird.

Bei der Behandlung von Ungewißheit und Wagnis im Bereich der Forschung und Entwicklung ist zwischen reinen Grundlagenvorhaben und solchen Projekten zu unterscheiden, für die eine konkrete Zielvorgabe existiert.

Vorhaben der Grundlagenforschung besitzen keine konkret vorgegebene Zielsetzung und stellen daher keine Projekte im oben verstandenen Sinne dar. Aufgrund der unspezifizierten Zielvorgabe läßt sich auch nicht sachlich klar und eindeutig abgrenzen, wann ein Grundlagenvorhaben beendet ist. Mit der spezifischen Tätigkeit der Grundlagenforschung ist daher auch kein Wagnis verknüpft [37, S. 75]. Geht man jedoch von den erwarteten wissenschaftlich-technischen Kenntnissen aus, die die Grundlagenforschung in einer Unternehmung als Ausgangsbasis für Projekte der angewandten Forschung und Entwicklung erbringen soll, so stellt der Kapitaleinsatz für Grundlagenforschung durchaus ein Wagnis dar.

Projekte der angewandten Forschung und Entwicklung sind durch eine konkrete Zielvorgabe gekennzeichnet. Sie besteht darin, in wissenschaftlich-technisches Neuland vorzustoßen und neues Wissen für einen bestimmten praktischen Zweck zu erarbeiten. Aus dem Charakter des Neuartigen und Einmaligen folgt unmittelbar, daß Ungewißheit der Forschungs- und Entwicklungstätigkeit immanent ist. Folgende Arten der Ungewißheit können im wesentlichen unterscheiden werden [86, S. 70 f.], [173, S. 196]:

(1) Ungewißheit über das Projektergebnis, d.h. ob überhaupt ein Ergebnis zustande kommt und wenn ja, wie das Ergebnis beschaffen ist;
(2) Ungewißheit über den Zeitbedarf, den die Projektdurchführung erfordert;
(3) Ungewißheit über die Kosten, die das Projekt verursacht;
(4) Ungewißheit über die Verwertbarkeit eines positiven Projektergebnisses.

Bezüglich des zeitlichen Ungewißheitsverlaufes bestehen in der Literatur unterschiedliche Auffassungen. Aufgrund einer Untersuchung militärischer Entwicklungsprojekte behaupten Marshall und Meckling [60, S. 461 f. u. S. 475], daß die Ungewißheit zu Beginn eines Forschungsprojektes relativ groß ist, im Verlauf des Vorhabens aber schnell abnimmt. Schätzle [86, S. 73] ordnet dieser Aussage nur beschärnkte, der darin zum Ausdruck kommenden Tendenz dagegen allgemeinere Bedeutung zu. Strebel [173, S. 198 f.] kommt dagegen zu der Auffassung, daß sich die Erfolgsaussichten eines Projektes unter dem Einfluß neugewonnener Informationen auch erheblich verschlechtern können und daher die Annahme einer „mit zunehmender Bearbeitungszeit innerhalb ein und derselben Phase wissenschaftlich-technischen Fortschritts (Forschung bzw. Entwicklung) tendenziell wachsenden Erfolgswahrscheinlichkeit . . . nicht haltbar“ ist. M. E. nimmt die Ungewißheit aufgrund des beim Projektfortschritt zu verzeichnenden Informationszuwachses tendenziell ab. Dies kann jedoch zweierlei bedeuten: Der erfolgreiche Abschluß des Projektes wird als immer wahrscheinlicher eingeschätzt und das Projekt wird erfolgreich zu Ende geführt, oder ein Mißerfolg zeichnet sich als immer sicherer ab und das Projekt wird abgebrochen. Schwankungen in der Beurteilung sind durchaus möglich, sie können jedoch nicht als unverträglich mit der oben geschilderten Tendenz gelten.

Aus den genannten Ungewißheiten resultieren spezielle Einzelwagnisse, also:

(1) das Wagnis, daß das Projekt zu keinem brauchbaren oder zu keinem technisch realisierbaren Ergebnis führt,
(2) das Wagnis, daß das Projekt nicht zu dem erwarteten Zeitpunkt fertiggestellt werden kann,
(3) das Wagnis, daß die Projektkosten die erwarteten Kosten überschreiten können,
(4) das Wagnis, daß ein positives Projektergebnis nicht in dem erwarteten Maße verwertet werden kann, sei es, daß die Nachfrage zu klein oder nur vorübergehend ist, daß der Marktpreis zu gering ist, daß kein ausreichender Patentschutz möglich ist oder daß fremde Schutzrechte der Auswertung entgegenstehen.

Ähnlich den unterschiedlichen Auffassungen über den zeitlichen Verlauf der Ungewißheit bestehen auch solche über den Wagnisverlauf. Strebel [173, S. 207] meint, der gesamte Wagnisumfang, d.h. der gesamte gewagte Kapitaleinsatz, sei „zu Beginn der Arbeit an einem Projekt noch verhältnismäßig gering, nimmt jedoch mit fortschreitender Bearbeitungszeit immer stärker zu". Geschka [134] vertritt dagegen die These des Gleichgewichts der Wagnisbelastung: Zu Projektbeginn sind relativ wenig Mittel einem höheren, gegen Projektende dagegen höhere Aufwendungen einem geringeren Wagnis ausgesetzt.

Aufgabe der Unternehmensleitung und des Forschungs- und Entwicklungsmanagement ist es, Maßnahmen gegen die in den Einzelwagnissen zum Ausdruck kommenden Schadensmöglichkeiten zu ergreifen. Im einzelnen bieten sich die Methoden der Schadensverhütung, Schadensminderung, Schadensbeschränkung und Schadensbereinigung an [70, S. 850 ff.].

Zum Zweck der Schadensverhütung sollte das Management folgende Maßnahmen ergreifen:

(1) Ausrichtung der Forschungs- und Entwicklungstätigkeit auf ein bestimmtes Arbeitsgebiet, das in Einklang mit den langfristigen Unternehmenszielen und der zu erwartenden Marktentwicklung und technologischer Entwicklung steht. Von erheblicher Bedeutung ist die Abschätzung des technischen Fortschrittes mit Hilfe von Verfahren der technologischen Prognose, wie morphologische Analyse, Extrapolation von Trends, heuristische Prognosen [9].
(2) Systematische Erfassung und Auswertung externer und interner Anregungen oder Projektvorschläge. Es ist in diesem Zusammenhang die Einrichtung einer Stabsstelle „Innovationsplanungsstelle" [37, S. 92] zu erwägen, die Projektvorschläge vorselektiert und Innovationsentscheidungen vorbereitet. Die Entscheidung selbst sollte der Unternehmensleitung vorbehalten bleiben.
(3) Einsatz von qualitativen und quantitativen Verfahren der Projektbewertung und Projektauswahl zur Selektion der Projekte mit möglichst hoher Erfolgswahrscheinlichkeit.
(4) Planung und Kontrolle des Projektablaufes bezüglich der Parameter Zeit, finanzielle Mittel bzw. Kosten und Kapazitäten. Hierfür bieten sich deterministische und stochastische Methoden der Netzplantechnik an.

Schadensminderung strebt durch Auswahl eines geeigneten Forschungs- und Entwicklungsprogrammes kompensatorische Effekte an. Der gewählte Projekt-Mix soll gewährleisten, daß Verluste aus Projektfehlschlägen durch erfolgreiche Projekte mindestens kompensiert werden. Eine enge Verbindung zur Schadensminderung kennzeichnet die Schadensbeschränkung. Ihr Ziel ist die „zweckentsprechende innerbetriebliche Verteilung des Risikos und . . . seine Teilung mit anderen Betrieben . . ." [70, S. 854]. Maßnahmen der Schadensbeschränkung sind z. B. Verzicht auf Projekte mit besonders hohem Wagnis, Vergabe von Forschungsaufträgen an Forschungsinstitute und Hochschulen, Kooperation mit anderen Firmen auf dem Gebiet der Forschung. Schadensbereinigung schließlich erfordert ausreichende finanzielle Reserven, um Verluste aus Projektfehlschlägen oder unerwartet hohe Kosten erfolgreicher Projekte ausgleichen zu können.

2.2.2 Ablaufphasen von Forschungs- und Entwicklungsprojekten

In Kapitel 1.3.1 wurden Konzeption, Definition und Realisierung als Phasen eines allgemeinen Projektes abgegrenzt. Einschränkend wurde festgestellt:

(1) Die Phasen können überlappt ablaufen.
(2) Einzelne Phasen können teilweise mehrmals durchlaufen werden.
(3) Das Projekt kann sich auf eine oder zwei Phasen beschränken.

Für deterministische Projekte, deren Ablauf sich weitgehend vorhersagen läßt, gilt die einschränkende Bemerkung (2) i. a. nicht. Es sei denn, der Teil einer Phase wird infolge einer Katastrophe oder unsachgemäßer Ausführung, die z. B. zum Einsturz eines Teilstücks einer Brücke führen, wiederholt. Für deterministische Projekte ist also mit gewissen Einschränkungen ein Ablauf in bestimmten Phasen als allgemeingültig anzusehen.

Auf Projekte der Forschung und Entwicklung, deren Ablauf nicht determiniert ist, trifft die Projektphasencharakterisierung in obiger Form sicherlich nicht zu. Zur Ableitung weitergehender Aussagen ist zwischen F + E-Projekten mit konkreter Zielvorgabe und Grundlagenvorhaben zu unterscheiden. Einschränkend sollen zunächst erstere betrachtet werden.

Für Projekte der angewandten Forschung und Entwicklung ist sicherlich der in Abb. 37 dargestellte Ablauf von allgemeiner Gültigkeit:

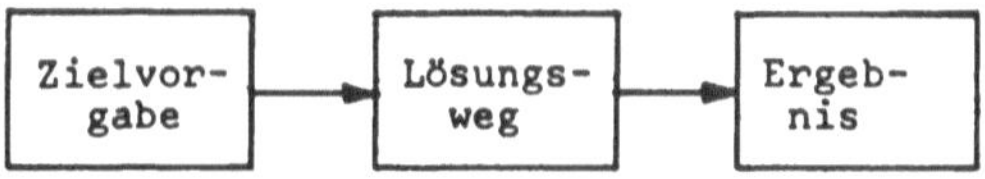

Abb. 37. Forschungsablauf

Lediglich die Zielvorgabe ist bekannt. Lösungsweg und Ergebnis sind nicht bekannt. Als Ergebnis sind zwei Fälle denkbar:

(1) Die Zielsetzung wird erreicht; das Ergebnis besteht dann in dem zur Zielrealisierung notwendigen neuen wissenschaftlich-technischen Wissen.
(2) Die Zielsetzung wird nicht erreicht; dies wird sich während des Projektablaufes immer stärker abzeichnen, bis das Projekt schließlich im Sinne der ursprünglichen Zielvorgabe aufgegeben wird.

Unter dem Begriff „Lösungsweg" wird die eigentliche Forschungs- und Entwicklungsarbeit zusammengefaßt. Der Lösungsweg setzt sich aus einer Menge von Forschungsabschnitten zusammen. Jeder Forschungsabschnitt bedeutet die Durchführung bestimmter theoretischer oder experimenteller Forschungsarbeiten mit vorgegebener Aufgabenstellung. Bezüglich der Forschungsabschnitte lassen sich folgende Aussagen machen:

(1) Die Forschungsabschnitte sind in ihrem Ablauf sehr unterschiedlich determiniert. Ein nicht determinierter Abschnitt wäre beispielsweise die Abklärung der wissenschaftlich-technischen Probleme, die vor dem Aufbau und Betrieb einer Versuchseinrichtung gelöst sein müssen. Die nach Abklärung der wissenschaftlichen Problematik durchzuführenden Konstruktion, Fertigung und Montage der Versuchseinrichtung stellen dagegen, zumal wenn Orientierungswerte aus früheren Projekten vorliegen, einen weitgehend determinierten Abschnitt dar. Im Extremfall können in einem Projekt total determinierte Zeitabschnitte auftreten, die unbedingt einzuhalten sind. So z. B. die Bestrahlung bestimmter Materialien in einer Bestrahlungsanlage, deren Inanspruchnahme schon auf lange Zeit im voraus festgelegt ist.

(2) Für die Realisierung der Aufgabenstellung eines Abschnittes bestehen oft mehrere Alternativen. Zu einem bestimmten Teilziel des Forschungsprojektes führt daher eine Menge alternativer Lösungsmöglichkeiten.

(3) Die Anzahl der Abschnitte ist eine unsichere Größe. Sie ist zunächst unbekannt und ergibt sich erst aus Problemen, die beim Projektverlauf auftreten.

(4) Die zeitliche Ausdehnung und der aufgabenmäßige Umfang der Abschnitte hängen von den verwendeten Strukturplanungsgrundsätzen ab. Sinnvoll erscheint eine stufenweise Vorgehensweise, die z. B. Grob- und Feinabschnitte unterscheidet. Sie besteht in der Abgrenzung eines bevorstehenden Lösungsgrobabschnittes, der mit der Erreichung eines wichtigen Teilzieles abschließt, und etwa sequentiell folgenden weiteren Grobabschnitten. Geht man davon aus, daß das im ersten Grobabschnitt zu erarbeitende technische Wissen die Ablaufstruktur der folgenden Grobabschnitte stark beeinflußt oder deren Durchführung gar erst ermöglicht, so wird man eine weitergehende Ablaufdetaillierung auf den ersten Grobabschnitt beschränken, d. h. nur ihn in eine Netzstruktur von Feinabschnitten zerlegen. Erst nach weitgehender Realisierung des ersten Grobabschnittes wird der folgende weiter untergliedert.

Insgesamt stellt der Forschungs- und Entwicklungsprozeß also ein vielstufiges System von Forschungsabschnitten und Entscheidungsvorgängen dar. Abb. 38 gibt eine schematische Darstellung des geschilderten Forschungsprozesses wieder.

Ausgehend von dem Wissensniveau W_0 strebt man über die Zwischenstationen w_{11}, w_{21}, . . . zunächst das Niveau W_1 an. Mit der Erreichung von w_{11}, w_{21}, . . . und W_1 korrespondieren die Ereignisse e_{11}, e_{12}, . . . und E_1. Dem grafisch zum Ausdruck gebrachten abnehmenden Wissenszuwachs auf dem Weg zu einem höheren Wissensniveau liegt die Annahme zugrunde, daß der Forschungsverlauf einen Lernprozeß darstellt, wobei die Lernraten mit fortschrei-

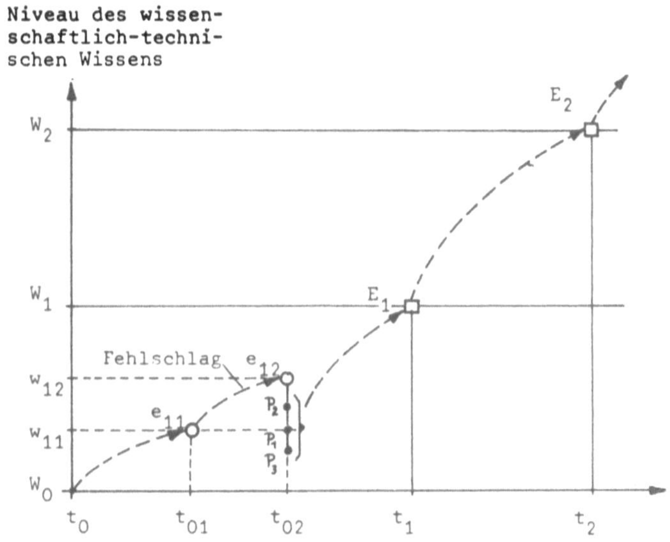

W_0	= Wissensniveau bei Projektbeginn
$W_1, W_2, \ldots$	= Höhere Wissensniveaus, die mit der Realisierung des ersten, zweiten,... Grobabschnitts des Lösungsweges erreicht werden
$E_1, E_2, \ldots$	= Ereignisse "Erreichung $W_1, W_2, \ldots$"
$w_{11}, w_{12}, \ldots$	= Höhere Wissensniveaus, die mit der Realisierung des ersten, zweiten,... Feinabschnitts des Lösungswegs zu W_1 erreicht werden
$e_{11}, e_{12}, \ldots$	= Ereignisse "Erreichung $w_{11}, w_{12}, \ldots$"

Abb. 38. Schematische Darstellung des Forschungsprozesses bei zweistufiger Detaillierung der Ablaufstruktur

tendem Lösungsprozeß einer Aufgabe abnehmen. Beim Fehlschlag eines Lösungsversuches sind drei Fälle zu unterscheiden, die in Abb. 38 schematisch dargestellt sind. (Es wird angenommen, der Versuch, das Niveau w_{12}, ausgehend von w_{11}, zu erreichen, schlage fehl.):

(1) Das im Lösungsversuch erarbeitete Wissen bedeutet lediglich ein Verharren im Niveau w_{11} (Punkt P_1), da keine zusätzlichen Erkenntnisse für alternative Lösungsversuche gewonnen wurden.

(2) Man hat aus dem Fehlschlag neue Informationen gewonnen, die einen anderen Lösungsversuch erheblich aussichtsreicher erscheinen lassen. Das Wissensniveau ist also höher als w_{11} (Punkt P_2).

(3) Der Fehlschlag erbringt Informationen, die die gewählten und alternativen Lösungswege aussichtsloser erscheinen lassen. Man fällt in ein tieferes Wissensniveau zurück (Punkt P_3).

Fehlschläge werden immer auftreten, und das durch sie erworbene Wissen ist nicht nutzlos, denn es dient der Prüfung des zu Beginn eines Lösungsversuches vorhandenen, vermeintlich richtigen Ausgangswissens. Durch Gestaltung des Lösungsablaufes nach bewußt-rationalen Verfahrensregeln sollte man versuchen, Fehlschläge einzuschränken bzw. möglichst frühzeitig zu erkennen. Diese sogenannte diskursive Lösungssuche, die im realen Lösungsprozeß stets durch eine intuitive Komponente ergänzt wird, läuft in folgenden Stufen ab [37, S. 182 ff.]

a) Erarbeitung des Standes des relevanten wissenschaftlich-technischen Wissens.
b) Abstraktion der Aufgabenstellung.
c) Deduktion von Lösungen aus der abstrahierten Aufgabenstellung durch logisches Denken, durch Verwendung spezieller heuristischer Suchregeln wie Kombination, Analogie, Ähnlichkeit, Variation, Reduktion und durch spezielle Konstruktionsmethoden, wie z. B. die des morphologischen Kastens [111, S. 141 ff.], die auf einer systematischen Kombination verschiedenster Lösungselemente beruht.
d) Beurteilung oder evtl. Bewertung der Lösungsalternativen und Auswahl der besten Lösungen.

Für eine möglichst planvolle und systematische Durchführung des Lösungsprozesses bestehen mehrere Ansätze. Durch Planungsmethoden, die die bei F + E-Projekten auftretenden Unsicherheiten berücksichtigen, versucht man den Projektablauf besser in den Griff zu bekommen. Während derartige Planungsverfahren prinzipiell auf den Ablauf aller den Projektgegenstand betreffenden Sachaufgaben ausgerichtet sind, unterstützen andere Verfahren nur bestimmte der oben angeführten Phasen des Problemlösungsprozesses. Die erste Phase, die Erarbeitung des relevanten wirtschaftlich-technischen Wissens, kann wesentlich durch leistungsfähige Informationsspeicherungs- und Wiedergewinnungssysteme auf Computerbasis unterstützt werden. Zur Lösung der in der letzten Phase auftretenden Bewertungs- und Auswahlprobleme bieten sich eine Vielzahl qualitativer und quantitativer Verfahren an. Auf sie, wie auch auf Verfahren der Netzplantechnik und der Informationswiedergewinnung wird in Kapitel 3 eingegangen.

Für Vorhaben der Grundlagenforschung ist der in Abb. 37 dargestellte Ablauf nicht zutreffend, da sie sich nicht auf ein konkretes, praktisches Forschungsziel richten, sondern auf die Gewinnung von Grundlagenwissen in einem größeren Wissensbereich. Im Laufe der Durchführung eines Grundlagenvorhabens werden sich jedoch immer wieder konkrete Teilziele ergeben, deren Realisierung die Forscher für notwendig erachten. Beispielsweise die Untersuchung elektrischer, mechanischer, chemischer, usw. Eigenschaften bestimmter Stoffe. Die Realisierung dieser Teilziele stellt jeweils einen Forschungsabschnitt dar, für den ähnliche Überlegungen, wie für die Realisierung des Projektzieles bei Projekten der angewandten Forschung und Entwicklung gelten: Der Lösungsweg zum Teilziel kann unterschiedliche Determiniertheit aufweisen, es können mehrere Lösungsalternativen bestehen und es gelten prinzipiell die gleichen Stufen für den Lösungsablauf wie oben dargestellt. Entsprechend können zur Unterstützung des Lösungsablaufes die oben genannten Verfahren eingesetzt werden, nämlich Ablaufplanungsverfahren, Verfahren der Informationswiedergewinnung und Bewertungs- und Auswahlverfahren. Insgesamt stellen also Vorhaben der Grundlagenforschung ein vielstufiges System nicht zielorientierter und zielorientierter Forschungsabschnitte dar. Abschnitte der ersten Art können weniger planvoll vollzogen werden als solche der zweiten Art, für die etwa die gleichen Planungshilfsmittel einsetzbar sind wie für Projekte der angewandten Forschung und Entwicklung.

2.2.3 Forschungs- und Entwicklungsstrategien

Der Begriff der Strategie entstammt der mathematischen Spieltheorie. Er kennzeichnet Entscheidungsregeln, nach denen ein Spieler seine Aktionen zu wählen hat, um in bestimmten Spielsituationen größtmöglichen Nutzen zu erzielen. Im Bereich der Forschung und Entwicklung versteht man unter Strategien Entscheidungs- und Verhaltensregeln, deren Anwendung einen größtmöglichen Nutzen der Forschungsaktivitäten im Hinblick auf ein vorgegebenes Ziel verspricht. Je nach vorgegebenem Ziel kann man strategische Überlegungen auf verschiedenen Ebenen der Forschung und Entwicklung anstellen:

(1) Strategische Überlegungen, die die Rolle der Forschungspolitik im Rahmen der gesamten Unternehmenspolitik betreffen. So kann man von Offensivforschung sprechen, wenn das Ziel der Forschungspolitik die Verbesserung der Marktposition eines Unternehmens ist, und von Defensivforschung, wenn lediglich die Erhaltung der bisherigen Marktposition angestrebt wird [13, S. 47].
(2) Strategische Überlegungen und Grundsätze, die der Projektauswahl und der Zusammenstellung des Forschungs- und Entwicklungsprogrammes zugrunde liegen können. Sie betreffen also immer mehrere Projekte gleichzeitig. Als Beispiel sei die Strategie eines tendenziell risikoausgleichenden Projekt-Mix, bestehend aus kurz- und langfristigen Projekten, genannt.
(3) Strategische Überlegungen, die die Organisation der Forschungs- und Entwicklungsarbeit in Unternehmen regeln. Sie werden in Kapitel 2.3.2 behandelt.
(4) Strategische Überlegungen und Verhaltensregeln, die sich auf den Ablauf und die Durchführung eines Projektes allein beziehen. Auf diese Strategien der Projektdurchführung wird im folgenden näher eingegangen.

Mit Strategien der Durchführung von Forschungs- und Entwicklungsprojekten versucht man, unter Berücksichtigung von Projektgegenstand, Umwelt und Forschungsorganisation, derart auf den Projektablauf einzuwirken, daß das Projektziel bei minimalem Aufwand realisiert wird. Ein besonderes Problem ist dabei die Abschätzung des Nutzens des angestrebten noch unbekannten wissenschaftlich-technischen Wissens. Die in der Literatur genannten Strategien lassen sich in zwei Gruppen einteilen:

a) Strategien, die als Gesamtkonzeption den gesamten Projektablauf betreffen.
b) Strategien, die sich nur auf Teilprobleme beziehen und nicht auf den Projektablauf in seiner Gesamtheit.

Zu a)
Diese Gruppe umfaßt zwei Ansätze:

(1) Strategie der frühzeitigen Festlegung [13, S. 25 ff.]
Die Grundidee dieser Strategie ist folgende: Aufgrund begrenzter Kapazitäten und finanzieller Mittel ist es nicht möglich, alle aussichtsreich erscheinenden Lösungsalternativen zu bearbeiten. Man versucht daher möglichst frühzeitig, eine Lösungskonzeption festzulegen und nur diese auszuführen.
(2) Strategie der Parallelforschung [160]
Diese Vorgehensweise besteht darin, zunächst parallele Lösungskonzeptionen zu verfolgen und erst relativ spät die endgültige Konzeption festzulegen. Man geht dabei von der Existenz abnehmender Erträge bei der Forschung aus. D.h. anfangs ist die Lernrate sehr hoch und nimmt in späteren Projektstadien erheblich ab. Der anfängliche hohe Informationszuwachs versetzt den Entscheidungsträger in die Lage, später, bei erheblich verbessertem Informationsstand, einen Lösungsweg festzulegen, der mit größerer Wahrscheinlichkeit zum Ziel führt als bei frühzeitiger Festlegung.

Die Wahl einer der beiden Strategien hängt von einer Vielzahl von Kriterien ab, die u. a. den Projektgegenstand selbst betreffen, durch Stand und Entwicklung der technologischen Umwelt und durch die Organisation der Forschung bedingt sind. In Abb. 39 sind beide Strategien unter Berücksichtigung von Kriterien der genannten drei Gruppen in tabellarischer Form gegenübergestellt.

Zusammenfassend ist festzuhalten: Die Strategie der frühzeitigen Festlegung führt schneller und mit geringeren Kosten zum Ziel, falls die Lösungsprognose sich als richtig erweist. Andernfalls liefert sie ein minderwertiges Projektergebnis und erfordert hohe zusätzliche Kosten bei der Revision der Lösungskonzeption. Die Strategie der Parallelforschung erlaubt dagegen die Berücksichtigung des technischen Fortschrittes und die Mitwirkung des künftigen Benutzers bei der genaueren Zielbestimmung während der Projektdurchführung. Durch Berücksichtigung immer neuer Verbesserungsmöglichkeiten können jedoch erhebliche Verzögerungen auftreten; außerdem kann Parallelforschung nur im Rahmen einer größeren Forschungsorganisation betrieben werden.

Forschungsstrategie / Vergleichskriterien	frühzeitige Festlegung	Parallelforschung
<u>Projektgegenstand</u>		
- Projektdauer	relativ kurz, da technischer Fortschritt während Projektablauf nicht berücksichtigt	relativ lang, da technischer Fortschritt laufend in die Zielkonzeption einbezogen werden kann
- Genauigkeit der Zielvorgabe	relativ genau, da frühzeitige Festlegung auf ein Ziel	relativ ungenau, da ständige Verbesserung der Zielvorstellung während Projektablauf
- Anazhl und Erfolgswahrscheinlichkeit der Lösungsalternativen	wenige Lösungsalternativen, eine davon mit erheblich größerer Erfolgswahrscheinlichkeit als die anderen	mehrere Lösungsalternativen mit etwa gleichen Erfolgsaussichten
- geschätzte Lernrate	relativ gering, d.h. parallele Untersuchungen erbringen nur geringen Informationszuwachs	relativ hoch, d.h. erheblicher Informationszuwachs für gesamte Lösung bei parallelen Untersuchungen
<u>Umwelt</u>		
- Berücksichtigung des technologischen Fortschrittes	kaum, da frühzeitige Festlegung auf einen Lösungsweg	gut möglich, da relativ späte Festlegung auf endgültigen Lösungsweg
- Höhe des technologischen Fortschrittes	eher gering, da erhebliches Wissen für Problemlösung verfügbar	größer, da für Problemlösung noch erhebliches Wissen erarbeitet werden muß
- Zusammenarbeit mit künftigen Benutzern	nur zu Projektbeginn im Rahmen der einmaligen Zielbestimmung	von Projektbeginn bis zur endgültigen Systemauswahl
<u>Forschungsorganisation</u>		
- Größe	adäquate Strategie bei kleineren Forschungsabteilungen	kann nur in relativ großen Forschungsorganisationen betrieben werden
- verfügbare Kapazitäten und finanzielle Mittel	falls nur sehr begrenzt verfügbar	in erheblichem Umfang erforderlich

Abb. 39. Gegenüberstellung der Strategie der frühzeitigen Festlegung und der Strategie der Parallelforschung

Zu b)
Zu dieser Gruppe zählen die Vorstudienstrategie, die Strategie des abhängigen Parallelfortschrittes und experimentelle Suchstrategien.

Die Vorstudienstrategie [37, S. 228 ff.] besteht darin, eine Lösungsentscheidung bei unzureichendem Informationsstand erst dann zu treffen, wenn in einer Vorstudie notwendige zusätzliche Informationen beschafft wurden.

Die Strategie des abhängigen Parallelfortschritts [37, S. 230 ff.] bietet sich in Situationen an, in denen z. B. auf einen Kontrollvorgang ein weiterer Vorgang folgt, der vom Ergebnis des Kontrollvorgangs abhängig ist und eigentlich erst nach dessen Ende begonnen werden kann. Wird das Projekt unter erheblichem Zeitdruck durchgeführt, so kann man beide Vorgänge gleichzeitig beginnen. Man nimmt dann das Wagnis in Kauf, daß bei negativem Ergebnis des Kontrollvorgangs der in Durchführung befindliche Folgevorgang ohne Ergebnis abgebrochen werden muß.

Experimentelle Suchstrategien werden zur Ermittlung günstiger Problemlösungen verwendet, wenn Aussagen über die Güte der Lösungen nur aufgrund von Experimenten möglich sind. Ziel einer Suchstrategie ist das Auffinden einer günstigen Problemlösung bei einer möglichst geringen Anzahl von Experimenten. Man unterscheidet zwischen sequentiellen und simultanen Suchstrategien [2, S. 379 f.]. Bei der ersten Vorgehensweise werden die Experimente nacheinander durchgeführt, wobei der Ausgang vorangehender Experimente die Durchführung der nachfolgenden beeinflußt. Bei der zweiten Vorgehensweise können mehrere Experimente gleichzeitig ausgeführt werden. Ist dies technisch nicht möglich, so kann jedoch die Versuchauswertung simultan erfolgen.

2.3 Forschungs- und Entwicklungs-Management

Wie die Begriffe „Management" und „Projekt-Management" weist auch der des Forschungs- und Entwicklungs-Management (F + E-Management) zwei Bedeutungen auf:
a) F + E-Management als Institution,
b) F + E-Management als Funktion.

Beide Aspekte werden im folgenden unter besonderer Berücksichtigung von F + E-Projekten in je einem Kapitel behandelt.

Zuvor wird jedoch in einem gesonderten Kapitel ein Überblick über den gesamten Problemrahmen der Initiierung, Planung und Durchführung der Forschung und Entwicklung gegeben.

2.3.1 Problemrahmen der Forschung und Entwicklung

Die Initiierung, Planung und Durchführung der Forschung und Entwicklung in einem Unternehmen wirft eine Vielzahl von Problemen auf, die

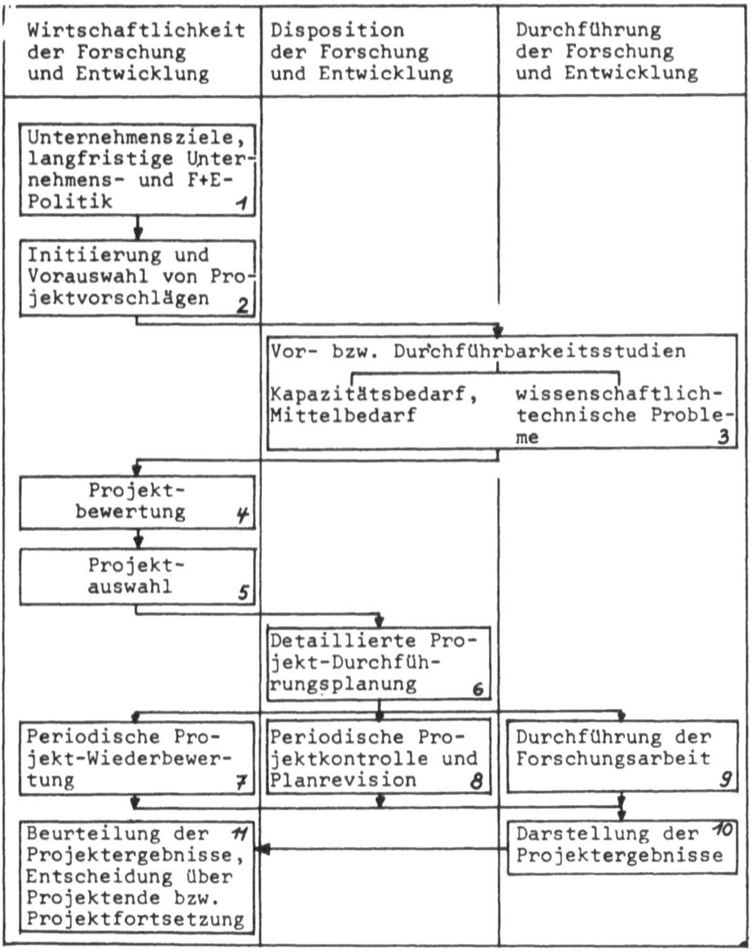

Abb. 40. Initiierung, Planung und Durchführung der Forschung und Entwicklung[5]

a) verschiedene organisatorische Abteilungen betreffen, wie Unternehmensleitung, Forschungs- und Entwicklungsabteilung (F + E-Abteilung) mit verschiedenen Unterabteilungen, Stabsstelle Innovation, andere Unternehmensabteilungen,
b) in etwa drei Problembereiche einzuteilen sind, nämlich Wirtschaftlichkeit, Disposition und Durchführung der Forschung und Entwicklung, und
c) ablaufmäßig gesehen ein vielstufiges System darstellen, das sich in eine Auswahlphase und in eine Projektphase unterteilen läßt.

5 Erweiterung und Modifikation einer Darstellung von C. J. Beattie und R. D. Reader [11, S. 19].

Dieser Sachverhalt ist schematisch in Abb. 40 dargestellt und soll im folgenden erläutert werden.

Zu a) und b)

Ausgehend von vorgegebenen Unternehmenszielen bestimmt die Unternehmensleitung die langfristige Unternehmenspolitik und, in Abstimmung mit der Leitung der F + E-Abteilung, auch die Forschungs- und Entwicklungspolitik (1). Projektvorschläge aus internen und externen Quellen werden z. B. von einer Stabsstelle Innovation [37, S. 92 ff.] systematisch erfaßt und einer Vorauswahl unterzogen (2). Die Auswahlkriterien leiten sich aus dem durch die vorgegebene Innovationspolitik gesteckten Rahmen ab.

Die verbleibenden Projektvorschläge sind auf ihre Durchführbarkeit in wissenschaftlich-technischer und kapazitätsmäßiger Hinsicht zu prüfen. Die Leitung der F + E-Abteilung veranlaßt zu diesem Zweck die Erstellung von Vor- bzw. Durchführbarkeitsstudien (3), in denen die wissenschaftlich-technischen Problemstellungen und Lösungsalternativen untersucht und die erforderlichen Kapazitäten abgegrenzt werden.

Auf der Grundlage der nun verfügbaren Informationen nimmt z. B. die Stabsstelle Innovation eine Bewertung der Projektvorschläge vor (4). Die wissenschaftlich-technischen Bewertungskriterien können in Zusammenarbeit mit der F + E-Abteilung festgelegt werden, die wirtschaftlichen sind aus der vorgegebenen Unternehmens- und Forschungspolitik abzuleiten. Ergebnis der Bewertung ist z. B. eine Rangreihe der Projektvorschläge, d. h. ein Vorschlag für das festzulegende F + E-Programm.

Die Auswahl der durchzuführenden Projekte trifft die Unternehmensleitung (5). Das so zusammengestellte Forschungsprogramm wird zur Realisierung an die Leitung der F + E-Abteilung übergeben. Nicht ausgewählte Projektvorschläge werden für spätere Auswahlvorgänge zurückgestellt oder ausgeschieden.

Die Leitung der F + E-Abteilung überträgt die Durchführung der einzelnen Projekte z. B. je einer Projektorganisation. Dem Projekt-Management obliegt nun die Transformation des Projektzieles in konkrete Aufgabenstellungen und die detaillierte Planung ihrer Ausführung (6). Die Forschungsarbeiten werden von den Projektorganisationen getragen; Hilfsarbeiten werden an entsprechende Dienstleistungsabteilungen des Unternehmens übertragen (7). Periodische Projektkontrollen und notwendige Planrevisionen nimmt das Projekt-Management vor (8), das auch periodisch über den Fortschritt des Projektes an die Forschungsleitung und an die Stabsstelle Innovation berichtet. Auf der Grundlage dieser Berichterstattung nimmt die Stabsstelle Innovation periodische Projekt-Wiederbewertungen vor (9). Sie können, bedingt durch den jetzt gegebenen höheren Informationsstand, weitere Entscheidungen bezüglich der Aufgabenstellung notwendig machen.

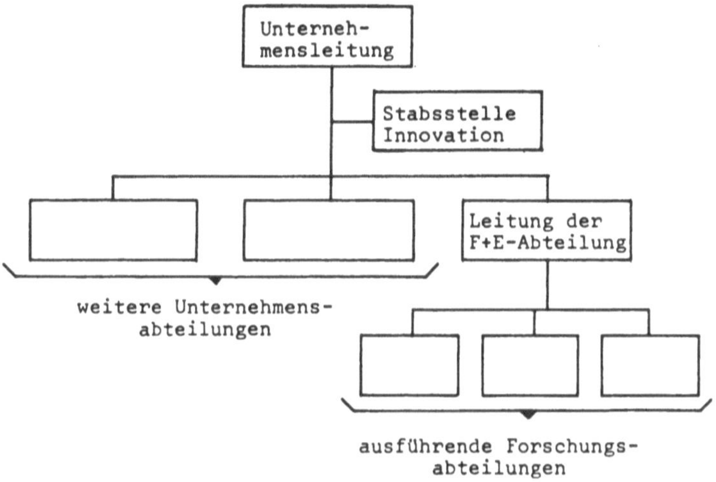

Abb. 41. Mögliche Grundstruktur der Einordnung des F + E-Bereiches in die Unternehmensorganisation

Gegen Projektende sind die Projektergebnisse darzustellen (10) und zur Beurteilung zunächst der Stabsstelle Innovation und der Leitung der F + E-Abteilung vorzulegen (11). Die Entscheidung über die Beendigung oder Fortführung eines Projekts mit modifizierter Aufgabenstellung ist von der Stabsstelle Innovation vorzubereiten, bleibt aber der Unternehmensleitung vorbehalten (11).

Aus obigen Ausführungen ergibt sich das in Abb. 41 dargestellte Organigramm als eine mögliche Grundstruktur für die Einordnung des F + E-Bereichs in die Unternehmensorganisation. Dieses aufbauorganisatorische Modell wird zur Grundlage weiterer Betrachtungen genommen.

Zu c)

Die Einteilung in eine Auswahl- und Projektphase läßt sich wie folgt begründen:

(1) Auswahlphase

Die Auswahlphase erstreckt sich von der Projektinitiierung über die Projektbewertung bis zur Erstellung des F + E-Programmes. In dieser Phase steht der Problembereich „Wirtschaftlichkeit der Forschung und Entwicklung" eindeutig im Vordergrund. Die Zielsetzung besteht darin, laufend das Forschungsprogramm zu bestimmen, das – unter Berücksichtigung des Wirtschaftlichkeitsprinzips – zur Realisierung der Unternehmensziele beiträgt. Wichtigste methodische Hilfsmittel des Management während der Auswahlphase sind daher Verfahren der Projektbewertung und Projektauswahl.

(2) Projektphase

Die Projektphase schließt sich an die Auswahlphase an und erstreckt sich von der Vorgabe des Projektziels über die Projektdurchführung bis zum Projektschluß. Für das Management steht hier der Problembereich „Disposition der Forschung und Entwicklung", d.h. Planung, Steuerung und Überwachung der Projektdurchführung, im Vordergrund. Die Zielsetzung besteht darin, die gegebene Aufgabenstellung unter Einhaltung bestimmter Restriktionen, z.B. vorgegebene Projektzeit oder Projektkosten, zu realisieren. Wichtigste methodische Hilfsmittel sind in dieser Phase daher Methoden des Projekt-Management, wie Planungs- und Kontrollmethoden.

2.3.2 Organisation des Forschungs- und Entwicklungs-Management

Durch eine geeignete Organisationsform des Forschungs- und Entwicklungs-Management soll die Voraussetzung für eine gezielte und straffe Abwicklung der in Abb. 40 schematisch dargestellten Aufgaben geschaffen werden. Bei der Festlegung der Organisationsform sind Besonderheiten und spezielle Erfordernisse der Forschung und Entwicklung zu berücksichtigen, u.a.:

(1) Der Grundsatz der Freiheit und Unabhängigkeit der wissenschaftlichen Forschung und damit auch des einzelnen Forschers. Er steht in Gegensatz zu der Forderung nach einer straffen Durchführung von Forschungsprogrammen und Projekten.
(2) Die Vielzahl verschiedenartigster Hilfsarbeiten und Dienstleistungen, mit denen der eigentliche Forschungsprozeß unterstützt werden muß.

Der Problemkreis der Organisation des Forschungs-Management wird hier in zwei Kapiteln behandelt. Das erste Kapitel befaßt sich mit aufbauorganisatorischen Aspekten, das zweite mit der Anwendung des Projekt-Management-Konzeptes im F + E-Bereich.

2.3.2.1 Aufbauorganisation des Forschungs- und Entwicklungs-Bereiches

Aufbauorganisatorische Strukturierungsprobleme erscheinen im Bereich der Forschung und Entwicklung auf drei Stufen [64, S. 73 ff.]:

a) Einordnung der Forschung und Entwicklung in das gesamte Unternehmen,
b) Organisatorische Gliederung des F + E-Bereiches selbst,
c) Organisatorische Gestaltung der einzelnen F + E-Abteilungen.

Zu a)
Es bestehen zwei Möglichkeiten der Einordnung in die formale Unternehmensorganisation. Erstens die Einrichtung einer zentralen F + E-Abteilung. Zweitens die Einrichtung dezentraler F + E-Abteilungen, z.B. in Form fabrikeigener Entwicklungsabteilungen.

Kriterien für Art und Ebene der Einordnung sind vor allem Unternehmensgröße und Forschungsart, sowie die Bedeutung der Forschung und Entwicklung im

Rahmen der gesamten Unternehmenspolitik. Beispiele aus der Praxis lassen bei zunehmender Unternehmensgröße eine Tendenz zur Zentralisierung der Forschung in großen Labors [22, S. 45] und zur Dezentralisierung der Entwicklung in fabrikeigenen Abteilungen [64, S. 78] erkennen.

Zu b)

Die Stellengliederung des Forschungs- und Entwicklungsbereiches kann nach dem Kriterium der Funktion oder des Objektes erfolgen.

Bei einer Untergliederung nach Funktionen kann an die Einteilung in Abb. 40 angeknüpft werden:

(1) Der Funktionsbereich Projektinitiierung, Projektbewertung und Vorbereitung der Auswahl wird einer Stabsstelle Innovation übertragen. Die endgültige Projektauswahl und die Entscheidung über das zu realisierende Forschungs- und Entwicklungsprogramm sollte der Unternehmensleitung vorbehalten bleiben.

(2) Für die Realisierung des Forschungs- und Entwicklungsprogrammes, d.h. die Funktionsbereiche Disposition und Durchführung der Forschung und Entwicklung, ist eine Abteilung Forschung und Entwicklung zuständig. Die Anwendung des funktionalen Prinzips auf die weitere Untergliederung führt zu disziplinorientierten Abteilungen wie Mechanik, Elektronik, angewandte Mathematik, Physik, Chemie, usw. In diesen Abteilungen wird die eigentliche Forschungsarbeit vollzogen. Die Ausgliederung spezieller Funktionen aus diesen Abteilungen führt zu einer weiteren Abteilungsbildung. Zwei Gruppen von Abteilungen entstehen auf diesem Wege. Die erste Gruppe umfaßt Dienstleistungsabteilungen wie Konstruktionsabteilung, Werkstatt, Patentabteilung, Bibliothek, usw. Der zweiten Gruppe gehören Abteilungen an, deren Aufgabe der Betrieb und die Wartung großer Versuchsanlagen oder technischer Einrichtungen ist, wie Versuchsreaktoren, Bestrahlungseinrichtungen, Elektronenmikroskope usw.

Bei einer Untergliederung nach Objekten eröffnen sich prinzipiell zwei Möglichkeiten:

(1) Abteilungsgliederung nach den Stufen der Forschung und Entwicklung, also nach Grundlagenforschung, angewandter Forschung und Entwicklung.
(2) Abteilungsgliederung nach Projekten.

Beide Möglichkeiten können natürlich kombiniert werden. Denkbar ist z.B. eine Untergliederung nach F + E-Stufen und innerhalb dieser Stufen nach Projekten.

Bei kombinierter Anwendung der angeführten Gliederungskriterien eröffnet sich in der Praxis eine Vielzahl von Organisationsmöglichkeiten der F + E-Abteilung.

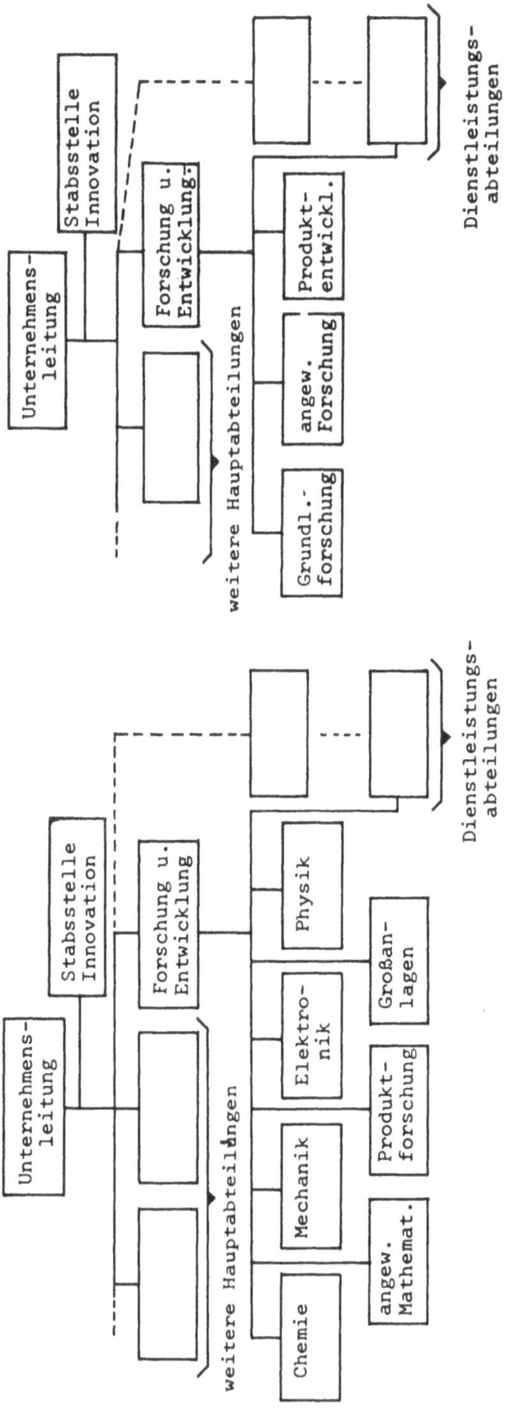

a) Gliederung nach wissenschaftlich-technischen Disziplinen

b) Gliederung nach Stufen der Forschung und Entwicklung

Abb. 42. Zwei Beispiele für die Aufbauorganisation des Bereiches Forschung und Entwicklung

Sie werden hier nicht alle beschrieben. Dagegen werden exemplarisch zwei Organisationsbeispiele dargestellt, wobei in beiden Fällen der F + E-Abteilung der Rang einer Hauptabteilung zukommt (vgl. Abb. 42).

Eine weitergehende Untergliederung der Abteilung Forschung und Entwicklung als in Abb. 42 dargestellt, soll hier nur angedeutet werden. Im Fall Abb. 42a) kann die Abteilung Produktforschung weiter nach Produkten untergliedert werden. Bei den anderen Abteilungen führt das Prinzip der disziplinorientierten Forschung zu einer Aufteilung der Forschungsvorhaben. Einzelne Teile eines Vorhabens werden gleichzeitig oder zeitlich nacheinander in den verschiedenen disziplinorientierten Abteilungen bearbeitet. Im Fall Abb. 42b) ist z. B. eine weitere Untergliederung der Abteilungen nach Projekten bzw. Produkten denkbar.

Die in Abb. 42 angedeuteten Dienstleistungsabteilungen können wie folgt in die Unternehmensorganisation eingegliedert sein:

(1) Als Abteilung innerhalb der Hauptabteilung Forschung und Entwicklung, wenn die Dienste vorwiegend nur für die Forschung und Entwicklung erbracht werden. Als Beispiele sind zu nennen: wissenschaftlich-technische Bibliothek, wissenschaftlich-technischer Literaturdienst, Werkstatt.

(2) Als Abteilung innerhalb einer anderen Hauptabteilung, wenn die Dienste auch für andere Abteilungen erbracht werden oder wenn die Abteilung aus fachlichen Gründen einer anderen Hauptabteilung angehört, wie z. B. die Abteilung Betriebsabrechnung der Hauptabteilung Finanzen.

(3) Als Stabsabteilung[6], wenn eine Stabsbildung angeraten erscheint. Als Beispiele sind zu nennen: Patentabteilung, Juristische Abteilung.

Zu c)

Die Durchführung der Forschungsarbeit in den einzelnen Abteilungen kann einem Einzelforscher oder einem Forschungsteam übertragen werden. Der Einzelforscher sollte ein hochqualifizierter und erfahrener Wissenschaftler sein. Er kann eventuell gleichzeitig an mehreren Projekten mitarbeiten. Das Forschungsteam arbeitet gemeinsam an einem Problem. Man unterscheidet unidisziplinäre Teams, deren Mitglieder alle die gleiche Disziplin vertreten, von multidisziplinären Teams. In Abb. 43 ist ein Vergleich zwischen den Konzeptionen Einzelforscher und Forschungsteam vorgenommen.

Der hochqualifizierte Einzelforscher, der eventuell seine Fähigkeiten auf mehreren Arbeitsgebieten einsetzt, dürfte in der Praxis der Ausnahmefall sein. Bei den sicherlich häufiger auftretenden Forschungsteams stellt sich die Frage nach den Vor- und Nachteilen des unidisziplinären und multidisziplinären Teams. Nach der Meinung von Blake [13, S. 93 ff.] besteht allgemeine Übereinstimmung

6 Zur Frage der Bildung und organisatorischen Eingliederung von Stäben in Unternehmungen vgl. Potthoff [164].

Vergleichskriterium	Einzelforscher	Forschungsteam	
		unidisziplinär	multidisziplinär
Forschungsart	eher Grundlagenforschung	eher angew. Forschung und Entwicklung	
Komplexität der Aufgabenstellung	geringer	mittel	größer
Genauigkeit der Aufgabenstellung	weniger genau	präziser vorgegeben	
fachliche Begrenzung der Aufgabenstellung	eher auf ein Fachgebiet begrenzt	Aufgabe bleibt innerhalb eines Fachgebietes	Aufgabe erstreckt sich über mehrere Fachgebiete hinweg
Kreativität	abhängig von Forscherperson	kleiner	größer
Freiheit des einzelnen Forschers	größer	weniger groß	
Erfahrung des einzelnen Forschers	größer	kann streuen	
Häufigkeit in der Praxis	seltener	häufiger	

Abb. 43. Vergleich von Einzelforscher und Forschungsteam

darüber, daß multidisziplinäre Gruppen für die Forschung und Entwicklung in der Industrie besser geeignet sind als unidisziplinäre. Denn obwohl schwerer zu leiten, würden multidisziplinäre Gruppen effizienter und mit größerer Begeisterung arbeiten. Bei unidisziplinären sei zwar die Kommunikation besser, jedoch bestehe die Gefahr, daß aufgrund verschiedenartiger Interessen der Mitglieder die Kreativität unterdrückt werde.

2.3.2.2 Projekt-Management in der Forschung und Entwicklung

In diesem Kapitel soll untersucht werden, in welchen Formen sich die Konzeption des Projekt-Management auf die in Abb. 42 dargestellten Organisationsansätze übertragen läßt.

Im Beispiel Abb. 42a) liegt eine disziplinorientierte Abteilungsgliederung vor. Die Durchführung eines F + E-Projektes bedarf daher im allgemeinen der Mitwirkung verschiedener Abteilungen. Wird die Verantwortung für das Projekt nicht einem Projekt-Manager übertragen, so liegt sie in der Regel beim Leiter der F + E-Abteilung und seltener gemeinschaftlich bei den Leitern der kooperierenden Abteilungen. Im ersten Fall besteht die Gefahr, daß der Leiter der

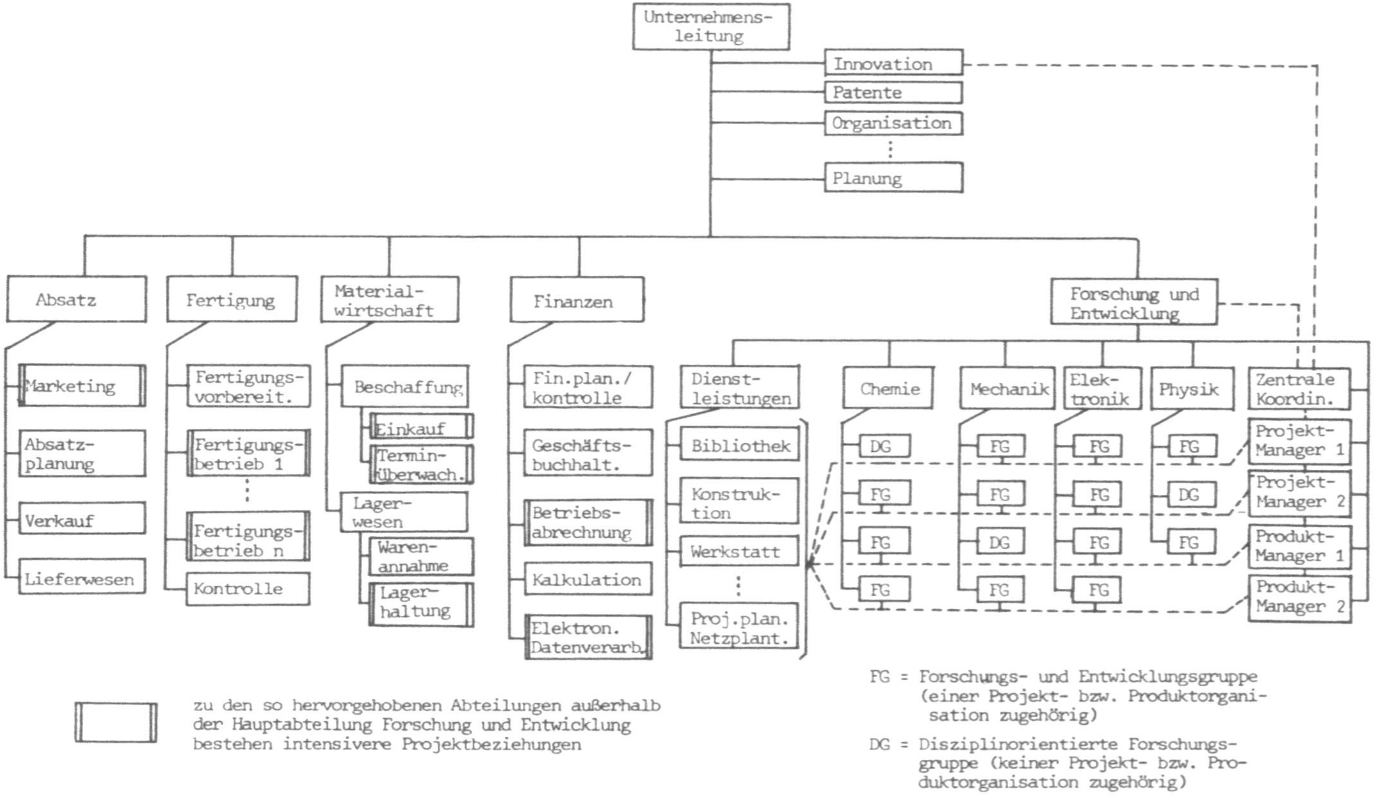

Abb. 44. Beispiel einer Matrix-Projektorganisation im Bereich Forschung und Entwicklung und ihre Einordnung in die Unternehmensorganisation

F + E-Abteilung durch die laufenden Koordinationserfordernisse aller Projekte überfordert wird. Im zweiten Fall, bei der gemeinschaftlichen Verantwortung, ist eine straffe Projektabwicklung bei auftretenden Interessendivergenzen nicht gesichert. Im Sinne einer straffen, zielstrebigen Projektabwicklung ist es günstiger, die Verantwortung für ein Projekt in den Händen eines Projekt-Managers zu zentralisieren. Regelt man die Projektverantwortung bei einer Aufbauorganisation nach Abb. 42a) auf diese Weise, so ist der erste Schritt in Richtung einer Matrix-Organisation getan. Die Konzeption des Matrix-Projekt-Management erfordert weiter eine eindeutige Kompetenzabgrenzung zwischen Projekt-Manager und Leitern von Linienabteilungen um unausgleichbare Konflikte zu vermeiden. Möglichkeiten und Mittel hierzu wurden in Kapitel 1.3.3.2 dargestellt. An gleicher Stelle wurden Formen und Aufgaben der Institution „Zentrale Koordination", die als zusätzlicher Koordinationsfaktor hinzutreten kann, behandelt.

Abb. 44 zeigt beispielhaft den Bereich Forschung und Entwicklung als Matrix-Projektorganisation und seine Einordnung in die gesamte Unternehmensorganisation. Die Darstellung wurde so ausführlich gewählt, um die Vielzahl der zu koordinierenden und der kooperierenden Stellen zu zeigen und um eine Grundlage für weitere Ausführungen zu schaffen.

In Abb. 42b) können die Abteilungen Grundlagenforschung, angewandte Forschung und Entwicklung weiter nach Projekten bzw. Produkten untergliedert werden. Überträgt man die Verantwortung für ein Projekt (Produkt) einem Projekt-(Produkt)-Manager, so liegt für dessen Verantwortungsbereich praktisch die Organisationsform des reinen Projekt-Management vor. Da jedoch eine Zusammenarbeit dieser Projektorganisation mit Dienstleistungsabteilungen innerhalb und außerhalb der Hauptabteilung Forschung und Entwicklung anzunehmen ist, wird das Prinzip des reinen Projekt-Management teilweise durchbrochen, und es treten Elemente des Matrix-Projekt-Management hinzu.

2.3.3 Aufgabenschwerpunkte des Forschungs- und Entwicklungs-Management

Für das Projekt-Management im Bereich der Forschung und Entwicklung gelten funktionell gesehen etwa die gleichen Aussagen wie für das Projekt-Management allgemein. Aus dem Wesen der Forschung und Entwicklung resultieren jedoch spezifische Aufgabeninhalte. In diesem Kapitel werden daher keine allgemeinen funktionellen Betrachtungen angestellt, sondern konkrete Aufgabeninhalte diskutiert. Im Vordergrund stehen dabei die in Abb. 40 abgegrenzten beiden Aufgabenschwerpunkte der Forschung und Entwicklung: Bestimmung des F + E-Programmes und Disposition der Forschung und Entwicklung. Sie werden in den beiden folgenden Kapiteln behandelt.

2.3.3.1 Bestimmung des Forschungs- und Entwicklungsprogrammes

Die Folge der Aufgaben zur Bestimmung des F + E-Programmes, beginnend von der Suche nach Projektideen bis hin zur Projektauswahl, läßt sich in einem Ablaufdiagramm darstellen. Abbildung 45 gibt ein derartiges Ablaufdiagramm wieder [185]. Es wurde für die Zwecke eines Unternehmens der chemischen Industrie entwickelt. Ziel jedes Projektes ist die Erarbeitung wissenschaftlich-technischer Grundlagen für ein neues Produkt und die Entwicklung eines neuen Produktes. Zwischen den einzelnen Projekten bestehen also gewisse Ähnlichkeiten, und es liegen darüberhinaus Erfahrungswerte aus früher durchgeführten Projekten vor. Aus diesem Grunde konnte ein relativ fein untergliedertes Ablaufdiagramm entwickelt werden.

Die Schritte (1), (2), (3) und (4) entsprechen etwa den beiden ersten Schritten in Abb. 40 und wurden dort erläutert. Hier sei noch ergänzend bemerkt, daß Projektideen nicht nur zufallsbedingt aufgrund besonderer Ereignisse entstehen müssen, sondern systematisch unter Verwendung von Methoden zur Gewinnung zukunftsbezogener wissenschaftlich-technischer Informationen gewonnen werden können (vgl. hierzu S. 136 ff.).

Die vorausgewählten Projektideen sind nach einheitlichen Richtlinien als Projektanträge zu formulieren (5). Die Projektanträge sollten eine Projektbeschreibung, eine Projektbegründung und Angaben über den erwarteten Zeit- und Kostenbedarf sowie über den erwarteten Erfolg umfassen. Von der Stabsstelle Innovation werden die Projekte gesammelt und einer qualitativen Bewertung unterzogen (6). Sie umfaßt die Ermittlung eines Projektranges, z. B. mit Hilfe von Scoring-Methoden [188, S. 53], und die Darstellung eines Projektprofiles, z. B. mit Hilfe von Work-sheets [176] oder Bewertungsprofilen [140]. Rang und Profil stellen Entscheidungsgrundlagen bei der vorläufigen Projektgenehmigung (7) dar.

Für die vorläufig genehmigten Projekte sind weitere Informationen (9) für die Durchführung einer Rentabilitätsanalyse (10) zusammenzustellen. Sie dient der Bestimmung des Deckungsbeitrages und des Kapitalbedarfes je Projekt und damit eines Rentabilitätsindex RI, der definiert ist als:

$$RI = \frac{\text{Deckungsbeitrag}}{\text{gebundenes Kapital}}.$$

Die im Rahmen der Rentabilitätsanalyse ermittelten und festgesetzten Daten gelten im weiteren als verbindliche Planungsdaten, d. h. Abweichungen sind zu melden und zu begründen.

Die Projekte werden nun in zwei Gruppen eingeteilt (11). Die erste Gruppe umfaßt sogenannte Rentabilitätsprojekte, d. h. Projekte die eine möglichst hohe Kapitalverzinsung erbringen sollen und deren Zielsetzung in einer quantifizierbaren, eindimensionalen Zielfunktion zusammengefaßt werden kann. Die

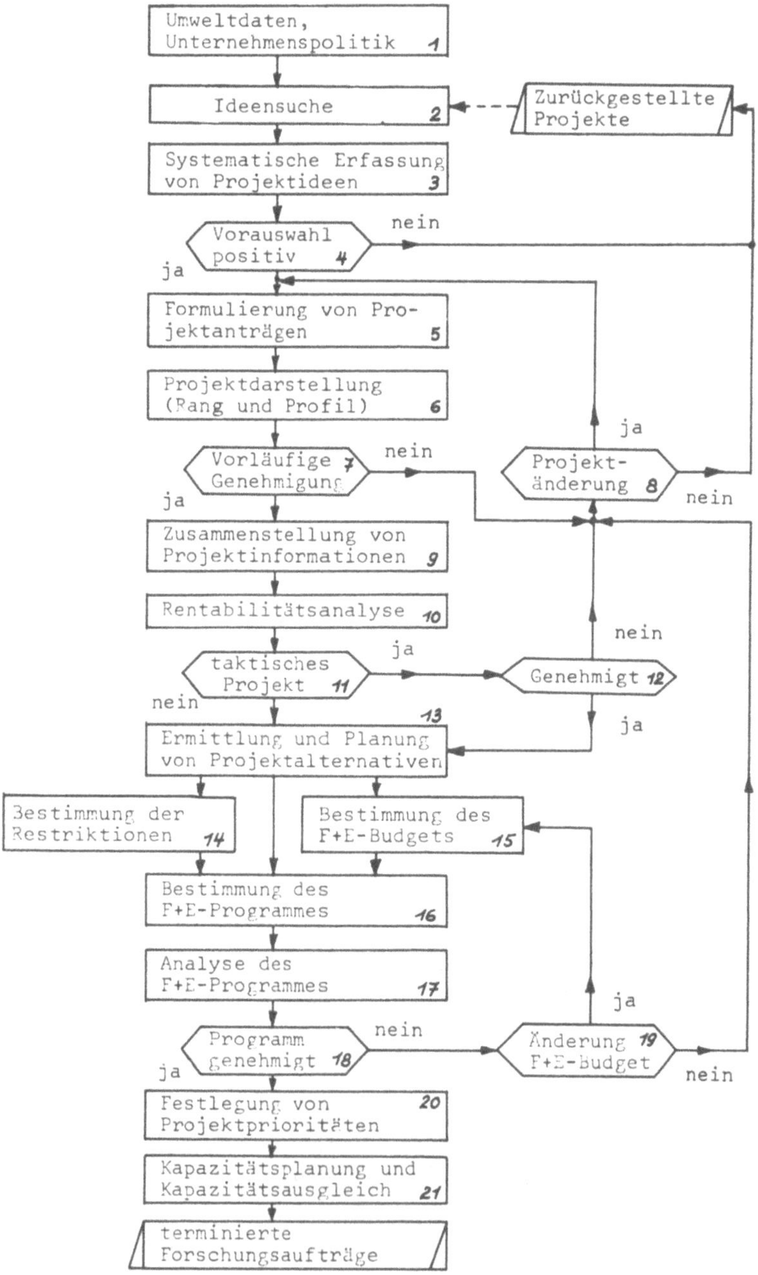

Abb. 45. Ablaufdiagramm der Aufgaben zur Bestimmung des Forschungs- und Entwicklungsprogrammes

Zielfunktion dient als Entscheidungskriterium in einem später anzuwendenden mathematischen Entscheidungsmodell. Die zweite Gruppe besteht aus sogenannten taktischen Projekten. Für sie läßt sich keine Zielfunktion im obigen Sinne aufstellen. Sie werden daher einem Entscheidungsgremium zugeleitet, welches die durchzuführenden taktischen Projekte festlegt (12).

Die genehmigten taktischen Projekte und die Rentabilitätsprojekte werden nun einem detaillierten Planungsprozeß unterworfen (13). Er dient der Ermittlung von Durchführungsalternativen für jedes Projekt und vor allem der Planung und Terminierung des gesamten Ablaufes jeder Projektalternative mit Hilfe von Standardnetzplänen. Eine detailliertere Planung des gesamten Projektablaufes vor Projektbeginn ist eigentlich für F + E-Projekte nicht typisch, beruht hier aber auf Projektähnlichkeiten, Projekterfahrungen und der damit möglichen Verwendung von Standardnetzplänen.

Mit der Bestimmung von Restriktionen für die Durchführung einzelner Projektalternativen (14) und der Festsetzung des Budgets (15) werden die Voraussetzungen für die rechnerische Bestimmung des F + E-Programmes mit Hilfe eines mathematischen Entscheidungsmodells (16) geschaffen. Das verwendete Modell bestimmt

a) für die genehmigten taktischen Projekte: welche Alternative eines jeden taktischen Projektes in das Programm aufzunehmen ist,
b) für die Rentabilitätsprojekte: welche Rentabilitätsprojekte überhaupt und in welcher Version in das Programm aufzunehmen sind,

und zwar so, daß unter Beachtung der gegebenen Restriktionen der gesamte Deckungsbeitrag einen maximalen Wert annimmt.

Das Programm ist nun einer Analyse zu unterziehen (17) und der Unternehmensleitung zur Genehmigung vorzulegen (18). Die Unternehmensleitung kann eine Genehmigung zunächst ablehnen und eine Änderung des F + E-Budgets (19) oder eine Änderung von Projekten (8) veranlassen.

Das genehmigte Forschungsprogramm wird mit Hilfe eines Verfahrens der Termin- und Kapazitätsplanung in terminierte Forschungsaufträge aufgelöst (21). Die Einlastung der einzelnen Projektteile in die vorhandenen Kapazitäten erfolgt nach bestimmten Prioritätsregeln, die Bestandteil des Planungsverfahrens sind.

2.3.3.2 Disposition von Forschungs- und Entwicklungsprojekten

Der Aufgabenkomplex „Disposition von F + E-Projekten" läßt sich in eine Reihe dispositiver Aufgaben zerlegen und hinsichtlich deren Abfolge in einem Ablaufdiagramm darstellen. Ein derartiges, für einen Bereich einer Forschungsanlage entwickeltes Ablaufdiagramm wird im folgenden dargestellt.

Diese Forschungsanlage umfaßt eine Reihe von Forschungsinstituten und Dienstleistungsabteilungen[7]. Über das Forschungsprogramm und die Aufteilung des verfügbaren Budgets entscheidet ein wissenschaftliches Gremium, dem Geschäftsleitung, Institutsleitungen und weitere Personen angehören. Die Durchführung genehmigter Projekte erfolgt in den Instituten. Eine detaillierte Durchführungsplanung der Projekte obliegt den Instituten und ist nicht schon im Zuge der Aufstellung und Genehmigung des Forschungsprogrammes vorweggenommen. Letzteres ist auch nicht möglich, da die durchgeführten Projekte zu verschiedenartig sind und i. a. keine Erfahrungen aus früher durchgeführten, ähnlichen Projekten vorliegen. Hieraus folgt, daß eine detailliertere Planung des gesamten Projektablaufes vor Projektbeginn, z. B. mit Hilfe von Standardnetzplänen, nicht möglich ist. Anwendbar ist dagegen ein stufenweises Planungsverfahren (s. S. 164 ff.), das die laufende Detaillierung einer vorliegenden Grobplanung entsprechend dem beim Projektfortschritt verzeichneten Informationszuwachs erlaubt.

Führen mehrere Institute gemeinsam, eventuell unter Beteiligung einer externen Firma, ein Projekt durch, so empfiehlt sich die Ernennung eines Projektleiters, dem Entwicklungsgruppen der kooperierenden Partner unterstehen. Es liegt dann z. B. die in Abb. 46 gezeigte Projektorganisation vor.

Auf der Grundlage einer derartigen Projektorganisation wurde das in Abb. 47 dargestellte Ablaufdiagramm der dispositiven Aufgaben entwickelt.

Auf die Projektinitiierung und Zielplanung (1) folgt die Strategische Planung (2). Sie dient der Ermittlung der Projektrealisierungsmöglichkeiten und kann z. B. zu dem Ergebnis führen, daß die Realisierung ohne die Mitwirkung bestimmter Firmen, die über ein entsprechendes know-how verfügen, bei vertretbarem Aufwand nicht praktikabel ist. Diese Firmen sind für eine Kooperation zu gewinnen und in die weitere Projektplanung mit einzubeziehen.

In der Strukturplanung (3) ist die Projektorganisation, d. h. die Form des Projekt-Management und der Umfang in dem sich die Institute bzw. Firmen beteiligen, festzulegen und eine Abgrenzung von Phasen vorzunehmen, in denen das Vorhaben realisiert werden soll. Parallel dazu ist die langfristige Projektfinanzierung zu planen und sicherzustellen (4). Das genehmigte Projekt wird in das Forschungs- und Entwicklungsprogramm aufgenommen und im Wirtschaftsplan der Forschungsanlage ausgewiesen.

Die nun folgenden dispositiven Aufgaben korrespondieren mit der Projektrealisierung. Während der Projektabwicklung werden sie wiederholt durchlaufen. Bei einem Durchlauf des Zyklus können einige Aufgaben übersprungen werden.

Auf die Anwendung des stufenweisen Planungsverfahrens (5) folgt die Bildung von Entwicklungsteams in den Instituten (6) und in den kooperierenden Fir-

[7] Ein Organigramm dieser Forschungsanlage, in der auch das in Kapitel 3 beschriebene Beispiel für ein PMIS entwickelt wurde, zeigt Abb. 97, S. 237.

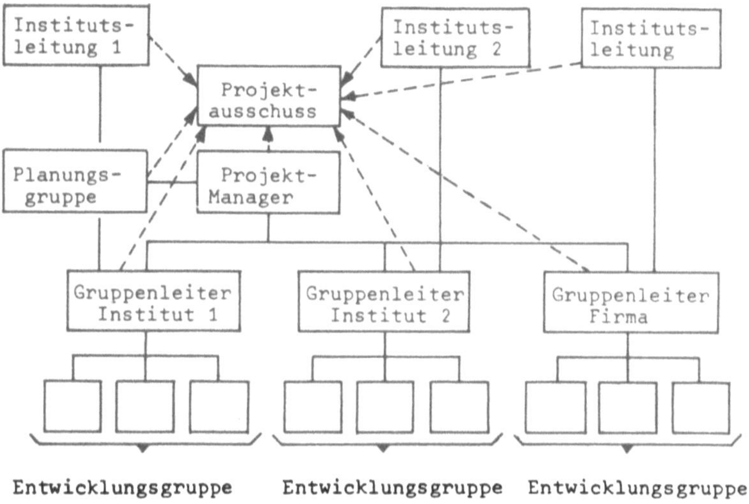

Abb. 46. Aus Forschungsinstituten und einer Firma herausgebildete Projektorganisation

men (7). Die anschließende Aufstellung von Arbeitsplänen (8) dient der genaueren Ermittlung des Bedarfs an Mannmonaten, Geräten, Material usw. für die einzelnen Aktivitäten. Diesem Bedarf sind in der Kapazitätsplanung (9) die verfügbaren Kapazitäten der Institute gegenüberzustellen. Außerdem ist im Rahmen der Kooperationsplanung (11) festzulegen, welche Aktivitäten extern durchgeführt werden und im Rahmen der internen Kapazitätsplanung nicht weiter zu berücksichtigen sind. Nicht erfüllbare Kapazitätsanforderungen qualitativer Art sind durch Ergänzung von Teams oder Ausbildung von Teammitgliedern (12) auszugleichen.

Die laufende Finanzplanung (10) und die Budgetierung des laufenden Finanzbedarfes (13) erfolgt parallel zur Kapazitätsplanung. Zu unterscheiden ist eine aufgabengruppenbezogene, grobe und eine vorgangsbezogene, feinere Finanzplanung.

Auf den nun abgeschlossenen Planungsteil folgt die Delegation von Aufgaben in Form von Aufträgen an interne Entwicklungsgruppen (14) oder im Rahmen von vertraglichen Vereinbarungen an externe Entwicklungsgruppen (15).

Zur laufenden Koordination (16) der Projektarbeiten stehen verschiedene Instrumente zur Verfügung. Aufgabengruppenbezogene Koordinationsprobleme werden vorwiegend im Projektausschuß gelöst, während aktivitätsbezogene Abstimmungen im Rahmen von Arbeitsbesprechungen zwischen Mitgliedern verschiedener Gruppen erfolgen. Als Koordinationshilfsmittel können die mit einem Netzplantechnik- und einem Abfrage-Programmpaket erzeugten Berichte dienen.

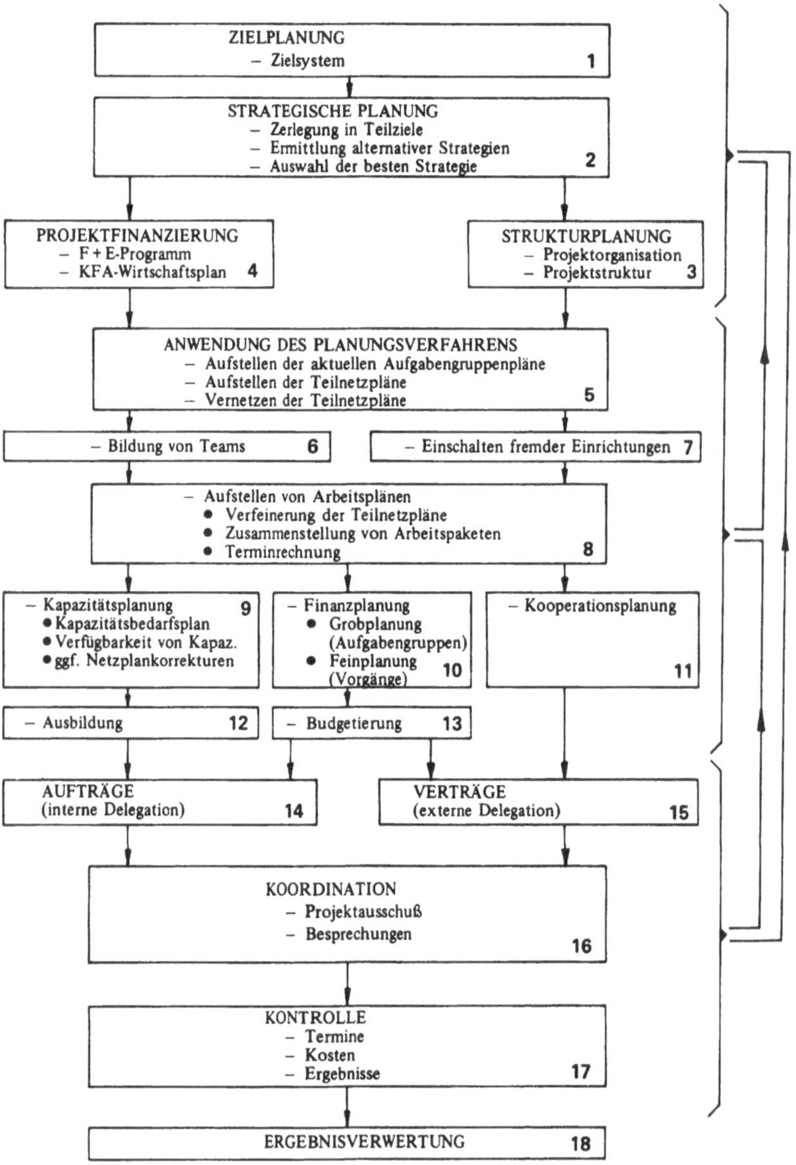

Abb. 47. Ablaufdiagramm der dispositiven Aufgaben [189]

Die Kontrolle (17) bezieht sich auf Termine, Kosten und Ergebnisse. Als Hilfsmittel der Kontrolle können mit einem Netzplantechnik- und einem Abfrage-Prpgrammpaket erzeugte Berichte dienen. Oft ist die Kontrolle Ausgangspunkt für einen erneuten Durchlauf einzelner der dargestellten dispositiven Aufgaben. Die Ergebnisverwertung schließt sich an die Kontrolle an (18). Mögliche Arten der Verwertung von erarbeitetem wissenschaftlich-technischem Wissen sind u. a. Veröffentlichung, Auswertung innerhalb eines Kooperationsvertrages, Anmeldung von Schutzrechten oder Patenten.

Der Einfluß der Unternehmensart, der Art der betriebenen Forschung und durchgeführten Projekte auf die Aufgabenkomplexe Bestimmung des F + E-Programmes und F + E-Disposition zeigt sich deutlich in Abb. 45 und 47. Abb. 45 liegt ein Industrieunternehmen mit systematisch betriebener, produktbezogener Forschung und Entwicklung zugrunde. Die Projekte weisen gewisse Ähnlichkeiten auf, und es lassen sich Erfahrungswerte aus früher durchgeführten Projekten in der Projektplanung verwenden. Das einzelne Projekt läßt sich daher schon im Rahmen der Bestimmung des F + E-Programmes in seinem Ablauf weitgehend planen.

Anders ist dies im Fall der Forschungsanlage mit fachlich unterschiedlich ausgerichteten Instituten. Die Art der durchgeführten Projekte ist sehr unterschiedlich, und Erfahrungen aus früheren Projekten sind nur bedingt verwendbar. Eine detaillierte Planung der Projektdurchführung ist daher vor Projektbeginn nicht möglich. Während im Fall des Industrieunternehmens der Aufgabenschwerpunkt des F + E-Managements eher bei der Bestimmung des F + E-Programmes lag, ist er hier eher bei der Disposition von F + E-Projekten zu sehen.

2.4 Informationsanalyse im Bereich der Forschung und Entwicklung

2.4.1 Wesen und Aufgabe der Informationsanalyse

Unter Informationsanalyse wird hier die Analyse der Informationsverarbeitungsprozesse und die Ermittlung des vorhandenen und des gewünschten Informationsstandes der personellen Elemente eines gegebenen Kommunikationssystems verstanden, mit dem Ziel, die Grundlage für eine anschließende Neukonzeption des Informationsangebotes zu schaffen. Informationen sollen ihre Empfänger in die Lage versetzen, ihre Entscheidungsprobleme auf möglichst rationalem Wege zu lösen. Jede Analyse des Informationsbedarfes hat daher von den Aufgaben und Entscheidungsbefugnissen der Aufgabenträger auszugehen.

Ein erster Hinweis auf die Aufgabengliederung und die Kompetenzenverteilung ist aus einem aktuellen Organisationsplan zu entnehmen. Genauere Angaben

Klassifizierungs-kriterium	Entscheidungs-klassen	Erläuterung bzw. Beispiel
1. Formalisierbarkeit	a) formalisierbar	Entscheidungen unter Sicherheit und unter Risiko
	b) nicht formalisierbar	Entscheidungen unter Ungewißheit
2. Automatisierbarkeit	a) automatisierbar	Entscheidungen programmierbar und mit Computer wirtschaftlich durchführbar
	b) nicht automatisierbar	Entscheidung nicht programmierbar oder mit Computer nicht wirtschaftlich durchführbar
3. Betriebliche Funktion	a) Beschaffung b) Fertigung c) Absatz d) Finanzen e) Personal	
4. Entscheidungsbefugnisse der Aufgabenträger	a) Personalführung	Einstellung und Entlassung von Mitarbeitern
	b) Personalentlohnung	Genehmigung von Gehalts- und Lohnerhöhungen
	c) Anschaffung und Investitionen	Bestellung von Anlagegütern
	d) Verkehr mit Kunden	Abgabe von Angeboten

Abb. 48. Entscheidungsklassen

über die Aufgaben der einzelnen Aufgabenträger finden sich in Stellenbeschreibungen.

Weitere Hinweise, die insbesondere die Aufgaben- und Kompetenzabgrenzung zwischen Linien- und Projekt-Management betreffen, gehen aus Kompetenzbildern, Funktionsdiagrammen, Aufgabenablaufdiagrammen usw., wie sie oben beschrieben wurden, hervor. Nachdem die Aufgabenabgrenzung vorgenommen ist, kann man die Entscheidungen klassifizieren. Ein Beispiel für Klassifizierungskriterien und zugehörige Entscheidungsklassen zeigt Abb. 48.
Diese Entscheidungsklassen können weiter verfeinert werden; z. B. automatisierbare Entscheidungen nach Art der verwendeten Entscheidungsregel in Entscheidungen mit oder ohne Modell. Entscheidungen mit Modellen können nach Modellarten weiter untergliedert werden in Entscheidungen mit optimierenden/nicht optimierenden, deterministischen/stochastischen, linearen/nichtlinearen usw. Modellen. Für die Darstellung des logischen Ablaufes von Entscheidungsprozessen eignen sich insbesondere Funktionsdiagramme und Entscheidungstabellen.

Entscheidungstabellen erweisen sich als sehr nützlich zur übersichtlichen Darstellung von Prozessen, bei denen erst die simultane Erfüllung einer Vielzahl miteinander verflochtener Bedingungen eine Handlung auslöst. Sie besitzen grundsätzlich folgende Struktur [174]:

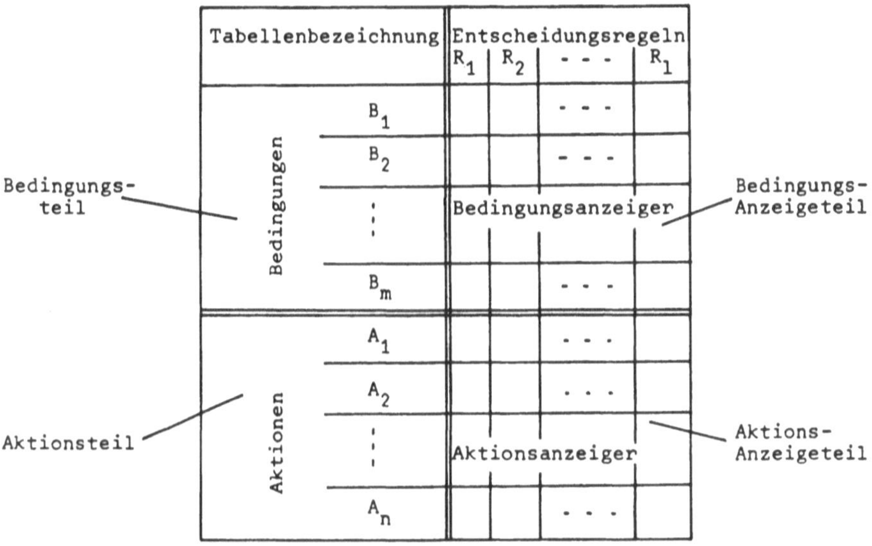

Abb. 49. Grundsätzlicher Aufbau einer Entscheidungstabelle

Die Entscheidungstabelle weist also vier Quadranten bestimmter Bedeutung auf, nämlich:

(1) Den Bedingungsteil: Die Eintragungen $B_1, B_2, \ldots, B_m$ beschreiben die gesetzten Bedingungen.

(2) Den Bedingungsanzeigeteil: Mit den hier einzutragenden Bedingungsanzeigern werden die Fälle unterschieden, in denen die gesetzten Bedingungen erfüllt sind oder nicht.

(3) Den Aktionsteil: Die Eintragungen $A_1, A_2, \ldots, A_n$ beschreiben die Aktionen, die bei Erfülltsein entsprechender Bedingungen ausgelöst werden.

(4) Den Aktionsanzeigeteil: Mit den hier einzutragenden Aktionsanzeigern werden die verschiedenen Aktionsalternativen gekennzeichnet.

Die Spalten $R_1, R_2, \ldots, R_l$, gebildet aus untereinanderliegenden Feldern des Bedingungs- und Aktionsanzeigeteils, nehmen Entscheidungsregeln auf. Eine Spalte R_i, $i \in [1, l]$, legt fest, welche Aktionsalternativen unter welchen Bedingungen veranlaßt werden.

Ein einfaches Beispiel einer Entscheidungstabelle ist in Abb. 50 dargestellt. Es geht hierbei um die Entscheidung, ob ein zu einem Stichtermin dringend benötigtes Gerät von extern beschafft oder in der eigenen Werkstatt angefertigt werden soll.

Man unterscheidet folgende Arten von Entscheidungstabellen [174, S. 58 f.]:

a) Begrenzte Entscheidungstabellen
Sie weisen als Bedingungsanzeiger nur die Symbole „J" (= Ja), „N" (=Nein) und „–" (= leer, = neutral) auf und als Aktionsanzeiger nur die Symbole „x" (= markiert) und „–" (= nicht markiert).

b) Erweiterte Entscheidungstabellen
Durch ausgedehntere Gestaltungsmöglichkeiten von Bedingungs- und Aktionsanzeigern gestatten sie die Zusammenfassung mehrerer Bedingungen bzw. Aktionen zu einer Bedingung bzw. Aktion. In erweiterten Entscheidungstabellen treten nur erweiterte Anzeiger auf.

c) Gemischte Entscheidungstabellen
Sie enthalten sowohl begrenzte als auch erweiterte Anzeiger.

Entscheidungstabellen müssen nicht in sich abgeschlossen sein, sondern können mit anderen Entscheidungstabellen verknüpft werden. Dadurch können sehr umfangreiche Entscheidungstabellen in mehrere leicht überschaubare Tabellen aufgelöst werden.

Bei der Informationsanalyse kann die Aufnahme des Ist-Zustandes mit Hilfe von Entscheidungstabellen wesentlich effizienter gestaltet werden. Schon während der Istaufnahme kann der Systemanalytiker die Struktur bestehender Informationsverarbeitungsprozesse in Entscheidungstabellen erfassen, diese

	"Geräte-Beschaffung"	R_1	R_2	R_3	R_4	R_5
B_1	Liefertermin Gerät > Stichtermin	N	J	J	J	J
B_2	Einzelteile auf Lager	-	J	J	N	N
B_3	Dauer Werkstattauftrag > Lieferfrist Gerät	-	N	J	-	-
B_4	Lieferfrist Einzelteile + Dauer Werkstattauftrag > Lieferfrist Gerät	-	-	-	N	J
A_1	Beschaffungsauftrag Gerät erteilen	x	-	x	-	x
A_2	Beschaffungsauftrag Einzelteile erteilen	-	-	-	x	-
A_3	Werkstattauftrag	-	sofort erteilen	-	nach 14 Tagen erteil.	-

Abb. 50. Beispiel für eine gemischte Entscheidungstabelle

später auf Vollständigkeit und logische Richtigkeit prüfen und bei eventuellen Unklarheiten Zusatzinterviews ansetzen [118].

Vor der Ermittlung des Informationsbedarfes der Entscheidungsträger sollte zunächst das vorhandene Informationsangebot abgegrenzt werden. Dabei ist neben dem formalen Kommunikationssystem auch das informale zu berücksichtigen. Für die Erfassung gilt etwa die in Abb. 51 dargestellte Übersicht.

Der Umfang an informaler Kommunikation darf nicht unterschätzt werden. So kann die Anzahl der inoffiziellen Formulare etwa halb so groß bis etwa ebenso groß wie die Anzahl der offiziellen Formulare sein [84, S. 253].

In Abb. 51 ist keine Unterscheidung zwischen internen und externen Kommunikationskontakten vorgenommen. Neben internen Kommunikationsbeziehungen ist jedoch auch der externe Informationsfluß, d. h., informationelle Beziehungen zwischen internen und externen Partnern, in dieser Darstellung impliziert. So stellt z. B. die Erfassung und abfragebereite Speicherung von Forschungsberichten in Zeitschriften eine „Kanalisierung" eines externen Informationsflusses dar, die formal geregelt ist.

Die Feststellung des Informationsbedarfes kann nach verschiedenen Methoden erfolgen. Die Durchführung erfordert sorgfältige Vorbereitung und psychologisches Geschick, um dem tatsächlichen Informationsbedarf der Aufgabenträger möglichst nahe zu kommen. Gründe für eine bewußte oder unbewußte Verfälschung des Informationsbedarfes können u. a. sein:

Teile des untersuchten Kommunikationssystems (KS)		Informationsverarbeitungsprozesse	Informationsangebot
formales KS	mechanisierbarer/ automatisierbarer Teil des formalen KS	Programme der betrieblichen automatisierten Datenverarbeitung	maschinell erstellte offizielle Formulare und Datenträger
	nicht mechanisierbarer/ automatisierbarer Teil des formalen KS	manuell durchgeführte Verfahren des betrieblichen Rechnungswesens, Berichtwesens, etc.	manuell erstellte offizielle Formulare
	nicht formalisierbarer Teil des formalen KS	nicht formalisierte Informationsvermittlung	offizielle Kommunikationskontakte nicht formalisierter Art
informales KS	formalisierbarer Teil	manuelle und maschinelle Verfahren möglich	inoffizielle Formulare
	nicht formalisierbarer Teil	nicht formalisierte Informationsvermittlung	inoffizielle Kommunikationskontakte nicht formalisierter Art

Abb. 51. Informationsangebot des formalen und informalen Kommunikationssystems

(1) Der Aufgabenträger ist nicht in der Lage, seinen Informationsbedarf zutreffend zu definieren.
(2) Der Aufgabenträger „definiert" seine Aufgaben abweichend von der offiziellen Regelung.
(3) Der Informationsbedarf eines Aufgabenträgers resultiert nicht nur aus der Erfüllung seiner Aufgaben, sondern auch aus persönlichen Zielsetzungen.

Die Gegenüberstellung von vorhandenem Informationsangebot und ermitteltem Informationsbedarf stellt den Ausgangspunkt für eine Neukonzeption des Informationsangebotes im Rahmen eines PMIS dar.

2.4.2 Methoden der Informationsbedarfsermittlung

Die Methoden der Ermittlung des Informationsbedarfes von Aufgabenträgern lassen sich in drei Gruppen einordnen:

a) Befragungsmethoden,
b) Methoden der systematischen Analyse des Aufgabenvollzuges,
c) Vergleich von Informationsprofilen.

Zu a)
Zu dieser Gruppe gehören die Interview-Methode, die Fragebogen-Methode und deren kombinierte Anwendung. Im letzten Fall wird eine vorbereitende Fragebogen-Aktion durchgeführt, die durch Interviews konkretisiert, überprüft und ergänzt wird. Die Fragebogen-Methode liefert schnell ein Ergebnis in schriftlicher Form und verursacht relativ geringe Kosten, bringt jedoch Unruhe in den Betrieb und birgt die Gefahr von Abstimmungen zwischen befragten Personen in sich; die Interview-Methode erlaubt eine leichte Anpassung an spezielle Situationen und ermöglicht weitere Aufschlüsse aufgrund persönlicher Kontakte, sie erfordert jedoch einen hohen Zeitaufwand für die Durchführung von Interviews und die Anfertigung von Protokollen und hat Schwierigkeiten bei der Terminierung von Interviews zu überwinden [1, S. 18 ff.].

Auf die Gestaltung und die Durchführung von Befragungen wird hier nicht eingegangen. Sie sind in der Literatur [1, S. 13 ff.] ausführlich dargestellt.

Zu b)
Verfahren dieser Gruppe beruhen auf der Erkenntnis, daß der Informationsbedarf von Aufgabenträgern aus den ihnen übertragenen Aufgaben resultiert. Um den Informationsbedarf im Detail zu bestimmen, ist es daher notwendig, eine detaillierte Aufgabengliederung zu erstellen. Diese soll aus Gründen der Wirklichkeitsnähe insbesondere auch die logische Prozeßfolge der Aufgaben darstellen und nicht nur eine verfeinerte Aufzählung einzelner Aufgaben sein. Als methodisches Hilfsmittel eignen sich daher vor allem Ablaufdiagramme.

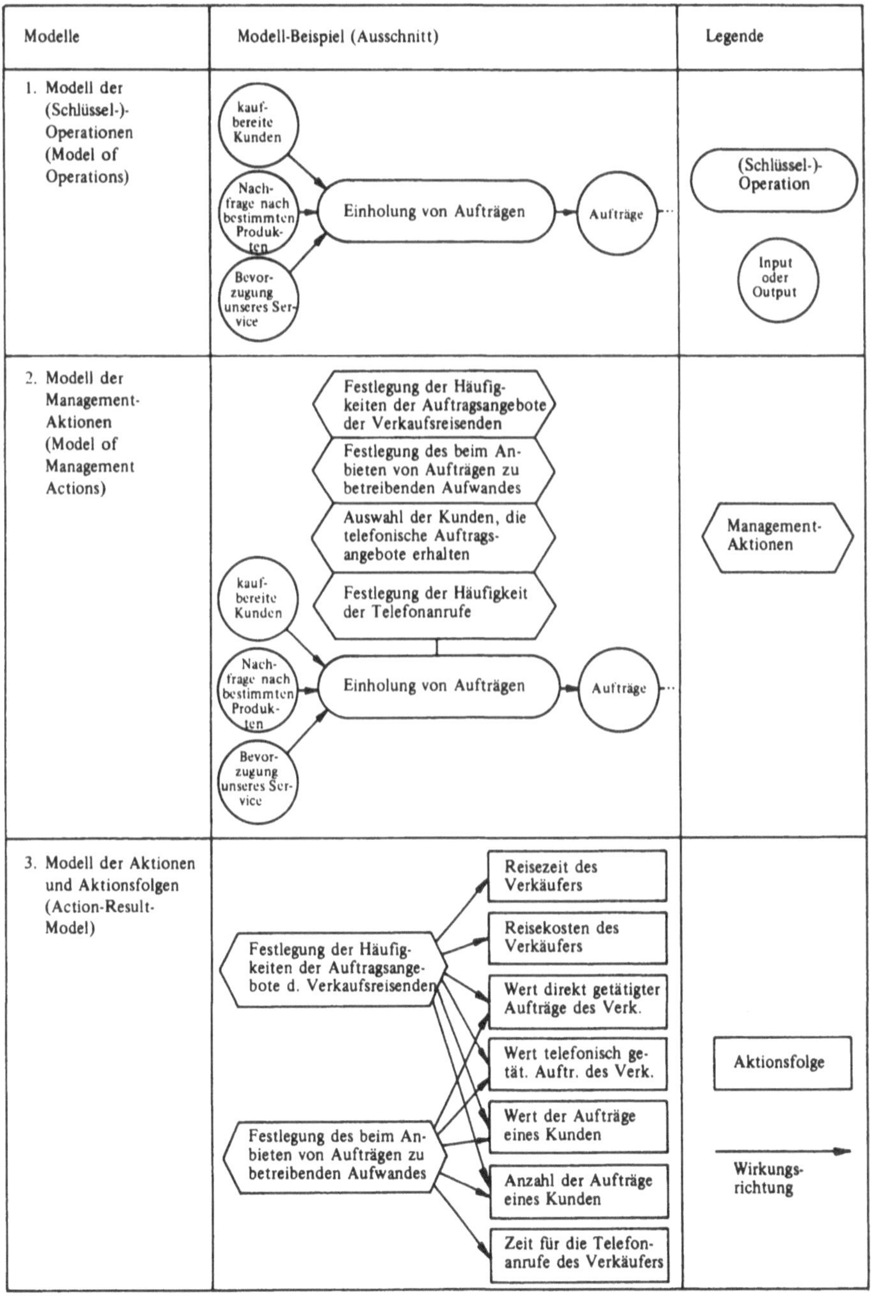

Abb. 52. Systematische Analyse des Informationsbedarfs nach Miller/Little [154]

Im folgenden soll die prinzipielle Vorgehensweise am Beispiel eines in der Literatur [154] beschriebenen Verfahrens kurz dargestellt werden. Es umfaßt folgende Schritte (vgl. Abb. 52):

(1) Entwicklung eines Modells von (Schlüssel-)Operationen: Für einen größeren Aufgabenkomplex sind etwa 10 bis 20 Schlüsseloperationen festzulegen. Die Folge der Operationen wird mit ihrem zugehörigen Input und Output in einem Flußdiagramm dargestellt.
(2) Entwicklung eines Modells von Management-Aktionen: Bestimmung der Management-Aktionen, die zum Vollzug der Schlüssel-Operationen notwendig sind. Die Management-Aktionen werden in das Flußdiagramm eingetragen. Als Hilfsmittel bei der Bestimmung der Management-Aktionen können dienen: Angaben über die zur Durchführung von Operationen benötigten Ressourcen, Arbeitsbeschreibungen, Organigramme und klärende Gespräche mit Managern.
(3) Entwicklung eines Modells von Aktionen und Aktionsergebnissen: Bestimmung der durch die Management-Aktionen beeinflußten Größen und ihre grafische Darstellung in Verknüpfung mit den Management-Aktionen. Dabei sollte eine Beschränkung auf die Größen stattfinden, die direkt durch Management-Aktionen beeinflußt werden.

Die Gegenüberstellung von Management-Aktionen und Aktionsfolgen erlaubt nun die Bestimmung der zur Durchführung von Aktionen benötigten Informationen.

Zur Kontrolle und übersichtlicheren Darstellung des entwickelten Modells können noch zwei weitere, nicht in Abb. 52 angegebene Schritte, durchgeführt werden:

(4) Verknüpfung nur der Aktionsergebnisse, soweit sie sich beeinflussen, in einem Ablaufdiagramm („Structure of Results").
(5) Darstellung der Beziehungen zwischen Aktionen und Aktionsergebnissen in einer Matrix. Durch entsprechende Symbole können in der Matrix verschiedene Beziehungstypen unterschieden werden, z. B. arithmetische Beziehungen, komplexe Funktionen, proportionale Beziehungen, unbekannte Beziehungen.

Zu c)
Der Hintergrund für Verfahren dieser Gruppe ist in der Publikationslawine wissenschaftlicher Informationen (interne Berichte, Aktennotizen, Diplomarbeiten, Dissertationen, Programmbeschreibungen, Veröffentlichungen in Zeitschriften, Bücher) zu sehen. Der einzelne Mitarbeiter kann die für ihn relevanten Informationen nicht selbst auswählen, da er schon aus zeitlichen Gründen dazu nicht in der Lage ist und darüber hinaus keine Kenntnis über alle potentiell relevanten Informationen erlangt.

Mit Hilfe eines geeigneten Informationsauswahlsystems kann dagegen für alle laufend erfaßten Dokumente ermittelt werden, welcher Mitarbeiter als Bedarfsträger in Frage kommt. Ein derartiges System sollte etwa folgende Elemente und Verfahrensweisen umfassen [71]:

(1) Ein auf das Arbeitsgebiet der betrachteten Organisation zugeschnittenes, vereinbartes Sprachsystem, das zur Inhaltscharakterisierung aller zu erfassenden Dokumente geeignet ist. Unterschiedliche Formen derartiger Sprachsysteme werden mit Begriffen belegt wie Klassifikationsschema (z. B. Internationale Dezimalklassifikation), Wörterbuch, Thesaurus, Deskriptorliste, Schlagwortliste, usw.
(2) Ein Informationsbedarfsprofil für jeden Mitarbeiter. Es stellt eine Beschreibung seines Bedarfs an wissenschaftlichen Informationen mit Hilfe des vereinbarten Sprachsystems dar.
(3) Eine inhaltliche Charakterisierung aller laufend erfaßten Dokumente mit Hilfe dieses Sprachsystems.
(4) Ein in regelmäßigen Zeitabständen durchgeführter Vergleich der Informationsbedarfsprofile der Mitarbeiter mit den Inhaltsprofilen der jeweils neu erfaßten Dokumente. Besteht zwischen einem Dokument und dem Bedarfsprofil eine Assoziation, die einen bestimmten Grad erreicht oder überschreitet, so ist das Dokument für den Mitarbeiter relevant. Es wird dem Mitarbeiter übermittelt oder er erhält Kenntnis von der Existenz des Dokuments.

Bei automatischen, d. h. computerbetriebenen Auswahlsystemen verwendet man Rechenverfahren zur Bestimmung von Assoziationskoeffizienten zwischen Bedarfsprofilen und Dokumentprofilen. Voraussetzungen für die üblichen Rechenverfahren sind:

(1) Die Worte bzw. Elemente des Sprachsystems werden von dem Rechenverfahren gleichrangig behandelt. Der Sprachumfang kann daher als binärer Vektor $\mathbf{u}$ interpretiert werden, dessen Komponenten u_i alle den Wert 1 besitzen. Jede Vektorkomponente korrespondiert mit einem bestimmten Wort bzw. Element des Sprachsystems.

   Es gilt also: $\mathbf{u} = (u_1, u_2, \ldots, u_i, \ldots, u_n)$
   n = Anzahl der Worte (Elemente) des Sprachsystems
   $u_i = 1, i \in [1, n]$

(2) Für jedes Dokument kann ein inhaltscharakteristischer binärer Dokomentvektor $\mathbf{v}$ angegeben werden:

   $\mathbf{v} = (v_1, v_2, \ldots, v_i, \ldots, v_t)$
   t = Anzahl der zugelassenen Komponenten
   v_i = 0 oder 1

Die Komponenten von **v** stellen eine Untermenge der Komponenten von **u** dar.

(3) Nach der Art des Rechenverfahrens bestehen zwei Möglichkeiten für die Darstellung des Bedarfsprofiles:

(3.1) Binärer Bedarfsprofilvektor **w**:

$$\mathbf{w} = (w_1, w_2, \ldots, w_i, \ldots, w_t)$$
$$w_i = 0 \text{ oder } 1$$

Die in diesem Fall angewandten Rechenverfahren ermitteln einen Assoziationskoeffizienten, der zwischen Null (keine Assoziation) und einem maximalen Wert (maximale Assoziation) liegt. Man unterscheidet zwischen:

1) Nicht normalisierten Assoziationskoeffizienten; ihr maximaler Wert ist größer als Eins.
2) Normalisierten Assoziationskoeffizienten; ihr maximaler Wert ist Eins.

(3.2) Bedarfsprofilvektor als logische Schaltfunktion F, z. B.:

$$F = (((f_1 \text{ op } f_2) \text{ op } \ldots) \text{ op } f_i \text{ op } \ldots \text{ op } f_s)$$

s = Anzahl der binären Operanden der Schaltfunktion, $s \leqslant t$

op = logischer Operator, z. B. V (log. ODER), & (log. UND), usw.

$f_i = 1, i \in [1, s]$

Für die Operanden f_i sind jeweils die Komponenten eines Dokumentvektors einzusetzen. Dann wird die Schaltfunktion F ausgewertet und liefert eine der beiden folgenden Aussagen:

1) F = 0: Das Dokument ist für den Mitarbeiter nicht relevant.
2) F = 1: Das Dokument ist für den Mitarbeiter relevant.

In Abb. 53 sind einige Rechenverfahren zur Bestimmung von Assoziationskoeffizienten zusammengestellt und an Beispielen erläutert.

Eine Untersuchung des internen wissenschaftlichen Informationsflusses in einer Forschungsanlage ergab folgende Resultate [71, S. 90 ff.]:

Selbst innerhalb eines Bereiches der Forschungsanlage, der durch mehrere fachlich verwandte Institute gebildet wird, findet ohne Steuerung des internen Informationsflusses nur ein erstaunlich geringer Anteil der intern erzeugten wissenschaftlichen Informationen den Weg zu interessierten Mitgliedern.

Dies zeigen folgende Zahlenwerte, die während eines Zeitraumes von etwa einem Jahr ermittelt wurden (siehe S. 128):

Rechenverfahren		Beispiele für Dokumentvektor $\mathbf{v}_1 = (1, 1, 0, 1, 1, 0)$	$\mathbf{v}_2 = (1, 1, 0, 0, 0, 0)$	$\mathbf{v}_3 = (1, 1, 1, 1, 1, 1)$
Binärer Bedarfsprofilvektor 1. Nichtnormalisierte Assoziationskoeffizienten: a) Vektorprodukt [85, S. 237]: $q_1 = \mathbf{v}\,\mathbf{w} = \sum_{i=1}^{t} v_i w_i$	Bedarfsprofilvektor: $\mathbf{w} = (1, 1, 0, 0, 0, 0)$	$q_1(\mathbf{v}_1, \mathbf{w}) = 2$	$q_1(\mathbf{v}_2, \mathbf{w}) = 2$	$q_1(\mathbf{v}_3, \mathbf{w}) = 2$
b) Vektorprodukt mit Komplementärvektoren $\bar{\mathbf{v}}, \bar{\mathbf{w}}$ [85, S. 237]: $q_2 = \mathbf{v}\,\mathbf{w} + \bar{\mathbf{v}}\,\bar{\mathbf{w}} = \sum_{i=1}^{t} v_i w_i + \sum_{i=1}^{t} \bar{v}_i \bar{w}_i$		$q_2(\mathbf{v}_1, \mathbf{w}) = 4$	$q_2(\mathbf{v}_2, \mathbf{w}) = 6$	$q_2(\mathbf{v}_3, \mathbf{w}) = 2$
2. Normalisierte Assoziationskoeffizienten: a) Koeffizient nach Tanimoto [199]: $q_3 = \dfrac{\sum_{i=1}^{t} v_i w_i}{\sum_{i=1}^{t} v_i + \sum_{i=1}^{t} w_i - \sum_{i=1}^{t} v_i w_i}$		$q_3(\mathbf{v}_1, \mathbf{w}) = 1/2$	$q_3(\mathbf{v}_2, \mathbf{w}) = 1$	$q_3(\mathbf{v}_3, \mathbf{w}) = 1/3$
b) Cosinus-Koeffizient [85, S. 238]: $q_4 = \dfrac{\sum_{i=1}^{t} v_i w_i}{\sqrt{\sum_{i=1}^{t} v_i^2 \cdot \sum_{i=1}^{t} w_i^2}}$		$q_4(\mathbf{v}_1, \mathbf{w}) = 1/\sqrt{2} \cong 0{,}707$	$q_4(\mathbf{v}_2, \mathbf{w}) = 1$	$q_4(\mathbf{v}_3, \mathbf{w}) = 1/\sqrt{3} \cong 0{,}577$
Logische Schaltfunktion Z. B.: $F = f_1 \,\&\, f_2 \,\&\, \bar{f}_3 \,\&\, \bar{f}_4 \,\&\, \bar{f}_5 \,\&\, \bar{f}_6$ (Entspricht etwa obigem Bedarfsprofilvektor)		$F(\mathbf{v}_1) = 0$	$F(\mathbf{v}_2) = 1$	$F(\mathbf{v}_3) = 0$

Abb. 53. Rechenverfahren zur Bestimmung von Assoziationskoeffizienten zwischen Informationsprofilen

Zeit-abschnitte	Anzahl der intern erzeugten Informationen	Anzahl der ergangenen Benachrichtigungen	Anzahl der Antworten auf die Benachrichtigungen	Die ver-/übermittelten Informationen treffen das Interessengebiet des Empfängers mit folgender Anzahl:											
				sehr gut			gut			am Rande			überhaupt nicht		
				ges	SI	DI	ges	SI	DI	ges	SI	DI	ges	SI	DI
1	48	917	253	51	37	14	108	85	23	86	77	9	8	8	0
2	14	343	137	30	22	8	57	49	8	46	42	4	4	4	0
3	14	229	180	58	46	12	71	60	11	49	41	8	2	2	0
4	14	312	201	66	51	15	81	72	9	53	43	10	1	1	0
5	14	246	177	55	42	13	73	62	11	48	40	8	1	1	0
Σ	104	2047	948	260	198	62	390	328	62	282	243	39	16	16	0

SI = Anteil der ver-/übermittelten Informationen, von denen die Mitarbeiter allein über das Auswahlsystem Kenntnis erlangten (System-Informationen)

DI = Anteil der Informationen, von denen die Mitarbeiter auch auf direktem Wege und ohne Steuerung mit Hilfe des Auswahlsystems Kenntnis erlangten (Direkt-Informationen)

Das Auswahlsystem wurde in zwei Phasen betrieben: In einer Anlaufphase, die die Zeitabschnitte 1 und 2 umfaßte, lag ein relativ grobes Sprachsystem vor. Informationen wurden an die Mitarbeiter nur vermittelt, d.h. sie erhielten lediglich Kenntnis von Originalinformationen, aber nicht die Originalinformationen (Berichte etc.) selbst. In der darauffolgenden Betriebsphase (Zeitabschnitte 3, 4 und 5) lag ein verfeinertes Sprachsystem vor. Den Mitarbeitern wurde auch die Übermittlung von Originalinformationen angeboten.
Aus obiger Tabelle ist zu entnehmen, daß der Antwortenrücklauf sprunghaft ansteigt, wenn den Mitarbeitern die Übermittlung von Originalinformationen angeboten wird. Diese hohe Rücklaufrate erlaubt das Erkennen von Änderungen des Bedarfsprofils der Mitarbeiter und damit die Anpassung des Auswahlsystems an den sich ändernden Informationsbedarf der Mitarbeiter.

2.4.3 Informationsbedarf des F + E-Management und Ansätze zu seiner Deckung

Träger von Informationsbedarf sind Mitglieder der personellen Projektorganisation und Mitglieder von Abteilungen, die bei der Projektdurchführung anweisend, beratend oder ausführend mitwirken. Der Informationsbedarf des F + E-Management ist aus seinen Aufgaben abzuleiten. Drei große Aufgabenbereiche lassen sich anführen (vgl. Abb. 41) und entsprechend gliedert sich der Informationsbedarf in:

a) Informationsbedarf für die Bestimmung und Fortschreibung des F + E-Programmes,
b) Informationsbedarf für die Disposition der einzelnen F + E-Projekte,
c) Informationsbedarf für die Durchführung der wissenschaftlichen Arbeiten im Rahmen der einzelnen Projekte.

Der Informationsbedarf, der für das Projekt-Management allgemein angegeben wurde (vgl. Abb. 32) ist als Untermenge in dem des F + E-Management enthalten (Punkt b)). Der zusätzliche Informationsbedarf des F + E-Management (Punkt a) und c)) folgt aus der engen Kopplung von Management und Forschungsdisziplin.

Bei einer von mehreren Stellen durchgeführten Analyse des Informationsbedarfes in einer Forschungsanlage wurde obige Dreiteilung bestätigt. Insbesondere wurden für die drei Bereiche folgende Forderungen erhoben:

Zu a)
Informationen werden in zwei Aufgabenebenen benötigt [200]:

Verwaltungsbezogene Ebene:

(1) Durchführung der bei der jährlichen Aufstellung des F + E-Programms anfallenden Verwaltungsarbeiten, u.a. Rechen-, Sortier-, Schreibarbeiten.

(2) Laufende Verwaltung der einzelnen Projekt- bzw. Institutsbudgets, u. a. Fortschreibung der Budgets.
(3) Dokumentation des aktuellen Standes der im Rahmen der einzelnen Budgets noch verfügbaren finanziellen Mittel.

Entscheidungsbezogene Aufgaben:

(4) Informationen für die Entscheidung über die Neuaufnahme, Veränderung oder Beendigung einzelner F + E-Projekte.
(5) Informationen für eine sachbezogene Aufteilung des Gesamtbudgets auf die einzelnen F + E-Projekte.
(6) Informationen des Erfolges der einzelnen F + E-Projekte.

Zu b)
Zusätzlich zu den in Abb. 32 angegebenen Informationen wird noch gefordert:

(1) Beschreibung und Dokumentation des Ausführungsstandes von Projektteilen bzw. Vorgängen in dispositiver Hinsicht, also hinsichtlich ihres Planungsstandes.
(2) Ein schneller Zugriff zu Besprechungsprotokollen, wichtigen Aktennotizen, persönlichen Arbeitsunterlagen usw.

Zu c)
Nicht speziell projektbezogen:

(1) Ein schneller Zugriff zu technisch-wissenschaftlichen Informationen wie Patentliteratur, Zeitschriftenaufsätze, Berichte, Dissertationen, Studien, Besprechungsnotizen, usw.
(2) Informationen über das spezielle technisch-wissenschaftliche know-how interner und externer Wissenschaftler und Techniker.
(3) Informationen über spezielle oder größere Geräte und Versuchseinrichtungen.
(4) Automatische Auswahl und Ver- bzw. Übermittlung intern und extern erzeugter wissenschaftlich-technischer Informationen an die einzelnen Mitarbeiter entsprechend ihrem Informationsbedarfsprofil.

Speziell projektbezogen:

(5) Beschreibung und Dokumentation des Ausführungsstandes von Projektteilen bzw. Baugruppen, Bauteilen etc. in technischer Hinsicht, also hinsichtlich ihrer erreichten technischen Realisation.

In der Praxis existieren verschiedene Verfahren, die als methodische Ansätze zur Deckung des abgegrenzten Informationsbedarfs zu bezeichnen sind. Die üblicheren Verfahren sind:

a) Verfahren des Betrieblichen Rechnungswesens
Die Geschäftsbuchhaltung, mit u. a. Debitoren-, Kreditoren- und Sachkontenbuchhaltung, erfaßt als Bestands-, Einnahmen-, Ausgaben- sowie Ertrags- und Aufwandsrechnung sämtliche betrieblichen Vorgänge, die ihren Niederschlag in Kontenbewegungen finden.

Die Betriebsrechnung mit den hier interessierenden Zweigen Betriebsbuchhaltung (mit Kostenstellen- und Kostenträgerrechnung) sowie Material- und Anlagenabrechnung.

Spezielle Probleme ergeben sich bei einem kostenstellenorientierten Aufbau des gesamten F + E-Budgets. In diesem Falle werden bei der Verbuchung der einzelnen Kontenbewegungen i. a. nur die verursachenden bzw. empfangenden Kostenstellen erfaßt und nicht die Projekte als Kostenträger. Die Betriebsbuchhaltung ist dann auf die Kostenstellenrechnung begrenzt und kann keine projektbezogene Kostenrechnung durchführen.

Erfaßt man dagegen bei den einzelnen Kontenbewegungen auch die zugehörigen Projekt-Nummern, so lassen sich zwar eine Kostenträgerrechnung und weitere projektbezogene Auswertungen durchführen, aber die erzeugten Informationen weisen folgende Unzulänglichkeiten auf:

(1) Verbuchungen und Abrechnungen werden i. a. periodisch vorgenommen und alle Ergebnisse liegen meist erst einige Wochen nach dem Stichtag vor. Die Verfahren des Betrieblichen Rechnungswesens besitzen also nur eine periodische und darüberhinaus nicht aktuelle Auskunftsfähigkeit.
(2) Im Betrieblichen Rechnungswesen werden i. a. keine Bindungen, z. B. aufgrund der Bestellung von Geräten, erfaßt. Die ausgewiesenen noch verfügbaren Mittel sind daher nicht durch Bindungen gekürzt und somit nur begrenzt aussagefähig.
(3) Umfaßt das F + E-Programm ein relativ breites Spektrum unterschiedlicher Projekte, so ist die im Betrieblichen Rechnungswesen zugrunde gelegte Kostenartengliederung i. a. nicht für alle Projekte brauchbar.

b) Verfahren der Netzplantechnik
Umfangreichere Programmpakete der Netzplantechnik gestatten eine projektbezogene Erstellung verschiedener Termin-, Kosten-(Finanz-) und Kapazitätsberichte. In die Berichte sind i. a. organisatorische und Strukturinformationen in ausreichendem Maße einbezogen. Als Mittel der Disposition von F + E-Projekten weisen Verfahren der Netzplantechnik aber folgende Mängel auf:

(1) Berichte werden i. a. nur periodisch und in standardisierter Form erstellt. Eine jederzeit aktuelle und differenzierte Auskunftsfähigkeit ist nicht gegeben.
(2) Der Planungsstand einzelner Vorgänge kann nicht beschrieben und dokumentiert werden.

(3) Der Kapazitätsteil eines Verfahrens der Netzplantechnik liefert nur dann vollständige Aussagen, wenn er auf alle Projekte, die um die betrachteten Kapazitäten konkurrieren, angewandt wird. Im Bereich der Forschung und Entwicklung ist dies oft nicht möglich.

c) Verfahren der Dokumentation

Jede Forschungsabteilung hat i. a. Zugang zu einer Bibliothek, in der wissenschaftlich-technische Literatur gespeichert ist. Im Bibliothekswesen wurden verschiedene Verfahren der Dokumentation, d. h. zur Erfassung, Inhaltsanalyse und Inhaltscharakterisierung, nachweisbereiter Speicherung und zum Nachweis von Literatur, entwickelt. In vielen Bibliotheken setzt man jedoch „traditionelle" Verfahren der Dokumentation ein. Diese sind durch folgende Merkmale gekennzeichnet:

(1) Es wird ein großer Aufwand bei der Erfassung, Analyse und Archivierung von Literatur betrieben.
(2) Als Methoden der Literatursuche werden dem Benutzer i. a. nach Sachgebieten und Autoren geordnete Kataloge angeboten.
(3) Größere Bibliotheken bieten einen Literaturdienst an. Er besteht in der Auswahl wissenschaftlicher Literatur gemäß den Angaben von Benutzern durch Fachkräfte des Bibliothekswesens.

Mängel und Nachteile der traditionellen Verfahren der Dokumentation sind:

(1) Eine Literaturauswahl durch Fachkräfte ist sehr zeitaufwendig und nur in begrenztem Umfang möglich.
(2) Autoren- und Sachkataloge stellen Suchmethoden geringerer Leistungsfähigkeit dar. Der Sucherfolg rechtfertigt i. a. nicht den hohen Aufwand bei der Literaturerfassung und -analyse. Begnügt man sich dagegen mit einer relativ rohen Literaturerfassung und -analyse und setzt geeignete Computerprogramme als Suchverfahren ein, so erzielt man Suchergebnisse gleicher Qualität[8].
(3) Viele der im Literaturspeicher enthaltenen Dokumente werden niemals benötigt und blähen den Literaturspeicher unnötig auf. Sinnvoller ist es, Dokumente, die innerhalb einer bestimmten Frist nach ihrer Aufnahme in den Literaturspeicher nicht benötigt werden, aus dem Literaturspeicher zu entfernen. Bei der Festlegung dieser Frist ist nach Fachgebieten mit unterschiedlicher Geschwindigkeit des technischen Fortschritts zu differenzieren.
(4) Es wird keine Auswahl und automatische Ver- bzw. Übermittlung der laufend eingehenden Literatur an die einzelnen potentiellen Interessenten durchgeführt.

[8] Nach Aussage von Prof. G. Salton während seines Vortrags über „Automatische Dokumentation", gehalten am 14. Mai 1971 in der Kernforschungsanlage Jülich.

Informationsbedarf im Bereich der Forschung und Entwicklung	Bedarfsträger UL =Unternehm.leitung SI =Stab Innovation FEL=F+E-Leitung PL =Projektleitungen PPG=Projektplan.gruppen EG =Entwicklungsgruppen	Merkmale des Informationsbedarfs	Deckung des Informationsbedarfs durch a) Verfahren des betr. Rechnungswesens GB=Geschäftsbuchhaltung BR=Betriebsrechn.	b) Verfahren der Netzplantechnik	c) Verfahren der Dokumentation
a) Bestimmung und Verwaltung des F/E-Programmes					
1. Jährliche Aufstellung F+E-Budget 2. Budgetfortschreibung 3. Dokumentation F+E-Mittel	UL,SI,FEL FEL,PL SI,FEL,PL	Häufiger, aktuell; z.T. periodisch, standardisiert, z.T. spontan, differenziert;	z.T. durch GB und BR; periodisch, nicht aktuell.	—	—
4. Aufnahme, Beendig. v. Projekten 5. Festlegung Projektbudgets 6. Erfolgsdokumentation	UL,SI,FEL,PL	z.T. periodisch, standardisiert; z.T. spontan, differenziert; weniger häufig.	nein	—	—
b) Projektdisposition					
1. Organisatorische Informationen 2. Strukturelle Informationen 3. Termininformationen 4. Kosten(Finanz)informationen	FEL	z.T. periodisch, standardisiert; z.T. spontan, differenziert; häufiger, aktuell.	nein z.T. GB u. BR, period., nicht aktuell.	teils teils ja ja (nur periodische Standardberichte)	nein
5. Kapazitätsinformationen 6. Planungsstand von Vorgängen	PL,PPG,EG			teils (nur periodische Standardberichte) nein	
7. Zugriff zu schriftlichen Arbeitsunterlagen	SI,FEL,PL,PPG,EG	spontan, differenz., häufiger, schnell.	nein	nein	teils, aber langsam und unrationell
c) Wissenschaftliche Arbeit					
1, Zugriff zu wiss.-techn. Literatur 2. Zugriff zu personell. know how	SI,FEL,PL,EG PL,EG	spontan, differenz., häufig, z.T. schnell.	—	—	ja, aber langsam und unrationell
3. Informationen über Geräte	PL,EG	spontan, differenz., häufig, z.T. schnell.	—	—	nein
4. Automatische Informationsübermittl.	SI,FEL,PL,EG	permanent	—	—	nein
5. Techn. Ausführungsstand von Projektteilen	PL,EG	spontan, differenz., weniger häufig, schnell.	—	—	nein

Abb. 54. Informationsbedarf des F + E-Management und übliche Ansätze zu seiner Deckung

Diese Verfahren zur Deckung von Informationsbedarf werden in der Praxis natürlich durch verschiedene manuelle Verfahren der Informationsverarbeitung und durch direkte Kommunikationskontakte ergänzt. Neben den durch die Aufgabenerfüllung bedingten Kontakten zu Mitarbeitern, Vorgesetzten und zu auftragnehmenden oder beratenden Abteilungen wie Patentabteilung, Rechtsabteilung, Hauptwerkstatt, Zentrallager, usw. spielen informale Kommunikationskontakte notwendigerweise eine erhebliche Rolle, denn die „formale" und die „informale Organisation" sind in einem „. . . untrennbaren System komplizierter Wechselwirkungen" [7, S. 51] miteinander verknüpft.

In Abb. 54 sind Informationsbedarf des F + E-Management und seine Deckung durch die oben beschriebenen Verfahren gegenübergestellt. Als Vergleichsergebnis läßt sich festhalten:

(1) Ein Teil des Informationsbedarfs wird durch die Verfahren nicht gedeckt.
(2) Ein Teil des Informationsbedarfs wird durch die Verfahren gedeckt, jedoch z. T. nur periodisch und nicht aktuell oder z. T. zu langsam.
(3) Insbesondere spontane und differenzierte Informationswünsche werden nicht befriedigt.

Nicht der gesamte, doch ein erheblicher Teil des offen bleibenden Informationsbedarfs kann m. E. mit Hilfe eines PMIS gedeckt werden. In welchem Umfang dies geschieht, hängt von Kriterien wie Nutzen, Formalisierbarkeit, Kosten der Erfassung und zugriffsbereiten Speicherung der Informationen, usw. ab.

3. Konzeption von PMIS für F + E-Projekte

Ein PMIS für F + E-Projekte umfaßt grundsätzlich die gleichen Elemente wie ein allgemeines PMIS, nämlich ein personelles Kommunikationssystem mit spezifischen Aufgaben, eine Datenbank, eine Modellbank und ein Computersystem.

Das personelle Kommunikationssystem besteht im wesentlichen aus dem F + E-Management. Organisationsformen und Aufgaben des F + E-Management sind in Kapitel 2.3.2 und 2.3.3 als Spezifikation eines PMIS beschrieben. Auf das Element Computersystem wurde schon in Kapitel 1.1.5 eingegangen. Als Gegenstand der Konzeption stehen in diesem Kapitel daher die Elemente Modellbank und Datenbank im Vordergrund.

Im Kapitel Modellbank werden potentielle Verfahren des Projekt-Management im Bereich der Forschung und Entwicklung untersucht und ihre Anwendbarkeit diskutiert. Dabei wird von der Hypothese ausgegangen, daß in der Modellbank eines PMIS für F + E-Projekte grundsätzlich drei Gruppen von Verfahren angeboten werden sollten: Verfahren zur Bestimmung des F + E-Programmes, Verfahren der Projektdisposition und Verfahren der Informationserschließung.

Bei der Behandlung der Datenbank werden keine konkreten Dateninhalte erörtert, sondern prinzipielle Organisationsmöglichkeiten der Daten in einer Datenbank. Diese Betrachtungen werden durch eine Darstellung der zum Betrieb einer Datenbank notwendigen Software ergänzt.

Abschließend wird ein Beispiel für ein in einer Forschungsanlage entwickeltes PMIS beschrieben. Dabei wird insbesondere auf konkrete Dateninhalte eingegangen. Die verwendete Software wird erläutert, und es werden Fragen des Betriebs und der Anwendung des PMIS behandelt.

3.1 Modellbank

In der Literatur werden neben Modellbank auch die Begriffe Methodenbank und Programmbank verwendet. Die Beziehung dieser drei Begriffe zueinander geht aus Abb. 55 hervor.

Stellvertretend für das Begriffs-Tripel Modell-, Methoden- und Programmbank wird hier der Begriff „Modellbank“ gewählt.

Anforderungen an den Inhalt der Modellbank ergeben sich aus dem Informationsbedarf des F + E-Managements und der Wissenschaftler und Techniker. Gemäß Abb. 54 sind in einer Modellbank also bereitzustellen:

a) Modelle und Methoden zur Bestimmung des F + E-Programmes,

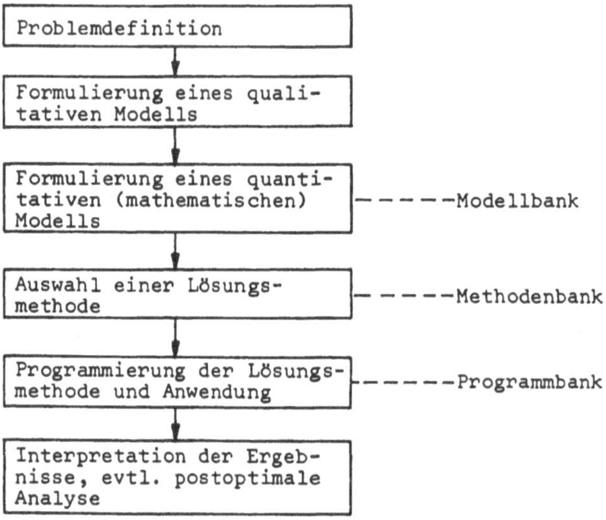

Abb. 55. Entscheidungsvorbereitung mit Hilfe von Verfahren einer Modellbank

b) Modelle und Methoden zur Projektdisposition,
c) Methoden der Informationserschließung und Informationsbereitstellung.

3.1.1 Bestimmung des F + E-Programmes

Das in Abb. 45 dargestellte Ablaufdiagramm der Programmbestimmung erfordert nicht den Einsatz nur eines Auswahl- bzw. Bewertungsverfahrens, sondern die stufenweise Anwendung mehrerer aufeinander abgestimmter Methoden. Entsprechend den zwei groben Stufen, die man bei der Bestimmung des F + E-Programmes durchläuft, kann man auch zwei Gruppen von Verfahren unterscheiden:

a) Methoden der Suche und Bewertung von Projektideen,
b) Methoden der Bewertung und Auswahl von Projektvorschlägen.

3.1.1.1 Methoden der Suche und Bewertung von Projektideen

Diese Stufe unterteilt sich weiter in:

a) Methoden der Gewinnung zukunftsbezogener wissenschaftlich-technischer Informationen und
b) Festlegung von Zielprioritäten.

Zu a)
In der Literatur finden sich für diese Gruppe auch die Begriffe „Methoden der technologischen Vorhersage" bzw. „technologischen Prognose". Mit Hilfe dieser Methoden sollen Aussagen über zukünftige technologische Entwicklungen gemacht werden, die im weiteren F + E-Planungsprozeß zu berücksichtigen sind. Man unterscheidet folgende Verfahren:

aa) Trendanalyse
Die Trendanalyse verwendet die Erfahrungen der Vergangenheit für eine Extrapolation der zukünftigen Erwartungen. Aufgrund der begrenzten Leistungsfähigkeit der menschlichen Intelligenz verwendet man nur zwei Arten von „unmittelbar und allumfassend erkennbaren" Modellen [9, S. 99]:

(1) Stetige Kurven mit mindestens zwei Ableitungen, keinen Wendepunkten und höchstens einem Maximum oder Minimum. Die einfachsten Beispiele sind:
   - Gerade,
   - Exponentialfunktion,
   - logarithmische Funktion,
   - reelle Funktionen der Form $f(x) = x^n$, $n \gtrless 0$.
(2) Periodische „Wellenformen" mit einer einzigen dominierenden Periode. Als Beispiele sind trigonometrische Funktionen wie $\sin(x)$, $\cos(x)$ zu nennen; sie können auch mit Funktionen der ersten Gruppe überlagert werden.

Die Erfahrungen der Vergangenheit liegen als Folge von Punkten (Zeitreihe) vor. Man wählt i. a. zuerst die Kurvenform aus und bestimmt dann die Parameter der gewählten Funktion so, daß die Kurve den gegebenen Punkten möglichst nahekommt. Diese Glättung erfolgt häufig dadurch, daß die Summe der quadrierten Abstände zwischen gegebenen Punkten und Kurve minimiert wird (Methode der kleinsten Fehler-Quadrate).

Bei der Anwendung und der Beurteilung der Glaubhaftigkeit der Trendanalyse sind u. a. folgende Gesichtspunkte zu beachten [9, S. 103 ff.]:

(1) Eine Prognose irrt, wenn sie nur kurzfristige Trends fortsetzt, aber langfristige Trends und den gesunden Menschenverstand außer Acht läßt [56].
(2) Die Zukunftsaussagen sollten nicht zu sehr detailliert werden. Besondere Zurückhaltung ist angebracht bei der Aussage über die konkrete Form in der sich Entwicklungen vollziehen. So sah z. B. Wells die Entwicklung der Luftkriegsführung voraus, jedoch unter Verwendung von Ballonen.
(3) Eine „zerlegende", auf die Betrachtung der Komponenten bestehender Systeme abgestellte Analyse besitzt eher kurzfristige Gültigkeit. Längerfristige Aussagen gestattet die „aggregative" Vorgehendsweise, die nur die funktionellen Eigenschaften breiter Klassen von Systemen betrachtet.

ab) Intuitive Methoden der Prognose

Intuition bezeichnet in diesem Zusammenhang eine „zusammenfassende Erkenntnis vieler in Wechselwirkung stehender Aspekte eines komplexen Problems, die ein vollständiges Gesamtbild ergibt, das mehr ist als die Summe seiner Teile" [9, S. 144]. Folgende systematische Vorgehensweisen der Intuition werden heute vorwiegend diskutiert: Brainstorming [203, S. 190], Delphi-Methode [50, S. 123 ff.], [90] und Ausarbeitung von Scenarien („scenario-writing") [43, S. 119 ff.]. Diese Methoden lassen sich jedoch nicht automatisieren und werden daher nicht weiter behandelt.

ac) Morphologische Methode

Die von Zwicky [111, S. 56 ff.] entwickelte „morphologische Methode" dient der Auffindung und Darstellung aller Kombinationsmöglichkeiten von Bestimmungsmerkmalen (Parametern) und Erscheinungsformen, die für die Realisierung einer bestimmten funktionellen Fähigkeit in Frage kommen. Die Methode kann bei verschiedenem Abstraktions- und Aggregationsgrad eingesetzt werden. Ihre Anwendung erfolgt nach folgenden Regeln:

(1) Das zu lösende Problem ist genau zu definieren und abzugrenzen. Insbesondere müssen die wesentlichen charakteristischen Parameter ausgewiesen werden.

(2) Für jeden Parameter p_i sind eine Anzahl k_i verschiedener Erscheinungsformen (Zustände, unterscheidbare Fälle) zu ermitteln und in Matrizenform darzustellen:

Erscheinungsformen →

Parameter ↓

$$\begin{array}{c} \left[p_1^1, p_1^2, \ldots, p_1^{k1} \right] \\ \cdots\cdots\cdots \\ \left[p_i^1, p_i^2, \ldots, p_i^{ki} \right] \\ \cdots\cdots\cdots \\ \left[p_n^1, p_n^2, \ldots, p_n^{kn} \right] \end{array}$$

(3) Eine mögliche Problemlösung ist gegeben durch die Verbindung eines Elementes einer Zeile mit je einem Element aller anderen Zeilen. Die theoretisch mögliche Anzahl der Lösungen A ermittelt sich also zu:

$$A = \prod_{i=1}^{n} k_i \, .$$

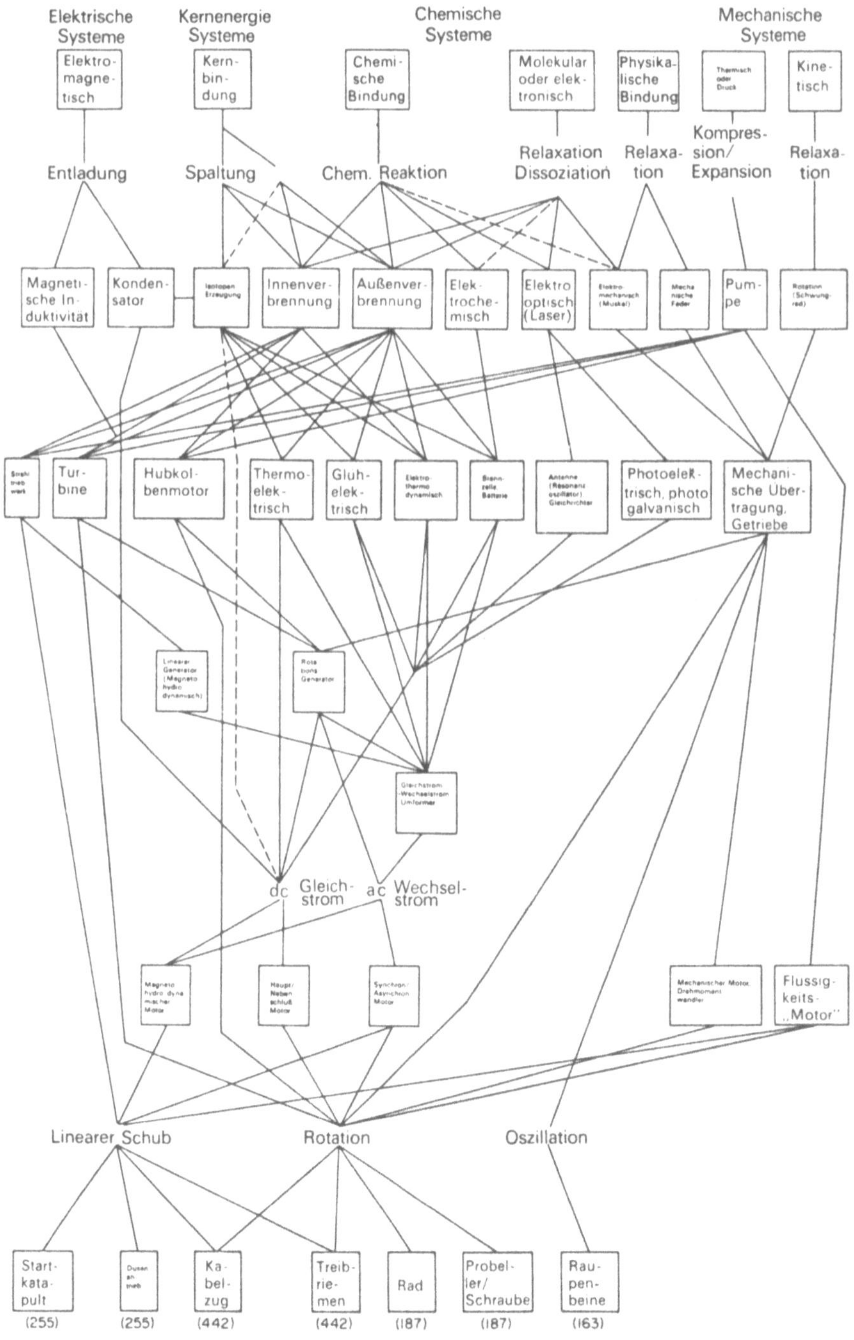

Abb. 56. Morphologisches Schema für die Möglichkeiten der Erzeugung von Antriebsenergie [9, S. 82]
(Die Zahlen in Klammern unter den unteren Rechtecken geben die Anzahl der Möglichkeiten an.)

Aufgrund trivialer Lösungen und interner Restriktionen reduziert sich A oftmals stark [192, S. 177].

(4) Bewertung der ermittelten Lösungen. Zwicky fordert hierzu eine „universale“ Methode, was nach Ayres [9, S. 81] in der Praxis selten möglich ist.

Ein Beispiel einer morphologischen Analyse zeigt Abb. 56.

Dargestellt sind die wesentlichen Möglichkeiten für den Antrieb eines Fahrzeuges. Lösungsmöglichkeiten, die z.B. wegen zu geringen Wirkungsgrades unrealistisch sind, sind weggelassen.

Auf umfangreiche Problemstellungen ist die morphologische Analyse nicht anwendbar, da dann eine unübersehbare Anzahl von Kombinationen auftritt. Bei der Lösung von Sonderproblemen ist sie jedoch von erheblicher Bedeutung, da sie insbesondere folgende Gruppen von Kombinationen ausweist [184, Teil II, S. 44]:

(1) bekannte Parameterkombinationen (bzw. Lösungen),
(2) unbekannte, erklärliche Parameterkombinationen,
(3) unbekannte, nicht erklärliche Parameterkombinationen.

Eine unbekannte Parameterkombination kann evtl. den Ansatzpunkt für eine Innovation bieten.

Zu b)

Die in Stufe a) abgeleiteten möglichen wissenschaftlich-technischen Zielsetzungen sind nun in eine Prioritätenfolge zu bringen. Dies geschieht durch Sammlung und Auswertung von Prioritätsurteilen. Prioritätsurteile können auf verschiedenem Wege gewonnen werden, so durch:

- Befragung von Einzelpersonen,
- Befragung von Gruppen bzw. Gruppendiskussionen,
- Analyse von Veröffentlichungen.

Die gesamte Vorgehensweise, unter Einbezug der in a) diskutierten Methoden, zeigt Abb. 57.

Bei der Festlegung von Zielprioritäten können erhebliche Schwierigkeiten auftreten. Zwei Bereiche sind zu unterscheiden:

(1) Privatwirtschaftlicher Bereich
Industrielle Unternehmungen streben die Realisierung eines ganzen Bündels von Einzelzielen an. Häufig genannte Einzelziele sind Gewinn, Sicherheit, soziale Verantwortung, Marktanteil, Wachstum, Prestige, usw. Als langfristig dominierend kann jedoch die erwerbswirtschaftliche Zielsetzung gelten [138], [145]. Sie konkretisiert sich in den Formen Gewinnmaximierung und Rentabilitätsmaximierung. Im privatwirtschaftlichen Bereich kann die

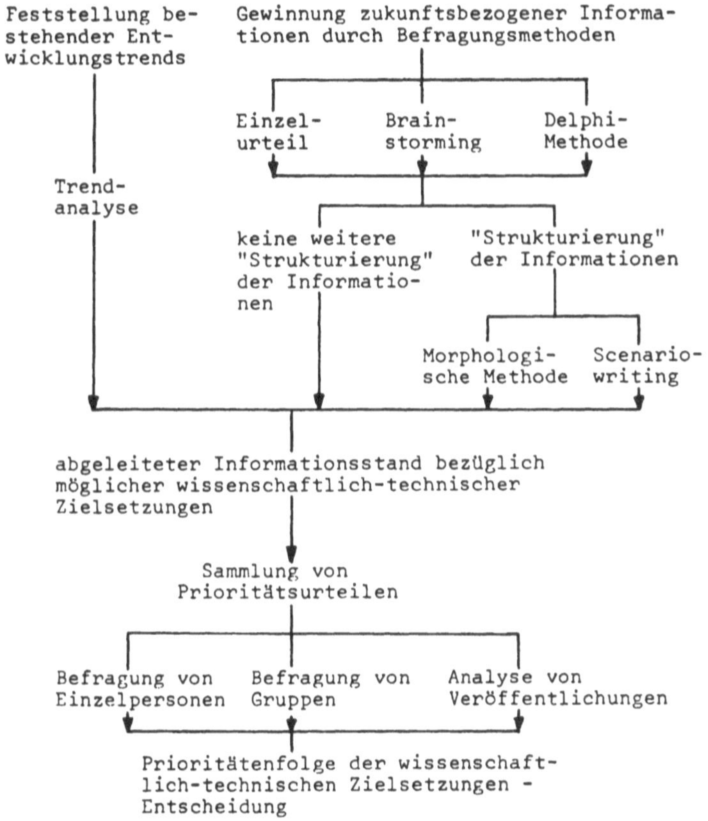

Abb. 57. Gewinnung und Bewertung wissenschaftlich-technischer Zielsetzungen

Forschung und Entwicklung unter dieser dominanten, quantifizierbaren und zeitinvarianten Zielsetzung betrieben und beurteilt werden.
Folgende Sonderfälle sind jedoch möglich:

- Vorgegeben ist eine bestimmte funktionelle Zielsetzung, z. B. die Entwicklung eines Waffensystems mit bestimmten Eigenschaften.
- Mit einem Projekt werden immaterielle Zielsetzungen verfolgt, die z. B. das Image einer Unternehmung betreffen.

(2) Staatlicher Bereich
Der im privatwirtschaftlichen Bereich gültige Ziel-Mittel-Rationalismus, der bei gegebenen Mitteln eine bestimmte Zielsetzung zu maximieren versucht, findet im staatlichen Bereich seine Grenzen. Die wesentlichen Ursachen sind u. a. [182, S. 73 ff.]:

- mangelnde Kenntnis der eigentlich zu beachtenden Zielvariablen,

- mangelnde Quantifizierbarkeit der Zielvariablen,
- Zeit- und Situationsabhängigkeit der Prioritätsfolge der Zielvariablen,
- Widersprüchlichkeiten im System der Zielvariablen.

Die im folgenden Kapitel behandelten Bewertungsverfahren, die von klar definierten Zielsetzungen ausgehen, sind daher im staatlichen Bereich nur bedingt anwendbar.

3.1.1.2 Methoden der Bewertung und Auswahl von F + E-Projekten

Die Ausgangssituation für die Anwendung dieser Methoden ist folgende: Es liegt eine Rangfolge von Projektideen vor, und das Budget sowie die Kapazitäten zur Realisierung von Projektideen sind i. a. gegeben. Die Fragestellung lautet: Welche Projektideen sind zu realisieren, so daß die Ziele der betrachteten sozialen Organisation (Staat, Unternehmung) ihre höchstmögliche Erfüllung finden? Zur Beantwortung dieser Fragestellung wurde eine Reihe von Projektauswahlmethoden entwickelt. Sie unterscheiden sich in ihren Prämissen. An

Art der Prämisse	Fallunterscheidungen bzw. Erläuterungen
1. Anzahl der Zielgrößen	- Modelle mit nur einer Zielgröße - Modelle mit mehreren Zielgrößen
2. Anzahl der Beschränkungen	- Modelle ohne Beschränkungen - Modelle mit Beschränkungen (meist finanzieller und kapazitätsmäßiger Art)
3. Anzahl der berücksichtigten Perioden	- Einperiodenmodelle - Mehrperiodenmodelle
4. Berücksichtigung der Projektdurchführungsgeschwindigkeit	- Bei schnellerer Projektdurchführung werden freiwerdende Kapazitäten "gutgeschrieben"
5. Berücksichtigung kapazitiver Interdependenzen zwischen Projekten	- Der gesamte Kapazitätsbedarf interdependenter Projekte ist kleiner als die Summe des Kapazitätsbedarfs bei Einzelbetrachtung der Projekte
6. Anzahl der Projektversionen	- Nur eine Projektversion ist zugelassen - Mehrere Projektversionen werden berücksichtigt
7. Austauschbarkeit von Kapazitäten	- Bestimmte Kapazitätsarten werden in gewissem Umfang als austauschbar behandelt

Abb. 58. Prämissen von Methoden der Projektauswahl

den Prämissen orientiert sich der Informationsbedarf bei Anwendung der Methoden. Er ist mit Hilfe von Durchführbarkeitsstudien, Kostenanalysen, Expertenbefragungen, usw. zu decken. Eine Projektauswahlmethode ist um so praxisnäher, je mehr der in Abb. 58 genannten Prämissen ihr zugrundeliegen.

Nach der Anzahl der berücksichtigten Zielgrößen unterscheidet man zwischen ein- und mehrdimensionalen Projektauswahlverfahren.

a) Eindimensionale Methoden

(1) Methoden der Nutzen/Kosten-Analyse
Diese Methoden gestatten die Berechnung einer Nutzen/Kosten-Zahl für jedes Projekt. Aufgrund der berechneten Nutzen/Kosten-Zahl wird eine Rangreihe der Projekte gebildet. Die m-ersten Projekte werden ausgewählt.

(1.1) Renditemethoden
Bei Renditemethoden bilder der Quotient aus Gewinn und Kosten eines Projektes das Rangkriterium. Im einfachsten Fall stellt sich diese Methode wie folgt dar:

Für alle $i \in [0, n]$ ist $x_i = 0$ oder 1 zu wählen, und zwar so daß gilt:

$$\sum_{i=1}^{n} G_i \cdot x_i = \text{Maximum}$$

und

$$\sum_{i=1}^{n} K_i \cdot x_i \leqslant B \, .$$

Hierbei bedeuten:

B = Höhe des zur Durchführung von Projekten verfügbaren Budgets
n = Anzahl der Projektvorschläge
K_i = Kosten des Projektes i, $i \in [0, n]$
G_i = Gewinn aufgrund Projekt i, $i \in [0, n]$
$$x_i = \begin{cases} 0, \text{ falls Projekt i nicht gewählt wird} \\ 1, \text{ falls Projekt i gewählt wird} \end{cases}$$
$R_i = G_i/K_i$ = Rendite des Projektes i.

Als Lösung dieses Problems ergeben sich die m-ersten der in absteigender Reihenfolge nach dem Quotient $R_i = G_i/K_i$ geordneten Projekte, deren Kostensumme das Budget B nicht übersteigt.

Dieses Grundmodell kann z. B. in folgenden Stufen erweitert werden:

(1.1.1) Einführung von Planungsperioden t, $t = 1, 2, \ldots, T$, wobei T den gesamten Planungszeitraum bezeichnet.

Dann gilt:

$$R_i = \frac{\sum_{t=1}^{T} G_{i,t}}{\sum_{t=1}^{T} K_{i,t}} .$$

$K_{i,t}$ bzw. $G_{i,t}$ = Kosten bzw. Gewinn von Projekt i in Periode t.

(1.1.2) Berücksichtigung der Erfolgswahrscheinlichkeit von Projekten [161, S. 57 ff.]
Bezeichnet w_i die Wahrscheinlichkeit für die Realisierung der wissenschaftlich-technischen Zielsetzung eines Projektes i, wobei $w_i \in [0, 1]$, so gilt:

$$R_i = \frac{\sum_{t=1}^{T} w_i \cdot G_{i,t}}{\sum_{t=1}^{T} K_{i,t}} .$$

(1.1.3) Diskontierung der Gewinne [124]
Für ein wirtschaftendes Subjekt ist ein Geldbetrag um so weniger wert, je weiter in der Zukunft er verfügbar ist. Die Berücksichtigung dieser Tatsache ergibt eine Renditeformel mit diskontierten Erträgen:

$$R_i = \frac{\sum_{t=1}^{T} w_i \cdot G_{i,t} \cdot (1 + p)^{1-t}}{\sum_{t=1}^{T} K_{i,t}}$$

Dabei ist: p = Diskontierungszinssatz.

(1.2) Kapitalwertmethode
Faßt man F + E-Projekte als Investitionsvorhaben auf, so läßt sich ihre Vorteilhaftigkeit mit Hilfe von Methoden der Investitionsrechnung berechnen. Von den Verfahren der dynamischen Investitionsrechnung (Kapitalwertmethode, Interne Zinsfußmethode, Annuitätsmethode) wird nachfolgend die Kapitalwertmethode kurz behandelt.

Bei der Kapitalwertmethode werden alle Auszahlungen und Einzahlungen einer Investition auf einen Zeitpunkt abgezinst (meist auf den Beginnzeitpunkt der Investition). Das Ergebnis, der Kapitalwert C, ermittelt sich also nach folgender Formel:

$$C_i = \sum_{t=1}^{T} (E_{i,t} - K_{i,t}) \cdot (1 + p)^{1-t} .$$

Dabei ist: C_i = Kapitalwert für Projekt i
$E_{i,t}$ bzw. $K_{i,t}$ = Erlöse (Einzahlungen) bzw. Kosten (Auszahlungen) von Projekt i in Periode t
p = Kalkulationszinsfuß (seine Höhe hängt vom Anspruchsniveau des Investors ab).

Nach dieser Methode ist eine Investition immer dann vorteilhaft, wenn ihr Kapitalwert nicht negativ ist. Zur Auswahl werden die Projekte nach der Größe des Kapitalwertes geordnet. Die m-ersten Projekte mit größtem, nicht negativen Kapitalwert werden gewählt.

Eine Verfeinerung der Kapitalwertmethode besteht in der Verwendung von sog. Supplementen [49, S. 36 ff.]. Durch Einführung von Zahlungs- bzw. Zeitsupplementen können unterschiedliche Investitionsobjekte hinsichtlich ihrer Zahlungen bzw. Laufzeiten vergleichbar gemacht werden.

(2) Modelle der Mathematischen Programmierung
Diese Modelle fordern die Maximierung oder Minimierung einer Zielfunktion unter gleichzeitiger Einhaltung mehrerer Nebenbedingungen (bzw. Beschränkungen). Im folgenden wird ein Grundmodell zur Projektauswahl vorgestellt und im Anschluß daran erweitert. Zur mathematischen Formulierung des Grundmodells:

Es sind i Projekte aus n Projektvorschlägen auszuwählen. Für jedes Projekt i, $i \in [1, n]$ bestehen m_i Ausführungsalternativen. Eine dieser Alternativen, j mit $j \in [1, m]$ soll realisiert werden. Ihre Realisierung erbringt einen Nutzen, z. B. Kapitalwert oder Deckungsbeitrag, der Höhe c_{ij}. Die Beschränkungen bestehen z. B. in dem gegebenen Budget B, in den verfügbaren Manntagen von Wissenschaftlern W und Technikern T und in den verfügbaren Nutzungstagen wissenschaftlicher Instrumente A. Die mathematische Formulierung des Grundmodells lautet dann:

Maxi:niere

$$\sum_{i=1}^{n} \sum_{j=1}^{m_i} c_{ij} \cdot x_{ij}, \; x_{ij} = 0 \text{ oder } 1 \qquad (1)$$

unter den Nebenbedingungen

$$\sum_{j=1}^{m_i} x_{ij} \leqslant 1, \text{ für alle } i \, , \qquad (2)$$

$$\sum_{i=1}^{n} \sum_{j=1}^{m_i} b_{ij} \cdot x_{ij} \leqslant B \, , \qquad (3)$$

$$\sum_{i=1}^{n} \sum_{j=1}^{m_i} w_{ij} \cdot x_{ij} \leqslant W \, , \qquad (4)$$

$$\sum_{i=1}^{n} \sum_{j=1}^{m_i} t_{ij} \cdot x_{ij} \leqslant T \ , \tag{5}$$

$$\sum_{i=1}^{n} \sum_{j=1}^{m_i} a_{ij} \cdot x_{ij} \leqslant A \ . \tag{6}$$

Hierbei bedeuten:

$x_{ij} = \begin{cases} 0, & \text{falls Alternative j von Projekt i nicht durchgeführt wird} \\ 1, & \text{falls Alternative j von Projekt i durchgeführt wird} \end{cases}$

c_{ij} = Höhe des Nutzens, den die Alternative j von Projekt i erbringt
b_{ij} = Kapitalbedarf der Alternative j von Projekt i
w_{ij} = Bedarf an Wissenschaftler-Manntagen der Alternative j von Projekt i
t_{ij} = Bedarf an Techniker-Manntagen der Alternative j von Projekt i
a_{ij} = Erforderliche Gerätenutzungstage der Alternative j von Projekt i.

Die Nebenbedingung (2) besagt, daß ein Projekt nur in einer Version realisiert werden darf.

Für dieses Grundmodell bestehen u. a. folgende Erweiterungsmöglichkeiten:

(2.1) Berücksichtigung unterschiedlicher Projektlaufzeiten
H bezeichne die längste Projektdauer und damit die Dauer des Planungshorizontes. Alle Versionen der Projekte, deren Dauer kleiner als H ist, setzen früher Kapazitäten frei. Beattie/Reader [11, S. 101 ff.] beschreiben ein Verfahren, das den Grad der Kapazitätsfreisetzung in einem „Opportunitätswert" ausdrückt. Dieser Opportunitätswert wird für alle Versionen der Projekte ermittelt, auf den Entscheidungszeitpunkt abgezinst und dann in der Zielfunktion des Grundmodells berücksichtigt. Diese lautet dann:

Maximiere

$$\sum_{i=1}^{n} \sum_{j=1}^{m_i} (c_{ij} + c'_{ij}) \cdot x_{ij}; \quad x_{ij} = 0 \text{ oder } 1 \ , \tag{1a}$$

wobei: c'_{ij} = abgezinster Opportunitätswert der Version j von Projekt i.

(2.2) Berücksichtigung von Interdependenzen zwischen Projekten
Es bestehen z. B. zwischen Projekt 4 und 5 Interdependenzen derart, daß bei der Durchführung ein Wissenschaftler eingespart werden kann. Bei Einführung einer neuen 0 – 1-Variablen $y_{4,5}$ kann dies mit Hilfe folgender Ungleichungen berücksichtigt werden [11, S. 107]:

$$\sum_{j=1}^{m_4} x_{4j} + \sum_{j=1}^{m_5} x_{5j} - 2 \cdot y_{4,5} \geqslant 0 \ , \tag{7}$$

$$\sum_{j=1}^{m_4} x_{4j} + \sum_{j=1}^{m_5} x_{5j} - 2 \cdot y_{4,5} \leqslant 1 \ . \tag{8}$$

Dabei bedeutet:

$$y_{4,5} = \begin{cases} 1 & \text{die Projekte 4 und 5 werden beide durchgeführt} \\ 0 & \text{andernfalls.} \end{cases}$$

Die Ungleichungen (7) und (8) können auch in Nebenbedingung (4) berücksichtigt werden, diese lautet dann:

$$\sum_{i=1}^{n} \sum_{j=1}^{m_i} w_{ij} \cdot x_{ij} - y_{4,5} \leqslant W \,. \tag{4a}$$

(2.3) Berücksichtigung der Ungewißheit
Im bisher behandelten Modell wurden alle Modellgrößen als deterministisch angenommen. In Wirklichkeit sind sie jedoch als ungewiß anzusehen, denn die künftige Umweltsituation läßt sich – insbesondere in technologischer Hinsicht – nicht mit Sicherheit voraussagen. Die Auswahl von F + E-Projekten stellt also eine Entscheidung unter Ungewißheit dar. Für die Behandlung dieser Entscheidungssituation bestehen zwei Möglichkeiten: Erstens die Berücksichtigung der Ungewißheit in den Modellgrößen und zweitens die Sensitivitätsanalyse.

Im ersten Fall schränkt man die Ungewißheitssituation auf eine Risikosituation ein. D. h. man setzt Wahrscheinlichkeitsverteilungen für unsichere Modellgrößen (Entscheidungsvariable, Koeffizienten) als bekannt voraus. Zur Lösung des nun vorliegenden stochastischen Modells werden Programmieransätze vorgeschlagen, in denen die unsicheren Modellgrößen durch Erwartungswerte und Streuungen um diese Erwartungswerte ausgedrückt werden [156], [122].

Die Sensitivitätsanalyse bezieht sich auf das deterministische Modell. Sie untersucht die Fragestellung: Wie stark dürfen sich die Modellparameter (Koeffizienten) verändern, ohne daß sich die qualitative Lösung des Modells, d. h. die Menge der in der Lösung befindlichen positiven Entscheidungsvariablen x_{ij}, verändert und die Lösung optimal bleibt? Die quantitative Lösung, d. h. der Wert der Zielfunktion darf sich dagegen ändern. Auf diese Weise kann man für jeden Modellparameter einen zulässigen Schwankungsbereich ermitteln. Für jeden Modellparameter kann nun zusätzlich, z. B. durch Auswertung von Expertenurteilen, ein „Unsicherheitsbereich" abgeschätzt werden, d. h. ein Wertebereich, in dem sich der Parameter als unsichere Größe wahrscheinlich bewegen wird. Die Gegenüberstellung der für die Modellparameter abgeschätzten Unsicherheitsbereiche mit den in der Sensitivitätsanalyse ermittelten Schwankungsbereichen vermittelt einen Eindruck von der „Glaubwürdigkeit" der Lösung des deterministischen Modells. Die Durchführung der Sensitivitätsanalyse ist allerdings problematisch, da zur rechnerischen Behandlung von 0-1-Modellen bei gleichzeitiger Veränderung aller Modellparameter keine geeigneten Verfahren existieren. Weicht man jedoch von der 0-1-Bedingung ab und läßt Werte $x_{ij} \in [0, 1]$ zu, so können Verfahren der Parametrischen Sensitivitätsanalyse [36] eingesetzt werden.

Zur Lösung des deterministischen Modells bieten sich verschiedene Methoden der Ganzzahligen Programmierung, speziell der 0-1-Programmierung, an. So z. B. der lexikografische Suchalgorithmus von Korte et al. [146] oder ein additiver Algorithmus, den Balas [114] beschreibt. Geeignete Computerprogramme nennen Beattie/Reader [11, S. 108]. Hebt man jedoch die 0-1-Bedingung auf und gestattet Werte $x_{ij} \in [0, 1]$, so können die bekannteren Lösungsverfahren der Linearen Programmierung eingesetzt werden. Da man i. a. ein Projekt nur ganz durchführen kann oder gar nicht, ergeben sich bei nichtganzzahligen Lösungswerten für die Variablen x_{ij} Interpretationsprobleme. Eine Lösungsmöglichkeit besteht z. B. darin, eine Schranke s, $s \in [0, 1]$, festzulegen und den Variablen der Modellösung folgende Werte zuzuordnen:

$$x'_{ij} = \begin{cases} 1 & \text{für das } x_{ij} \geqslant s,\ j \in [1, m_i], \text{ mit maximalem Wert} \\ 0 & \text{sonst} \end{cases}$$

wobei: x_{ij} = Variable der Modellösung, $x_{ij} \in [0, 1]$.

Nur in Sonderfällen, wenn z. B. ein Projekt die Durchführung einer Vielzahl von Versuchen bedeutet, kann es sinnvoll sein, auch nichtganzzahlige Lösungen zuzulassen. Im Beispiel bedeutet dies, es wird nur ein Teil der Versuche durchgeführt.

b) Mehrdimensionale Methoden

(1) Bewertungsmatrizen

Mit Hilfe von Bewertungsmatrizen werden die zur Auswahl stehenden Projekte in eine Rangreihe gebracht, wobei die Berücksichtigung mehrerer Zielgrößen möglich ist. Die m-ersten Projekte werden ausgewählt. Die Auswahl läuft in folgenden Schritten ab:

1) Festlegung der Bewertungskriterien (Zielgrößen),
2) Gewichtung der Bewertungskriterien,
3) Festlegung von Bewertungsstufen je Bewertungskriterium,
4) Berechnung einer Rangziffer je Projekt(vorschlag).

Die rechnerische Durchführung erfolgt z. B. mit Hilfe der Matrizenmultiplikation:

Zur Auswahl stehen m Projekte, bezeichnet mit dem Index i, i = 1, ..., m. Zu berücksichtigen sind n Bewertungskriterien, bezeichnet mit dem Index j, j = 1, ..., n. Folgende Matrizen werden definiert:

$\mathbf{U}(m, n) = (u_{ij})$ = Nutzenmatrix
u_{ij} = Nutzen, den das i-te Projekt für die j-te Zielgröße bzw. Bewertungskriterium erbringt
$\mathbf{G}(1, n) = (g_j)$ = Gewichtungsmatrix
g_j = Gewicht des j-ten Bewertungskriteriums
$\mathbf{V}(m, n) = (v_{ij})$ = Gewichtete Nutzenmatrix
v_{ij} = Gewichteter Nutzen, den das i-te Projekt bezüglich des j-ten Bewertungskriteriums erbringt
$\mathbf{E}(m, n)$ = Einheitsmatrix.

Nachdem Gewichtungs- und Nutzenmatrix festgelegt sind, kann die gewichtete Nutzenmatrix berechnet werden:

$$\mathbf{V} = (\mathbf{G}^T \cdot \mathbf{E}) \cdot \mathbf{U} .$$

Die Rangziffer R_i für das i-te Projekt errechnet sich dann gemäß der Formel:

$$R_i = \sum_{j=1}^{n} v_{ij} .$$

Für das willkürlich gewählte Beispiel „Übertragungssystem für sehr hohe elektrische Leistung“ ergibt sich beispielsweise folgende stark vereinfachte Bewertungsmatrix:

Bewertungs-kriterium	Gewicht	F + E-Projekt		
		Drehstrom-Freileitung	Hochspann.-Gleichstrom-Übertragung	Tieftemperatur-Leistungs-Übertragung
Übertragungs-wirtschaftlich-keit	0,24	4	6	10
Technische Realisierbar-keit	0,26	8	6	4
Integration in die Umwelt	0,28	2	4	6
Finanzielle Durchführbar-keit	0,22	8	6	4

$\mathbf{G}^T$ (Spalte Gewicht) — $\mathbf{U}$ (Spalten F + E-Projekt)

Je Bewertungskriterium sind dabei maximal 10 Punkte möglich. Die Bewertungsregel für das erste Kriterium könnte z. B. lauten:

Übertragungswirtschaftlichkeit – Bewertung	Punkte
Die Projektdurchführung führt voraussichtlich zu einer Übertragungswirtschaftlichkeit, die einzustufen ist als	
– vollkommen unwirtschaftlich	0
– geringe Wirtschaftlichkeit	1– 2
– geringe–mittlere Wirtschaftlichkeit	3– 4
– mittlere–große Wirtschaftlichkeit	5– 7
– sehr große Wirtschaftlichkeit	8–10

Berechnung der Rangziffern:

$$\underset{\mathbf{G^T \cdot E}}{\begin{bmatrix} 0{,}24 & & & \\ & 0{,}26 & & \\ & & 0{,}28 & \\ & & & 0{,}22 \end{bmatrix}} \cdot \underset{\mathbf{U}}{\begin{bmatrix} 4 & 6 & 10 \\ 8 & 6 & 4 \\ 2 & 4 & 6 \\ 8 & 6 & 4 \end{bmatrix}} \doteq \underset{\mathbf{V}}{\begin{bmatrix} 0{,}96 & 1{,}44 & 2{,}40 \\ 2{,}08 & 1{,}56 & 1{,}04 \\ 0{,}56 & 1{,}12 & 1{,}68 \\ 1{,}76 & 1{,}32 & 0{,}88 \end{bmatrix}}$$

$$\begin{array}{lccc} \text{Rangziffer } R_i = & 5{,}36 & 5{,}44 & 6{,}20 \\ \text{Projekt } \quad i = & 1 & 2 & 3 \end{array}$$

Die Gewichte g_j der Bewertungskriterien wählt man i. a. so, daß:

$$\sum_{j=1}^{n} g_j = 1 \, .$$

Die Festlegung der Bewertungsregel ist weniger problematisch, wenn für die Erfüllung eines Bewertungskriteriums eine eindeutige Meß- oder Berechnungsvorschrift angegeben werden kann. So könnte im Falle der Übertragungswirtschaftlichkeit durch Festlegung von Wirkungsgraden ein objektiver Maßstab für die Einstufung als keine, geringe, mittlere, usw. Wirtschaftlichkeit geschaffen werden. Existiert dagegen keine Meß- oder Rechenvorschrift für die Erfüllung eines Kriteriums, so ist der Weg der subjektiven Schätzung durch einen sachverständigen Bewerter unumgänglich.

In obigem Beispiel würde man das Projekt 3 mit der höchsten Rangziffer $R_3 = 6{,}20$ auswählen. Sind mehrere Projekte aus einer größeren Anzahl von Vorschlägen zu selektieren, so wird man evtl. den Kostengesichtspunkt nicht in die Bewertungsmatrix einbeziehen, sondern die m-ersten Projekte auswählen, deren gesamte Kosten das verfügbare Budget nicht überschreiten. Anwendungen von Bewertungsmatrizen sind vom militärischen Bereich bekannt. So z. B. die Verfahren QUEST (Quantitative Utility Estimates for Science and Technology) und PROFILE (Programmed Functional Indices for the Laboratory Evaluation), beide im Marine Engineering Laboratory der US-Navy entwickelt [120], [121].

(2) Relevanzbaumverfahren (relevance tree, reliance tree)
Der Relevanzbaum dient hautpsächlich drei Zwecken [182, S. 35 f.]:
1) Als Suchstrategie zum Auffinden von Lücken des wissenschaftlich-technischen Wissens. Insofern stellt der Relevanzbaum eine Methode der Gewinnung zukunftsbezogener Informationen dar.
2) Zur Bestimmung von Maßnahmemöglichkeiten zur Überwindung der ermittelten Wissenslücken.
3) Zur Bewertung der Maßnahmemöglichkeiten und Auswahl der geeignetsten Maßnahmen (Projekte).
Bei der Anwendung der Methode fächert man ein Wissensgebiet durch eine grafische Baumstruktur ebenenweise so auf, daß ein gewisser Zwang besteht, alle Alternativen zur Erreichung bestimmter Ziele darzustellen. Die oberste Ebene stellt ein Oberziel dar. Zwischen den Ebenen bestehen Beziehungen derart, daß übergeordnete Ebenen jeweils Zielsetzungen für die Alternativen untergeordneter Ebenen enthalten. Die Bewertung und rechnerische Verknüpfung der Ebenen mit Hilfe der Matrizenrechnung ergibt Relevanzzahlen für die Maßnahmemöglichkeiten der untersten Ebene (z. B. Projektalternativen) bezüglich aller darüberliegenden Ebenen und insbesondere bezüglich des Oberziels. Zwecks Auswahl kann also eine Rangreihe

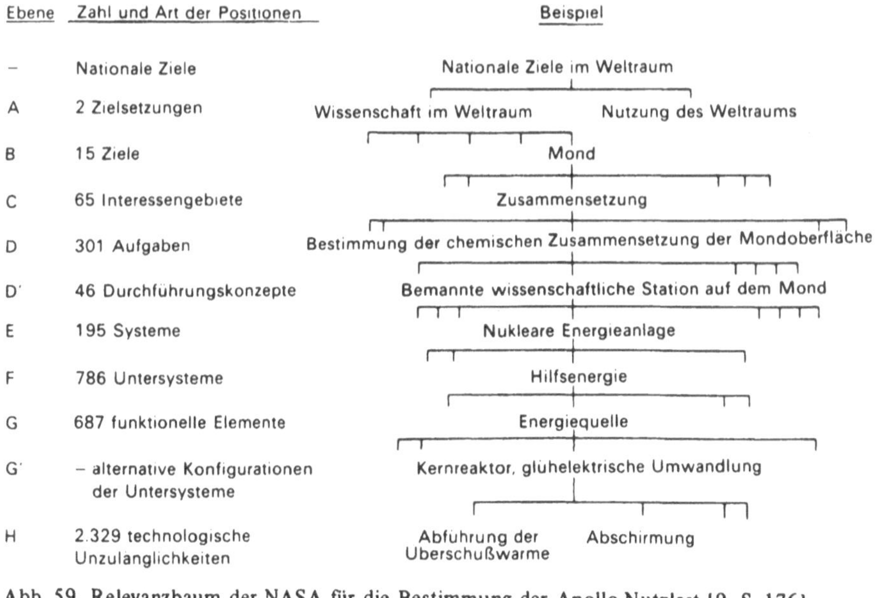

Abb. 59. Relevanzbaum der NASA für die Bestimmung der Apollo-Nutzlast [9, S. 176]

der Maßnahmemöglichkeiten nach der Höhe der ermittelten Relevanzzahlen gebildet werden. Abb. 59 stellt ein konkretes Beispiel für einen Relevanzbaum dar.

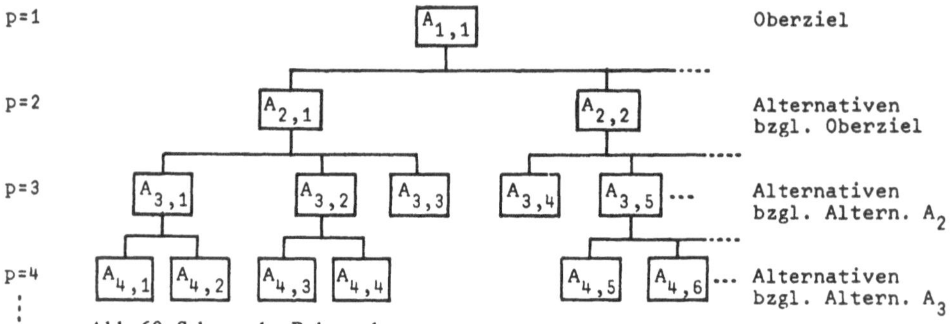

Abb. 60. Schema des Relevanzbaumes

Zur Erläuterung der rechnerischen Durchführung diene der in Abb. 60 dargestellte abstrakte Relevanzbaum.

Der Relevanzbaum umfasse insgesamt P Ebenen, bezeichnet mit dem Index p, $p \in [1, P]$. Es umfasse nun:

- die (p + 1)-te Ebene l Alternativen $A_{p+1,k}$ mit $k \in [1, l]$
- die p-te Ebene m Alternativen $A_{p,j}$ mit $j \in [1, m]$
- die (p − 1)-te Ebene n Alternativen $A_{p-1,i}$ mit $i \in [1, n]$.

Die Beziehungen zwischen (p + 1)-ter und p-ter Ebene bzw. p-ter und (p − 1)-ter Ebene kann man nun je in einer Matrix darstellen:

Matrix **A** (p + 1, p)

Alternativen der p-ten Ebene

	$A_{p,1}$	$A_{p,2}$	...	$A_{p,j}$	...	$A_{p,m}$
$A_{p+1,1}$	a_{11}	a_{12}	...	a_{1j}	...	a_{1m}
$A_{p+1,2}$	a_{21}	a_{22}	...	a_{2j}	...	a_{2m}
⋮				⋮		
$A_{p+1,i}$	a_{i1}	a_{i2}	...	a_{ij}	...	a_{im}
⋮				⋮		
$A_{p+1,n}$	a_{n1}	a_{n2}	...	a_{nj}	...	a_{nm}

Alternativen der (p + 1)-ten Ebene

Matrix **A** (p, p – 1)
Alternativen der (p – 1)-ten Ebene

	$A_{p-1,1}$	$A_{p-1,2}$	...	$A_{p-1,k}$	...	$A_{p-1,l}$
$A_{p,1}$	a_{11}	a_{12}	...	a_{1k}	...	a_{1l}
$A_{p,2}$	a_{21}	a_{22}	...	a_{2k}	...	a_{2l}
⋮				⋮		
$A_{p,j}$	a_{j1}	a_{j2}	...	a_{jk}	...	a_{jl}
⋮				⋮		
$A_{p,m}$	a_{m1}	a_{m2}	...	a_{mk}	...	a_{ml}

Alternativen der p-ten Ebene

Hierin bedeuten:

$a_{ij}(p+1, p)$ = Relevanzzahl, die den Beitrag der Alternative $A_{p+1,i}$ zur Alternative $A_{p,j}$ ausdrückt,

$a_{jk}(p, p-1)$ = Relevanzzahl, die den Beitrag der Alternative $A_{p,j}$ zur Alternative $A_{p-1,k}$ ausdrückt.

Man kann nun zwei Fälle unterscheiden:

Fall 1:

$$a_{ij} = \begin{cases} 1 & \text{falls im Relevanzbaum eine Verbindung zwischen } A_{p+1,i} \text{ und } A_{p,j} \text{ besteht} \\ 0 & \text{andernfalls} \end{cases}$$

Fall 2: Der Beitrag von $A_{p+1,i}$ zu $A_{p,j}$ wird nicht auf 0 oder 1 beschränkt, sondern auf einen Betrag zwischen 0 und 1 geschätzt, also:

$$a_{ij} \in [0, 1] \, .$$

Für die weiteren Betrachtungen wird der Fall 2 zugrundegelegt. Die Relevanz der Alternativen der (p + 1)-ten Ebene bezüglich der (p – 1)-ten Ebene ermittelt sich als die Matrix **A** (p + 1, p – 1) gemäß folgender Gleichung:

$$\mathbf{A}(p+1, p-1) = \mathbf{A}(p+1, p) \cdot \mathbf{A}(p, p-1) = \left(\sum_{j=1}^{m} a_{ij} \cdot a_{jk} \right)$$

$$i = 1, \ldots, n \qquad k = 1, \ldots, l$$

Für den Beitrag der Alternativen der untersten Ebene zum Oberziel erhält man schließlich folgende Relevanzzahlen:

$$\mathbf{A}(P, 1) = \mathbf{A}(P, P-1) \cdot \mathbf{A}(P-1, P-2) \cdot \ldots \cdot \mathbf{A}(p+1, p) \cdot$$
$$\cdot \mathbf{A}(p, p-1) \cdot \ldots \cdot \mathbf{A}(2, 1)$$
$$\mathbf{A}(P, 1) = ((a_{s,1})), \text{ mit } s = 1, \ldots, S\,.$$

Dabei bedeutet:

S = Anzahl der Alternativen (z. B. Projekte) der untersten Ebene,

$a_{s,1}$ = Relevanzzahl, die den Beitrag der s-ten Alternative der untersten Ebene zum Oberziel ausdrückt.

Die Relevanzzahl $a_{s,1}$ ermittelt sich als das Produkt aller aufeinanderfolgender Relevanzzahlen, die die Alternative s der untersten Ebene mit dem Oberziel verbinden.

Eine Verfeinerung dieses Verfahrens besteht darin, die Beziehungen a_{ij} zwischen den Alternativen benachbarter Ebenen nicht nur global zu schätzen, sondern mit Hilfe von Bewertungsmatrizen genauer zu analysieren und bestimmen [132, S. 346 ff.]. Die Vorgehensweise besteht aus folgenden Schritten:

1) Festlegen von Bewertungskriterien für die Alternativen der p-ten Ebene. Die Bewertung erfolgt zielbezogen auf die unmittelbar übergeordnete, also (p − 1)-te Ebene. Die Bewertungskriterien für die p-te Ebene sind daher aus der (p − 1)-ten Ebene zu entwickeln. Dieser Schritt ist für jede Ebene gesondert durchzuführen.
2) Gewichtung der Bewertungskriterien jeder Ebene.
3) Durchführung der Bewertung aller Alternativen einer Ebene mit Hilfe einer Bewertungsmatrix. Schematisches Beispiel für die p-te Ebene:

Bewertungskriterien BK für die p-te Ebene, abgeleitet aus der (p − 1)-ten Ebene	Gewicht	Alternativen der p-ten Ebene					
		$A_{p,1}$	$A_{p,2}$	...	$A_{p,j}$	...	$A_{p,m}$
$BK_{p,1}$	$g_{p,1}$	u_{11}	u_{12}	...	u_{1j}	...	u_{1m}
$BK_{p,2}$	$g_{p,2}$	u_{21}	u_{22}	...	u_{2j}	...	u_{2m}
$\vdots$	$\vdots$				$\vdots$		
$BK_{p,t}$	$g_{p,t}$	u_{t1}	u_{t2}	...	u_{tj}	...	u_{tm}
$\vdots$	$\vdots$				$\vdots$		
$BK_{p,T}$	$g_{p,T}$	u_{T1}	u_{T2}	...	u_{Tj}	...	u_{Tm}

$\mathbf{G}_p^T$ $\qquad$ $\mathbf{U}_p = ((u_{tj}))$

Dabei gilt: $\sum_{t=1}^{T} g_{p,t} = 1$, T = Anzahl der Bewertungskriterien in der p-ten Ebene

$$\sum_{j=1}^{m} u_{tj} = 1, \quad \text{für } t = 1, \ldots, T .$$

Die zweite Gleichung besagt, daß die Nutzensumme aller Alternativen bezüglich je eines Bewertungskriteriums jeweils Eins ergibt.

4) Berechnung der Relevanzzahlen für die Alternativen einer Ebene. Für die p-te Ebene gilt:

$$\mathbf{V}_p = (\mathbf{G}_p^T \cdot \mathbf{E}) \cdot \mathbf{U}_p = (v_{tj}), \qquad t = 1, \ldots, T; \quad j = 1, \ldots, m$$

Die Relevanzzahlen bestimmen sich zu:

$$r_{p,j} = \sum_{t=1}^{T} v_{tj}, \quad \text{für } j = 1, \ldots, m .$$

5) Aufstellen der „Beziehungsmatrix" zwischen je zwei Ebenen. Die Intensität der Beziehung zwischen zwei Alternativen benachbarter Ebenen wird durch die in Schritt 4) ermittelten Relevanzzahlen ausgedrückt.

Beispiel für die Beziehung zwischen p-ter und (p – 1)-ter Ebene:

Alternativen der (p – 1)-ten Ebene

	$A_{p-1,1}$	$A_{p-1,2}$	...	$A_{p-1,k}$	...	$A_{p-1,l}$
$A_{p,1}$	r_{11}	r_{12}	...	r_{1k}	...	r_{1l}
$A_{p,2}$	r_{21}	r_{22}	...	r_{2k}	...	r_{2l}
⋮				⋮		
$A_{p,j}$	r_{j1}	r_{j2}	...	r_{jk}	...	r_{jl}
⋮				⋮		
$A_{p,m}$	r_{m1}	r_{m2}	...	r_{mk}	...	r_{ml}

Alternativen der p-ten Ebene

6) Nach Aufstellen sämtlicher **R**-Matrizen zwischen je zwei benachbarten Ebenen kann der Beitrag der Alternativen einer beliebigen Ebene zu einer beliebigen übergeordneten Ebene durch Matrizenmultiplikation er-

mittelt werden. Der Beitrag der Alternativen der untersten Ebene (z. B. Projekte) zur obersten Ebene (Oberziel) ermittelt sich zu:

$$\mathbf{R}(P, 1) = \mathbf{R}(P, P-1) \cdot \ldots \cdot \mathbf{R}(p+1, p) \times$$
$$\times \mathbf{R}(p, p-1) \cdot \ldots \cdot \mathbf{R}(2, 1)$$
$$\mathbf{R}(P, 1) = (r_{s,1}),\ s = 1, \ldots, S\,,$$

wobei: $r_{s,1}$ = Relevanzzahl, die den Beitrag der s-ten Alternative der untersten Ebene zum Oberziel angibt.

Bei der Anwendung der Relevanzbaummethode bestehen die größten Schwierigkeiten in:

- der vollständigen Ermittlung der Alternativen in einer Ebene
- der Ableitung von Bewertungskriterien für die Bewertung der Alternativen
- der Gewichtung der Bewertungskriterien.

Anwendungen dieser Methode sind bekannt für die Bereiche Raumfahrttechnik, militärische Strategie, Flugzeugindustrie und Medizin [192].

Auf eine spezielle Abart des Relevanzbaumes, den Entscheidungsbaum [31, S. 73 ff.], soll hier lediglich hingewiesen werden. Entscheidungsbäume bleiben in der Praxis auf „verhältnismäßig begrenzte und wohl definierte Probleme beschränkt" [184, Teil II, S. 55].

3.1.1.3 Anwendung von Verfahren der Projektauswahl im PMIS

Wie schon in Kapitel 3.1.1 angedeutet, sind bei der Bestimmung des F + E-Programmes aufeinander abgestimmte Methoden der Gewinnung von Projektideen und der Projektauswahl einzusetzen. Nach Cetron et al. [121] ist bei den Projektauswahlmethoden weiter nach Forschungs- und Entwicklungsstufen zu differenzieren: Von den von ihnen untersuchten 30 speziellen Projektauswahlmethoden sind einsetzbar

- 6 im Bereich der Grundlagenforschung,
- 23 im Bereich der angewandten Forschung,
- 13 im Bereich der Entwicklung.

Im Bereich der Grundlagenforschung ist die Projektauswahl besonders schwierig, da hier kein konkretes, praktisches Forschungsziel vorliegt und ein hohes Maß an Unsicherheit bezüglich des zu gewinnenden wissenschaftlich-technischen Wissens besteht. Entsprechend wurden relativ wenige Verfahren der Projektauswahl entwickelt. Dies gilt auch für den Bereich der Entwicklung, wenn auch aus anderen Gründen. Hier sind die Entscheidungsprobleme einfacher und das Gewicht liegt nicht so sehr auf der Projektauswahl als auf der Ausarbeitung einer detaillierteren technischen Projektdefinition.

Beurteilungskriterien \ Methoden der Projektauswahl	Eindimensionale Methoden		Mehrdimensionale Methoden	
	Kosten/Nutzen-Analyse	Mathematische Programmierung	Bewertungsmatrizen	Relevanzbaumverfahren
Prämissen				
1. Anzahl der Zielgrößen	eine	eine	mehrere	mehrere
2. Anzahl der Beschränkungen	eine (i.a. Budget)	mehrere	evtl. Budget	evtl. Budget
3. Anzahl der Perioden	eine oder mehrere	eine oder mehrere	keine Periodenunterteilung	
4. Berücksichtigung der Projektdurchführ.geschw.	ja	ja	evtl. als Bewertungskriterium	
5. Berücksichtigung von kapazitiven Interdependenzen zwischen Projekten	nein	ja	evtl. als Bewertungskriterium	
6. Verschiedene Projektversionen	ja	ja	ja	
7. Austauschbarkeit von Kapazitäten	nein	ja	evtl. als Bewertungskriterium	
8. Berücksichtigung von Projekt-Erfolgswahrscheinl.	ja	ja	evtl. als Bewertungskriterium	
Anwendungserfordernisse [203, S. 82]				
1. Datenbeschaffung	sehr problematisch, insbes. Nutzendaten	weniger problematisch als Kosten/Nutzenanalyse, aber heute noch unzureichend gelöst		
2. Personal	Wirtschaftswissenschaftler	Mathematiker mit wirtsch. wiss. Kenntnissen	Sachverständige mit wiss.-techn. Wissen notwendig	
3. Computerbetrieb	ja	ja	ja	ja
4. Kosten	hoch	weniger als KNA	weniger als KNA	?
Anwendungsstand [203, S. 82]				
1. Erprobung	ja	ja	ja	ja
2. Routineanwendung	nein	nein	nein	nein

Abb. 61: Vergleichende Beurteilung von Projektauswahlverfahren

Die im folgenden durchgeführte vergleichende Beurteilung der behandelten Projektauswahlverfahren stützt sich auf Kriterien aus dem Bereich:

a) der Prämissen: Berücksichtigt werden die in Abb. 58 aufgezählten Prämissen, die für alle Verfahren relevant sind. Auf eine Behandlung verfahrensspezifischer Prämissen, wie z. B. die Frage des Kalkulationszinsfußes bei Verfahren der Investitionsrechnung, wird verzichtet,
b) der Anwendungserfordernisse: Hier interessieren vor allem Fragen der Datenbeschaffung, des erforderlichen Bedarfs an Personal, die Möglichkeit des Computereinsatzes und der Kosten,
c) des Anwendungsstandes: Für die Beurteilung eines Verfahrens ist es von erheblicher Bedeutung, ob es bislang lediglich erprobt oder routinemäßig eingesetzt wurde.

Der Vergleich ist in Abb. 61 in tabellarischer Form vorgenommen. Dieser detaillierten Darstellung ist nur eine allgemeine Akzentuierung hinzuzufügen:

(1) Bei den Verfahren der Nutzen/Kostenanalyse liegt das Gewicht auf der Erfassung von Kosten und Erträgen. Beschränkungen bleiben weitgehend unberücksichtigt.
(2) Verfahren der Mathematischen Programmierung erlauben praktisch die Berücksichtigung aller quantifizierbaren Restriktionen. Aus Gründen der Rechenbarkeit werden meist nur lineare Beziehungen angenommen.
(3) Die mehrdimensionalen Methoden zeichnen sich durch die Berücksichtigung mehrerer Zielgrößen aus. Das Relevanzbaumverfahren ist darüber hinaus auch zur Projektanalyse in Bezug auf mehrere übergeordnete Zielebenen und bezüglich untergeordneter Teilziele (Teilprojekte) geeignet.

Die Routine-Anwendung eines der Verfahren im Rahmen eines PMIS scheitert heute noch an den hohen Anforderungen an das Personal und an dem Problem der Datenbeschaffung [203, S. 82]. Im staatlichen Bereich (Großforschungsanlagen) wäre die Anwendung von Projektauswahlmethoden darüberhinaus auch fragwürdig, solange keine geeigneten Verfahren zur Ableitung von Forschungszielen und Zielprioritäten vorhanden sind [182, S. 68 ff.].

3.1.2 Methoden der Projektdisposition

In Kapitel 1.3.4 wurde ein (konventionelles) Verfahren der Netzplantechnik als Kern der Modellbank bezeichnet. Seit einigen Jahren werden sog. „stochastische Netzwerkverfahren“ speziell für das Projekt-Management im F + E-Bereich empfohlen. Im folgenden wird die Anwendbarkeit von Verfahren beider Gruppen im Rahmen eines PMIS für F + E-Projekte untersucht. Dabei wird weniger Gewicht auf die theoretische Darstellung der Verfahren gelegt, als auf deren Anwendbarkeit und auf die Auswahl verfügbarer Software.

Auf einige spezielle Verfahren der F + E-Projektablaufplanung, wie Planungstafeln und Balkendiagramme, wird hier nicht eingegangen. Dazu sei auf die entsprechende Literatur verwiesen [119], [176].

3.1.2.1 Konventionelle Verfahren der Netzplantechnik

3.1.2.1.1 Inhalt der konventionellen Verfahren

Die Analyse von Planungsproblemen mit Hilfe der Netzplantechnik erfolgt in drei Stufen:

a) Strukturanalyse,
b) Zeitanalyse,
c) Kosten- und Kapazitätsanalyse.

Die in Kapitel 1.3.2 im Rahmen der Behandlung des Projekt-Managementprozesses gemachten Aussagen zu diesen Stufen sind hier noch insoweit zu ergänzen, wie auf dem Markt angebotene Software betroffen ist. Dabei wird insbesondere auf die Berichtsmöglichkeiten an das F + E-Management eingegangen.

Zu a)
Ziel der Strukturanalyse ist die Abbildung der Projektstruktur durch ein Netzwerk. Dies ermöglicht zwei Funktionen der Planung [20, S. 16 f.]:

(1) Die Abbildungsfunktion dient der modellhaften übersichtlichen Wiedergabe komplexer Prozesse.
(2) Die Gestaltungsfunktion bezieht sich auf die Auswahl der günstigsten Ablaufalternative.

Das ausgewählte Netzwerk besitzt als Modell sowohl einen syntaktischen als auch einen semantischen Aspekt. Der syntaktische Aspekt umfaßt die Elemente und logischen Regeln, nach denen ein Netzwerk zu erstellen ist. Als Elemente werden Pfeile (Kanten) und Knoten (Kreise) verwendet. Die logischen Regeln stellen sog. Anordnungsbeziehungen dar, nach denen sich die Aufeinanderfolge von Vorgängen (Aktivitäten) bestimmt. Der semantische Aspekt betrifft die „Orientierung" von Netzwerken. Man unterscheidet vorgangs- und ereignisorientierte Netzwerke. Folgendes Schema setzt diese Unterscheidung in Bezug mit den „historischen" Methoden der Netzplantechnik: (siehe Abb. 62)

Die MPM-Methode wurde mittlerweile zu verallgemeinerten Vorgangsknotennetzen erweitert[9]. Insgesamt ergeben sich damit folgende Möglichkeiten der Verwendung von Anordnungsbeziehungen in Netzwerken:

(1) Vorgangspfeilnetze:

Darstellung:

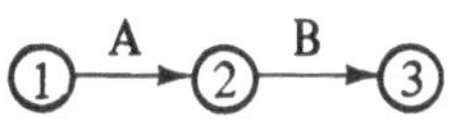

A, B = eindeutig definierte Vorgänge
1, 2, 3 = nicht eindeutig definierte Ereignisse

9 Vgl. z. B. das Programmpaket PPS [190].

Orientierung	Darstellungsform	Bezeichnung	historische Methode
vorgangs-orientiert	Vorgang = Pfeil	Vorgangs-pfeilnetz	CPM (Critical Path Method)
	Vorgang = Knoten	Vorgangs-Knotennetz	MPM (Metra-Potential-Method)
ereignis-orientiert	Ereignis = Knoten	Ereignis-knotennetz	PERT (Program Evaluation and Review Technique)

Abb. 62. Historische Methoden der Netzplantechnik [106, S. 71 ff.], [110, S. 47 f.]

Anordnungsbeziehung:
Vorgang B kann erst beginnen, wenn der vorangehende Vorgang A abgeschlossen ist.

(2) Ereignisknotennetze:

Darstellung:

1, 2, 3 = eindeutig definierte Ereignisse
A, B = nicht eindeutig definierte Vorgänge

Anordnungsbeziehung:
Ereignis 3 kann erst eintreten, wenn das vorangehende Ereignis 2 schon eingetreten ist.

Bei Vorgangspfeil- und Ereignisknotennetzen werden zur eindeutigen Darstellung sog. Scheinvorgänge benötigt.

(3) Vorgangsknotennetz (verallgemeinert):

Darstellung: Anordnungsbeziehung

A, B = eindeutig definierte Vorgänge

Anordnungsbeziehung:
Die bestehende Vielfalt von Anordnungsbeziehungen zwischen zwei Vorgängen ist in Abb. 63 zusammenfassend dargestellt.

Heute angebotene komfortablere Netzplantechnik-Softwarepakete weisen folgende Struktureigenschaften auf:

– Sie unterstützen die Strukturanalyse durch die Verwendungsmöglichkeit von

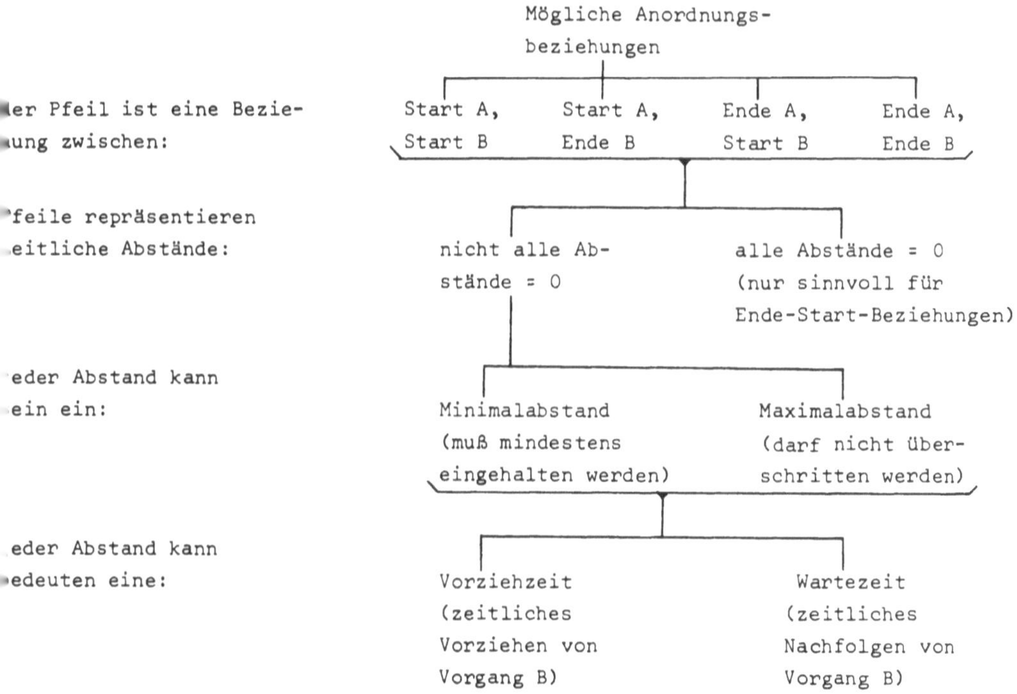

Abb. 63. Mögliche Anordnungsbeziehungen bei verallgemeinerten Vorgangsknotennetzen

Projektstrukturplänen, die bis zu sieben hierarchische Ebenen umfassen können.

- Sie erlauben die Anwendung der Teilnetztechnik.
- Sie erlauben die Verwendung von Vorgangspfeil- und Vorgangsknotennetzen.
- Sie erlauben die Vereinbarung wichtiger Ereignisse (Meilensteine) und deren Darstellung in ereignisorientierten Netzen, die den vorgangsorientierten Netzen überlagert werden.

Jedes Softwarepaket umfaßt Routinen für die Erstellung von Berichten. Zur Überprüfung der Ergebnisse der Strukturanalyse dient eine Reihe von Kontrollberichten, u. a.:

(1) Kontrolliste über die wichtigsten Angaben zu den Vorgängen,
(2) Kontrolliste über die Angaben der Anordnungsbeziehungen.

Zu b)
Mit dem Zeitteil von Netzplantechnik-Programmpaketen können verschiedene Terminberichte erstellt werden. Die Breite der Berichtsmöglichkeiten hängt

davon ab, ob:

- nur ein Netzplan existiert, oder
- ein Netzplan und ein damit in Beziehung stehender Projektstrukturplan besteht, oder
- die Vorgänge durch zusätzliche Merkmale gekennzeichnet werden können, die Gruppenbildungen und damit die Ausgabe von Teilberichten ermöglichen.

Im folgenden soll, ohne Anspruch auf Vollständigkeit zu erheben, eine Übersicht über mögliche Terminberichte gegeben werden:

(1) Vorgangsberichte
(2) Teilaufgabenberichte
(3) Terminverfolgungslisten
(4) Balkendiagramme
(5) Meilensteinberichte
(6) Vorgangszustandsberichte
(7) Istterminberichte
(8) Soll/Ist-Terminvergleichsberichte

Hierbei bedeuten:
- Solltermine = Vorgabetermine aufgrund der letzten Netzplanberechnung
- Isttermine = Seit letzter Netzplanberechnung tatsächlich eingetretene Termine

Zu c)
Für die Breite der Berichtsmöglichkeiten bei Kostenberichten gilt analog das in b) Gesagte. Sie hängt darüberhinaus noch von der Anzahl der wählbaren Kostenarten und Kostenstellen ab. Die Kostenberichte kann man einteilen in Sollkostenberichte, Istkostenberichte und Soll/Ist-Kostenvergleichsberichte.

Sollkostenberichte:

(1) Vorgangsberichte
(2) Monatsberichte
(3) Sollkostenkurven
(4) Teilaufgabenberichte
(5) Kostenverfolgungslisten

Istkostenberichte:

(6) Monatsberichte
(7) Istkostenkurven
} Analog den entsprechenden Sollkostenberichten

Soll/Ist-Kostenvergleichsberichte:

(8) Vorgangsberichte
(9) Teilaufgaben-, Abteilungs-, Kostenstellenberichte.
(10) Kostenkurven.

Bei Kapazitätsberichten wird die Breite der Berichtsmöglichkeiten wesentlich von der Gestaltungsmöglichkeit des „Kapazitätsgliederungsplanes" bestimmt. Darunter ist die hierarchische Untergliederung einer Unternehmung in Kapazitätseinheiten zu verstehen; z. B. Untergliederung in die Ebenen Firma, Abteilungen, Gruppen. Die folgende Auswahl von Kapazitätsberichten ist auf diejenigen Berichte beschränkt, die im F + E-Bereich relevant sind.

Kapazitätsbedarfsberichte (Sollkapazitätsberichte):

(1) Berichte des geplanten Kapazitätsbedarfs für einzelne Kapazitätsbereiche
(2) Kapazitätsbedarfsdiagramme
(3) Vorgangs/Kapazitätsbereichsberichte

Kapazitätsangebotsberichte (Istkapazitätsberichte):

(4) Liste der vorhandenen Kapazitäten
(5) Kapazitätsverwendungsberichte
(6) Kapazitätsverwendungsdiagramme

Einige Programmpakete sehen neben Berichten der genannten Gruppen noch „Mischberichte" vor. Hierbei handelt es sich i. a. um Zeit/Kostenberichte, die eine Übersicht über den Zustand des Projektes oder von Teilaufgaben geben.

3.1.2.1.2 Anwendbarkeit der konventionellen Verfahren im F + E-Bereich

Die Schwierigkeiten bei der Anwendung von Netzplantechnikverfahren im F + E-Bereich konzentrieren sich vor allem in zwei Punkten:

a) im Strukturproblem und
b) im Datenproblem.

Zu a)
Das Strukturproblem beinhaltet die Frage, inwieweit ein Projektablauf zutreffend in einem Ablaufmodell abgebildet werden kann. Bei deterministischen Projekten bestehen keine großen Schwierigkeiten. Es kann i. a. ein Projektstrukturplan und mit seiner Hilfe ein realistischer Netzplan erstellt werden. Bei F + E-Projekten ist dagegen keine sichere Aussage über das Projektergebnis möglich. Entsprechend kann ein Projektstrukturplan nur unvollständig erstellt werden – wenn überhaupt. Die Nützlichkeit eines „lückenhaften" Projektstruk-

turplanes für die Projektdisposition ist noch ungeklärt. Wohl werden zur Zeit in einer Forschungsanlage Untersuchungen angestellt, inwiefern ein (lückenhafter) erzeugnisorientierter Projektstrukturplan für Zwecke des Projekt-Management geeignet ist. Dabei wird versucht, das erwartete Projektergebnis in Komponenten zu gliedern, die als Grundlage einer technischen Projektbeschreibung dienen sollen. Abschließende Ergebnisse dieser Untersuchungen liegen jedoch noch nicht vor.

Zur Lösung des Strukturproblems wurde ein stufenweises Planungsverfahren entwickelt [189, S. 6 ff.]. Es beruht auf der Teilnetztechnik, die unter Berücksichtigung verschiedener Planungshorizonte angewandt wird. Die prinzipielle Vorgehensweise sei anhand von Abb. 64 erläutert:

(1) Zerlegung des Lösungsweges zum Projektziel in mehrere Forschungsabschnitte, die mit größeren Teilzielen abschließen. Vornahme einer detaillierteren Planung nur für den nächstfolgenden Forschungsabschnitt gemäß den Punkten 2 bis 4.
(2) Abgrenzung der Aufgabengruppen, deren Durchführung für die Realisierung des vorgegebenen Teilzieles notwendig erscheint. Dabei ist sicherlich nicht für alle Aufgabengruppen klar, ob und in welcher Reihenfolge sie wirklich bearbeitet werden. So kann z. B. die Aufgabengruppe „Kooperation mit der Firma XY auf dem Gebiet der Kältetechnik“ unumgänglich erscheinen, wann und in welcher Form sie erfolgt, kann dagegen noch offen sein.
(3) Definiert sei ein „Grobplanungshorizont“ innerhalb des aktuellen Forschungsabschnittes mit folgender Eigenschaft: Der auf diesen Zeitraum bezogene Informationsstand ist hinreichend für die Erstellung eines Aufgabengruppenplanes. Dieser enthält die im Grobplanungshorizont auszuführenden Aufgabengruppen in logischer Reihenfolge, stellt also einen Grobnetzplan dar. Die zeitlich vor diesem Horizont liegenden Aufgabengruppen werden unvernetzt oder teilvernetzt quasi „in den Raum gestellt“.
(4) Die als nächste auszuführenden Aufgabengruppen des aktuellen Aufgabengruppenplanes werden in einzelne Vorgänge aufgegliedert. Die zu einer Aufgabengruppe gehörigen Vorgänge bilden ein Teilnetz. Die einzelnen Teilnetze werden untereinander verknüpft. Mit diesen Teilnetzen ist ein „Feinplanungshorizont“ innerhalb des Grobplanungshorizontes definiert.

Die beiden letzten Planungsstufen korrespondieren mit den organisatorischen Gegebenheiten, die bei der Entwicklung dieser Vorgehensweise zugrunde lagen (vgl. Abb. 46). Es liegt folgende Zuordnung vor:

(1) Bei der Abgrenzung von Aufgabengruppen und der Erstellung des Aufgabengruppenplans wirken die am Projekt beteiligten Institute mit. Die Aufgabengruppen werden an die Institute vergeben, die die zur Durchführung erforderlichen Voraussetzungen (know-how, Laboreinrichtungen, freie personelle Kapazitäten usw.) erfüllen.

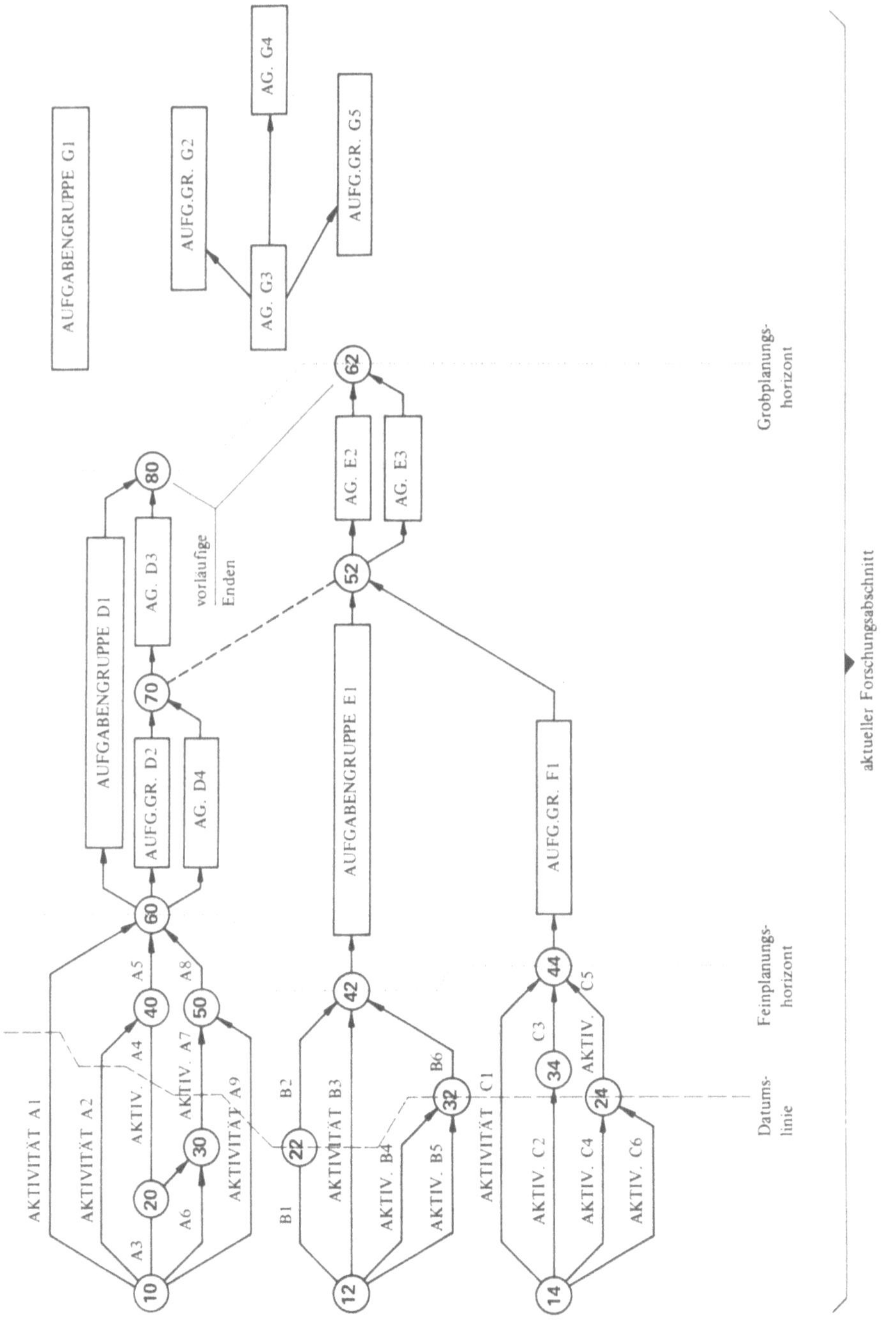

Abb. 64. Projektnetzplan bei stufenweisem Planungsverfahren

(2) Bei der Untergliederung der Aufgabengruppen in Vorgänge wirken die ausführenden Entwicklungsgruppen mit.

Aufgrund des beim Projektfortschritt zu verzeichnenden Informationszuwachses können Grob- und Feinplanungshorizont schrittweise immer näher an das Teilziel des aktuellen Forschungsabschnittes herangerückt werden. Nach Erreichung dieses Teilzieles wird der nächste Forschungsabschnitt, über den jetzt i. a. genauere Vorstellungen bestehen, in gleicher Weise bearbeitet.

Diese gleitende Projektplanung besitzt wesentliche Vorteile. Sie bildet den Projektablauf nur soweit und in der Detaillierung ab, wie es dem jeweils vorhandenen Informationsstand entspricht. Der Projektnetzplan stimmt mit dem tatsächlichen Projektverlauf relativ gut überein und kann daher als wirksames Instrument der Projektsteuerung und -kontrolle gelten. Das Verfahren ist darüber hinaus sehr flexibel. Schwerpunktverschiebungen innerhalb des Projektes können planerisch frühzeitig durch Änderungen des Aufgabengruppenplanes berücksichtigt werden.

Das Verfahren besitzt vielleicht den Nachteil, daß nur für einen relativ knappen Planungshorizont detailliertere und sonst nur recht grobe Planungsdaten vorliegen. Wenn überhaupt, so läßt sich dieser Nachteil teilweise durch den Einsatz stochastischer Netzwerkverfahren kompensieren. Die Aussagefähigkeit der damit gewonnenen Planungsdaten wird in Kapitel 3.1.2.2 diskutiert.

Zu b)

Das Datenproblem betrifft die Gewinnung und insbesondere die Aussagefähigkeit der für die Anwendung der Netzplanprogramme notwendigen Daten (Zeiten, Kosten, Faktoreinsatzmengen usw.). Üblich ist eine Schätzung der Daten. Die Schätzwerte weisen jedoch erhebliche Unsicherheiten auf, da [198, S. 1]:

- die in der Forschung und Entwicklung dominierenden geistigen Tätigkeiten sich schwieriger zeitlich fixieren lassen als physische,
- F + E-Projekte Pioniercharakter haben und somit keine Vergleichswerte vorliegen,
- häufige Änderungen im Arbeitsablauf aufgrund mangelnder Voraussagbarkeit spezieller Forschungsergebnisse auftreten.

Man versucht diese Unsicherheiten durch die stochastische Zeitplanung besser in den Griff zu bekommen. Die Schätzwerte werden als Zufallsvariable aufgefaßt, für die man bestimmte Wahrscheinlichkeitsverteilungen annimmt. Am bekanntesten ist die beim PERT-Verfahren angewandte Beta-Verteilung [5, S. 447 ff.]. Dieses Dreizeitenverfahren wurde häufig kritisiert. Kritik erhob sich zum einen gegen die „heuristische Verwendung der Beta-Verteilung" [20, S. 114], der jedoch bislang noch keine besser fundierte Alternative gegenübersteht [159], [139]. Zum andern wird der durch das Dreizeitenverfahren bedingte Mehraufwand bei der praktischen Anwendung kritisiert. In der Praxis scheint sich die Einzeitenschätzung durchzusetzen [20, S. 15]. Bei einigen in der Praxis angebotenen Softwarepaketen wird die Zuordnung der Einzeitenschätzung zu vorgangs- und der Dreizeitenschätzung zu ereignisorientierten Netzen durchbrochen. Der Benutzer kann beide Verfahren der Zeitschätzung bei vorgangsorientierten [190] bzw. ereignisorientierten [75] Netzen verwenden.

Eine Verbesserung der stochastischen Zeitplanung dürfte die stochastische Simulation (Monte-Carlo-Methode) ermöglichen [175]. Die Vorgehensweise besteht darin, den Netzplan nicht nur einmal, sondern sehr oft durchzurechnen. Dabei wird bei jeder Durchrechnung jede Vorgangszeit erneut zufällig aus dem durch eine Wahrscheinlichkeitsverteilung für den Vorgang vorgegebenen zeitlichen Verteilungsbereich bestimmt. Für jeden Ereignistermin und insbesondere für den Projektendtermin erhält man auf diese Weise eine Wahrscheinlichkeitsverteilung, die um so genauer ist, je öfter der Netzplan simuliert, d. h. durchgerechnet, wurde. Für jedes Projektereignis kann man nun einen Erwartungswert für den Ereignistermin errechnen sowie z. B. Angaben zur statistischen Sicherheit dieses Erwartungswertes ableiten. Bei einer großen Anzahl von Simulationen sind diese Daten von hoher modellbezogener Genauigkeit. Ihre praktische Brauchbarkeit hängt jedoch von der Richtigkeit der Modellprämissen, d. h. von der Richtigkeit der für die Vorgangszeiten angenommenen Wahrscheinlichkeitsverteilungen, ab. Wahrscheinlichkeitsverteilungen für Vorgänge konnten jedoch „bisher weder theoretisch abgeleitet noch empirisch nachgewiesen werden“ [20, S. 110]. Stochastische Netzwerksimulationen erfordern einen noch höheren Aufwand als die stochastische Zeitplanung. Eine routinemäßige Anwendung im F + E-Bereich dürfte daher vorläufig noch unwahrscheinlich bleiben.

Die Netzplantechnik ist trotz der eben erörterten Schwierigkeiten und trotz gewisser Unzulänglichkeiten bei der Deckung des Informationsbedarfs des F + E-Management (vgl. Abb. 54) eine gerade im F + E-Bereich häufig angewandte Projekt-Management-Methode. So ergab eine Befragung von 183 amerikanischen Firmen, daß in 70 Fällen die Netzplantechnik im F + E-Bereich angewandt wird [15, S. 18]. Diese Tatsache wird auch als Anlaß genommen, im folgenden Abschnitt den Problemkreis „Auswahl von Netzplantechnik-Programmpaketen“ zu behandeln.

3.1.2.1.3 Auswahl von Netzplantechnik-Programmpaketen

Das Hauptproblem bei einer Softwareauswahl liegt weniger in der Bestimmung eines geeigneten Auswahlverfahrens, sondern eher in der Bestimmung geeigneter Auswahlkriterien. Die hier behandelten Kriterien wurden aus der Sicht einer Forschungsanlage entwickelt. Sie lassen sich in fünf Gruppen einteilen:

a) Lauffähigkeit des Verfahrens,
b) Integrationsmöglichkeit in ein PMIS,
c) Inhalt des Verfahrens,
d) Anwendung des Verfahrens,
e) Kosten.

Zu a)
Die formale Lauffähigkeit eines Netzplantechnik-Programmpakets ist eine Frage der benötigten Computer-hard- und -software.

(1) Hardware
Hardwaremäßig interessieren vor allem:
- der benötigte Arbeitsspeicherplatz,
- der benötigte Externspeicherplatz,
- die benötigten Ein/Ausgabegeräte.

Darüberhinaus ist zu beachten, daß mehrere Programmpakete nur auf Anlagen bestimmter Hersteller und erst ab einer bestimmten Minimalkonfiguration laufen.

(2) Software
Die Programmpakete sind i. a. in einer Assemblersprache bzw. Makrosprache oder in einer problemorientierten Programmiersprache geschrieben. Nur im zweiten Fall ist ein Betrieb auf Anlagen verschiedener Hersteller möglich, falls geeignete Compiler zur Verfügung stehen. In beiden Fällen müssen die vorhandenen Anlagen Betriebssysteme besitzen, die bestimmte Minimalanforderungen erfüllen.

Zu b)
Die Abgrenzung des Informationsbedarfs des F + E-Management ergab die Forderung nach einer jederzeit abfragebereiten Datenbasis, die u. a. auch die Informationen umfaßt, die Ein- oder Ausgabedaten beim Betrieb eines Netzplantechnik-Programms darstellen. Besteht für diese Informationen eine „datenmäßige Verträglichkeit" zwischen der Datenbasis und dem Netzplantechnik-Programm, so brauchen sie nur einmal, und zwar für die Datenbasis, erfaßt zu werden. Das Netzplantechnik-Programm kann dann mit Daten der Datenbasis betrieben werden, und Berechnungsergebnisse können zum Updaten in die Datenbasis übertragen werden. Die datenmäßige Verträglichkeit wirft ein Inhalts- und ein Formproblem auf:

(1) Inhaltsproblem
Die Datenbasis muß die zum Betrieb von üblichen Programmpaketen notwendigen Daten umfassen. Dies sind vor allem:
- Ordnungsinformationen,
- Termininformationen,

- Kosteninformationen,
- Kapazitätsinformationen.

(2) Formproblem
Die computerinterne Darstellungsart der Daten und die Datenfeldlängen sollten möglichst übereinstimmen. (Manche Programmpakete schreiben z. B. bei Textinformationen die alphanumerische, bei numerischen Informationen dagegen die gepackte Darstellung vor.)

Zu c)
Der Inhalt eines Verfahrens ist bestimmt durch: Netzplantechnik-Methode, Struktureigenschaften, Nummerung, Zeitteil und Berichtsteil.

(1) Netzplantechnik-Methode
Die Frage, ob CPM und PERT, entwickelt in den USA, eher für amerikanische und MPM, entwickelt in Europa, eher für europäische Verhältnisse konzipiert sind [47, S. 369], soll hier nicht zu einem Methodenstreit ausgeweitet werden. Selbst in einem Forschunbsbetrieb können die Meinungen über die geeignetere Methode auseinandergehen. Von Vorteil ist es daher, wenn in einem Programmpaket die Verwendung von Vorgangspfeil- und Vorgangsknotennetzen sowie von Meilensteinnetzen möglich ist.

(2) Struktureigenschaften
Die strukturellen Möglichkeiten ergeben sich aus den verwendbaren Projektstrukturplänen, Teilnetztechniken und Anordnungsbeziehungen. Bei einem Vergleich interessieren folgende Angaben:

- Maximale Anzahl der Vorgänge bzw. Ereignisse (hängt evtl. vom verfügbaren Arbeitsspeicher- und Externspeicherplatz ab).
- Maximale Anzahl der Teilnetze (kann evtl. nur durch den verfügbaren Speicherplatz begrenzt sein).
- Maximale Anzahl der Anordnungsbeziehungen zwischen Teilnetzen.
- Maximale Anzahl der Anordnungsbeziehungen zwischen Vorgängen.
- Maximale Anzahl der Start- und Endvorgänge.
- Maximale Anzahl der hierarchischen Ebenen des Projektstrukturplans.

(3) Nummerung
Bei einem Vergleich der Vorgangs- bzw. Ereignisnumerierung sind folgende Punkte zu beachten:

- Die Reihenfolge der Nummern unterliegt Beschränkungen (z. B. fortlaufende Numerierung in aufsteigender Reihenfolge) oder ist beliebig (Änderungen sind leichter durchzuführen).
- Stellenzahl der Nummern.
- Die Nummern müssen rein numerisch sein oder können alphanumerisch oder alphabetisch gewählt werden.

(4) Zeitteil

Als Vergleichskriterien für den Zeitteil lassen sich nennen:

- Anwendbare Verfahren der Zeitschätzung (Einzeitenschätzung oder Dreizeitenschätzung oder beide Verfahren).
- Alternative Benutzungsmöglichkeit verschiedener Zeiteinheiten (z. B. Stunde, Halbtag, Tag, 5- oder 7-Tagewoche, Monat, Vierteljahr).
- Umsetzbarkeit absoluter Daten in Kalenderdaten für einen längeren Kalenderzeitraum (mehrere Jahre).
- Unterscheidung von Soll- und Istterminen, falls Soll/Ist-Terminvergleichslisten gewünscht werden.

(5) Kostenteil

Anforderungen sind hier besonders an die Kostenerfassung und die Kostenzuordnung zu stellen. Vergleichskriterien für den Kostenteil sind:

- Zuordnungsmöglichkeiten von Soll- und Istkosten (z. B. zu Vorgängen, Teilaufgaben, Vorgangsgruppen, zum ganzen Projekt und als ein Betrag zum Beginn oder Ende von Vorgängen oder gleichmäßige Verteilung über ein beliebiges Vorgangsintervall, usw.).
- Möglichkeit der Erfassung von Bindungen.
- Ausreichende Anzahl von Kostenartengruppen und Kostenarten.
- Art der Kostenerfassung (z. B. als Kostenwerte oder in entsprechenden Fällen als „Kostenmengen" (z. B. Maschinenstunden), die in Kostenwerte umgerechnet werden).
- Möglichkeit der Eingabe von Gemeinkostenfaktoren.
- Für Berichtszwecke: Zurechenbarkeit von Kosten zu Kostenstellen und Abteilungen, Berücksichtigung von Budgetdaten.

Die Anwendung von Netzwerkmodellen zur Kostenoptimierung von F + E-Projekten dürfte sehr problematisch sein. Auf die Nennung von Auswahlkriterien wird daher verzichtet.

(6) Kapazitätsteil

Vergleichskriterien für den i. a. immer anwendbaren Kapazitätsplanungsteil sind:

- Anzahl der Ebenen eines Kapazitätsgliederungsplanes.
- Gestaltungsmöglichkeit der Kapazitätsgruppen (personelle Kapazitäten, maschinelle Anlagen, usw.).
- Kapazitätszuordnung zu Vorgängen (zum frühesten und spätesten Anfang).
- Möglichkeit der Angabe von Istkapazitäten mit ihrem zeitlichen Verlauf.
- Möglichkeit der Gegenüberstellung von Kapazitätsbedarf und vorhandenen Kapazitäten.

Ein maschineller Kapazitätsabgleich ist nur dann sinnvoll, wenn Kapazitätsanforderungen aus allen im betrachteten Zeitraum durchgeführten Projekten berücksichtigt werden. In diesem Fall treten noch weitere Kriterien hinzu, u. a.:

- Angewandte Verfahren und Prioritätsregeln bei der Einlastung von Vorgängen in vorhandene Kapazitäten.
- Möglichkeiten bei der Berücksichtigung von Kapazitätsbeschränkungen.
- Fixer oder variabler Projektendtermin.
- Fixe oder variable Vorgangsdauern.

(7) Berichtsteil
Vergleichskriterien für den Berichtsteil sind:

- Die vom F + E-Management benötigten Berichte und Diagramme.
- Die Übersichtlichkeit der Darstellung von Berichten und Diagrammen.
- Die gebotene Flexibilität im Umfang von Berichten (z. B. Erstellung von Berichten für Vorgangsgruppen, Teilaufgaben, Kostenstellen).

Zu d)
Für Benutzerfreundlichkeit und Flexibilität in der Anwendung sind Programmaufbau, Dateneingabe, Datenspeicherung, Fehlerprüfungen, Fehlermeldungen, eigene Eingriffsmöglichkeiten und Kontakte zum Hersteller maßgeblich.

(1) Programmaufbau
Vergleichskriterien für den üblichen modularen Programmaufbau sind:

- Gliederungstiefe des Programmpakets in Programmteile (Module).
- Beschränkungen bei der Kombination verschiedener Module.
- Beschränkungen bei alleiniger Ausführung einzelner Module.
- Wiederholbarkeit von Modulen in einem Programmlauf.
- Einfachheit des Aufrufs von Modulen in einem Programmlauf.

Seltener sind Verfahren, die nicht als Programmpaket, sondern in Form einer höheren Programmiersprache mit zugehörigem Übersetzungsprogramm angeboten werden [187]. In dieser Sprache hat der Benutzer netzwerkbezogene Operationen jeweils selbst abzufassen. Standardabläufe sind denkbar. Die Leistungsfähigkeit eines derartigen Verfahrens hängt von den verfügbaren Anweisungen für Datenein- und -ausgabe, Datenspeicherung, Berechnungen und Retrieval (Aufsuchen von Daten für Berichtsausgabe) ab.

(2) Dateneingabe und Datenspeicherung
Jedes Programmpaket erzeugt und verwaltet i. a. eine Netzplandatei. Sie enthält Eingabedaten und Ergebnisdaten aus Berechnungsläufen. Für Berechnungen besteht die Möglichkeit der externen Dateneingabe (z. B. über Lochkartenleser) oder der internen Dateneingabe (aus der Netzplandatei).

Vergleichskriterien für die Datenein- und -ausgabe sind:

- Art der Dateneingabe für Programmläufe (intern, extern oder beides).
- Anzahl der in der Netzplandatei abspeicherbaren Netzpläne für verschiedene Projekte und Netzplanversionen für jedes Projekt.
- Möglichkeiten des Updatens der Netzplandatei und hierbei zu betreibender Aufwand.
- Ein- und Ausgabeintensität bei Programmläufen.
- Aufwand für die Datenzwischenspeicherung bei Programmläufen (im Arbeitsspeicher oder in Externspeichern).

(3) Fehlerprüfungen und Fehlermeldungen
Vergleichskriterien sind hier:

- Umfang der durchgeführten Fehlerprüfungen; übliche Fehlerarten sind:
  1) Formale Fehler in der Eingabe.
  2) Fehler infolge mangelnder Informationen (dann sind bestimmte Berechnungen nicht durchführbar).
  3) Datenfehler.
  4) Fehler in der Netzwerkstruktur (Schleifen, falsche Anordnungsbeziehungen, usw.).
- Unterscheidung zwischen Fehlern, die zu einem Stop führen, und solchen, die eine Weiterrechnung erlauben.
- Möglichkeit des Restarts an bestimmten, aufgrund von Fehlern angelaufenen Zwischenpunkten im Programmablauf nach Fehlerbehebung.
- Umfang und Lesbarkeit von Fehlermeldungen.

(4) Möglichkeit eigener Eingriffe und Kontakt zum Hersteller
Programmodifikationen aufgrund spezieller Benutzerwünsche (z. B. Erstellung spezieller Berichte) und die Beseitigung von Programmängeln (z. B. Formfehler bei der Berichtsausgabe, Nichtlauffähigkeit bestimmter Programmteile) erfordern eigene Eingriffe in das Programmpaket und evtl. eine Unterstützung durch den Hersteller. Vergleichskriterien sind also:

- Möglichkeit der Durchführung von Programmodifikationen oder -erweiterungen.
- Schnelle Erreichbarkeit kompetenter Personen beim Hersteller und gewährte Unterstützung.

Zu e)
Es sind einmalige und laufende Kosten zu unterscheiden:

(1) Einmalige Kosten
- Anschaffungskosten bei Kauf des Programmpakets.
- Kosten der Personalausbildung und Einsatzvorbereitung.

(2) Laufende Kosten
- Mietkosten bei Anmietung des Programmpakets.
- Rechenkosten.
- Personalkosten aufgrund der Betreuung des Programmpakets.

Auf die Existenz eines kostenlosen Programmpakets[10], das in staatlichem Auftrag erstellt wurde, sei an dieser Stelle hingewiesen.

Zur Durchführung einer Auswahl eignet sich insbesondere die Nutzwertanalyse [108, S. 43 ff.], da sie die Kopplung verschiedenartig dimensionierter Kriterien erlaubt. Im folgenden wird eine in einer Forschungsanlage durchgeführte Auswahl kurz dargestellt. Nach einer Vorauswahl verblieben noch zwei Programmpakete, zwischen denen eine Entscheidung zu treffen war. In einem ersten Schritt wurden die für einen Vergleich relevanten Kriterien selektiert und gewichtet. Im zweiten Schritt wurde eine Bewertungsskala erstellt und im dritten die Bewertung durchgeführt:

a) Bewertungsskala:

Bewertung	Punkte
Eignung des Programmpakets bezüglich der jeweiligen Kriterien:	
- sehr gut	4
- gut	3
- zufriedenstellend	2
- weniger zufriedenstellend	1
- vollkommen unzureichend	0

b) Durchführung der Bewertung:

Vergleichskriterien	Gewichtung	Programm A Punkte		Programm B Punkte	
		ung.	gew.	ung.	gew.
1. Verträglichkeit mit anderer hardware	5	3	15	1	5
2. Integrationsmöglichkeit in ein PMIS	15	2	30	2	30
3. Netzplantechnik-Methode	10	4	40	3	30
4. Zeitteil und Terminberichte	22	4	88	3	66
5. Kostenteil und Kostenberichte	16	2	32	3	48
6. Kapazitätsteil und Kapazitätsberichte	5	2	10	4	20
7. Berichtsgliederung und Überschriften	12	1	12	2	24
8. Betreuungsaufwand	15	3	45	2	30
Gesamtpunkte	100	–	272	–	253

[10] Es handelt sich um das Programmpaket PPS [190].

Es ergeben sich leichte Vorteile für das Programmpaket A. Ihre Signifikanz ist jedoch so gering, daß das Verfahren B, das schon seit längerer Zeit in der Forschungsanlage betrieben wurde, beibehalten wurde.

3.1.2.2 Stochastische Netzwerkverfahren

Bei F + E-Projekten fällt eine Entscheidung über den weiteren Projektablauf oftmals aufgrund von Informationen, die erst bei der Projektbearbeitung gewonnen werden. Solche Entscheidungspunkte sind mit deterministischen Strukturmodellen nicht darstellbar. Dieser Unzulänglichkeit begegnete man durch die Entwicklung stochastischer Netzwerkverfahren. Sie basieren auf Strukturmodellen, die nicht zwingende Realisierungsfolgen von Vorgängen darstellen, sondern die Darstellung alternativer Ablauffolgen gestatten.

3.1.2.2.1 Entwicklung stochastischer Netzwerkverfahren

Man kann im wesentlichen drei Entwicklungsstufen unterscheiden, die hier nur in ihren Grundzügen skizziert werden:

a) Das Verfahren von Eisner
Eisner erweiterte das konventionelle Ereignisknotenmodell durch sogenannte Entscheidungsblöcke (decision boxes), die zu den deterministischen Ereignisknoten hinzutreten [130]. Von diesen Entscheidungsblöcken können konjunktive oder disjunktive Kanten (Vorgänge) wegführen. Entscheidungsknoten stellen also u. U. Verzweigungsstellen für alternativ zu durchlaufende Netzwerkteile dar. Im Hinblick auf die praktische Anwendung besitzt das Verfahren nur sehr geringe Bedeutung [110, S. 113].

b) Das Verfahren GAN
Das in a) beschriebene Verfahren wurde von Elmaghraby [131] zu den sogenannten „Generalized Activity Networks" (GAN) weiterentwickelt. Das Verfahren GAN umfaßt die Definition bestimmter Typen von Ereignisknoten und Regeln für die Berechnung von GAN-Netzen.

(1) GAN-Ereignisknoten
Für die Ein- bzw. Ausgangsseite von GAN-Ereignisknoten sind folgende Möglichkeiten definiert:

1) Eingangsseite:
   - konjunktive Kanten (UND, ⦶),
   - inklusiv disjunktive Kanten (INKLUSIVES ODER, ◁),
   - exklusiv disjunktive Kanten (EXKLUSIVES ODER, ⧏).

2) Ausgangsseite:
   - konjunktive Kanten (DETERMINISTISCH, ⦶),
   - disjunktive Verzweigung (STOCHASTISCH, ◇).

Elmaghraby verwendet nicht alle sechs Kombinationsmöglichkeiten von Eingangs- und Ausgangsseite.

(2) Rechenregeln
In GAN-Netzen wird ein Pfeil beschrieben durch:
(a) die Wahrscheinlichkeit seiner Realisierung und
(b) einen Vektor von Parametern (Dauer, Kosten, usw.).
GAN umfaßt Rechenregeln für die Netzreduktion bei seriellen Pfeilfolgen, parallelen Pfeilen und verschiedenen Arten von Rückkopplungsschleifen.

GAN besitzt den Nachteil, daß die Pfeilparameter nur deterministischen und nicht stochastischen Charakter aufweisen dürfen. Dies erweist sich bei der Planung unsicherer Abläufe als Nachteil.

c) Das Verfahren GERT
Das von Pritsker, Happ und Whitehouse entwickelte Verfahren GERT [165], [166] (**G**raphical **E**valuation and **R**eview **T**echnique) verwendet verschiedene Ereignisknoten und Pfeile. Gegenüber GAN besitzt es u. a. den Vorteil, daß die Pfeilparameter stochastische Größen sein können. Wie GAN ist auch GERT durch Knotentypen und Rechenregeln definiert.

(1) GERT-Ereignisknoten
Bei GERT besitzt ein Knoten eine Eingangs- und Ausgangsseite. Die Knotendarstellung verwendet, im Gegensatz zu GAN, alle sechs Kombinationsmöglichkeiten von Eingangs- und Ausgangsseite:

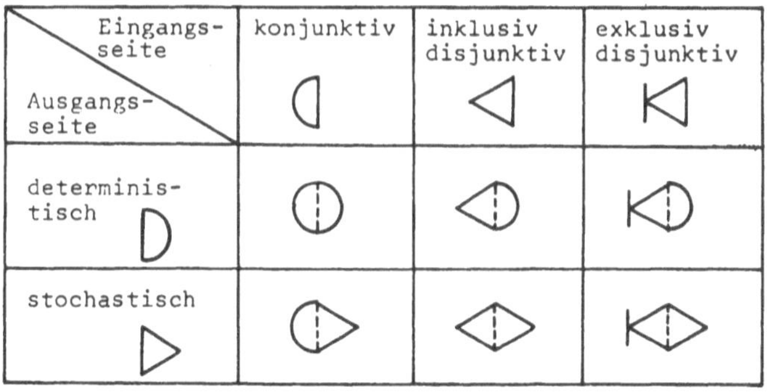

Abb. 65. GERT-Ereignisknoten

(2) Rechenregeln
Bei GERT wird ein Pfeil (Vorgang) beschrieben durch: (a) die Wahrscheinlichkeit seiner Realisierung und (b) durch mehrere Zufallsvariable wie Vorgangsdauer, Vorgangskosten, usw. Die quantitative Analyse von GERT-Netzwerken basiert auf der Flußgraphentheorie. Während jedoch die Kantenparameter eines Flußgraphen multiplikativ miteinander verknüpft sind, gilt das

bei GERT-Netzwerken nur für den Wahrscheinlichkeitsparameter, nicht aber für die Zufallsvariablen Vorgangszeit, Vorgangskosten, usw. Diese Zufallsvariablen müssen mit Hilfe der sog. momenterzeugenden Funktion in multiplikative Größen transformiert werden, damit die Gesetze der Flußgraphentheorie auf GERT-Netzwerke übertragen werden können. Die momenterzeugende Funktion kann für verschiedene Verteilungen von Zufallsvariablen definiert werden, u. a. für Binominal-, Exponential-, Gamma-, Normal-, Poisson- und Gleichverteilungen. Mit Hilfe der in der Flußgraphentheorie angewandten Mason-Formel läßt sich ein komplexes Netzwerk oder Teilnetzwerk auf zwei Knoten und eine äquivalente Kante reduzieren. Die Reduktion umschließt u. a. Folgen von Pfeilen, parallele Pfeile und verschiedene Arten von Netzwerkschleifen. Für jedes Ereignis lassen sich insbesondere folgende Größen berechnen [177]:

1) Wahrscheinlichkeit für das Eintreten dieses Ereignisses,
2) Erwartungswerte für die bis zum Erreichen dieses Ereignisses benötigte Zeit, Kosten, usw., unter der Voraussetzung, daß dieses Ereignis eintritt,
3) Varianz und Momente höherer Ordnung für diese Zeit-, Kosten-, usw. -erwartungswerte.

3.1.2.2.2 Anwendung stochastischer Netzwerkverfahren im F + E-Bereich

Zunächst sei ein einfaches Netzwerkbeispiel betrachtet, das als Teilnetz in fast allen Forschungsabschnitten eines F + E-Projektes auftreten kann.

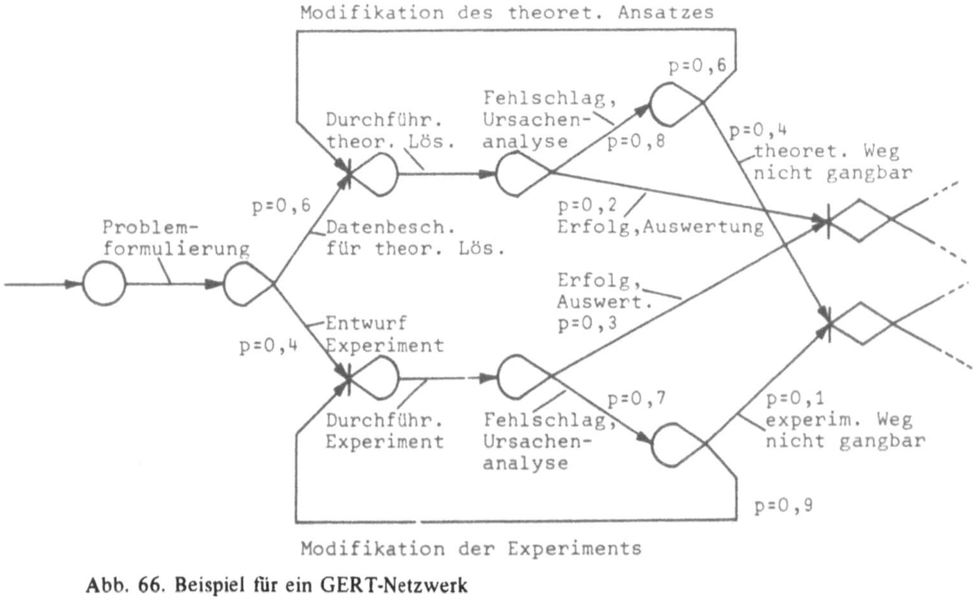

Abb. 66. Beispiel für ein GERT-Netzwerk

Mit den in Abb. 66 willkürlich angenommenen Wahrscheinlichkeitswerten führt die quantitative Analyse z. B. zu folgenden Aussagen:

Die Wahrscheinlichkeit für das Eintreten von Ereignis 9, p(9), d. h. für eine erfolgreiche Problemlösung, ermittelt sich zu:

$$
\begin{aligned}
p(9) = 0{,}6 \cdot [0{,}2, & \quad \text{für die erste Realisierung von Ereignis 5} \\
+ 0{,}8 \cdot 0{,}6 \cdot 0{,}2, & \quad \text{für die zweite Realisierung von Ereignis 5} \\
+ (0{,}8 \cdot 0{,}6)^2 \cdot 0{,}2, & \quad \text{für die dritte Realisierung von Ereignis 5} \\
+ \ldots] & \\
+ 0{,}4 \cdot [0{,}3, & \quad \text{für die mögliche erste Realisierung von Ereignis 6} \\
+ 0{,}9 \cdot 0{,}7 \cdot 0{,}3, & \quad \text{für die mögliche zweite Realisierung von Ereignis 6} \\
+ (0{,}9 \cdot 0{,}7)^2 \cdot 0{,}3, & \quad \text{für die mögliche dritte Realisierung von Ereignis 6} \\
+ \ldots] & \\
= 0{,}6 \cdot 0{,}2 \cdot (1 + 0{,}48 + 0{,}48^2 + \ldots) & \\
+ 0{,}4 \cdot 0{,}3\,(1 + 0{,}63 + 0{,}63^2 + \ldots) & \\
= 0{,}12 \cdot \frac{1}{1 - 0{,}48} + 0{,}12 \cdot \frac{1}{1 - 0{,}63} = \frac{0{,}12}{0{,}52} + \frac{0{,}12}{0{,}37} = 0{,}5551\,. &
\end{aligned}
$$

Die Wahrscheinlichkeit für ein Mißlingen der Problemlösung beträgt dann:

$$p(10) = 1 - p(9) = 0{,}4449\,.$$

Bei der Annahme bestimmter Zeit- und Kostenverteilungen für die einzelnen Vorgänge könnte man für die Ereignisse 9 und 10 zusätzlich Erwartungswerte und Varianzen für die korrespondierenden Zeiten und Kosten ermitteln.

Schon dieses kleine Beispiel verdeutlicht, daß den stochastischen Netzwerkverfahren eine andere Fragestellung als den konventionellen Netzplantechniken zugrunde liegt. Sie eignen sich für folgende Zwecke:

(1) Analyse und Darstellung der möglichen Projektverläufe bei einem F + E-Projekt.

(2) Analyse und Darstellung der Wahrscheinlichkeitsstruktur eines F + E-Projektes.

(3) Ermittlung der durch die möglichen Projektverläufe bedingten Streuungswerte für Projektdauer, Projektkosten (bzw. Erwartungswerte und Streumaße für Dauer und Kosten).

(4) Beurteilung der möglichen Projektverläufe und Auswahl der günstigsten Alternative.

Da stochastische Netzwerke viele Vorgänge enthalten, die nicht realisiert werden müssen, eignen sie sich nicht für folgende Zwecke:

(1) Planung konkreter Arbeitsschritte und Vorgabe von Solldaten (Zeiten, Kosten, usw.) für diese Arbeitsschritte in Abstimmung mit dem verfügbaren Budget und den verfügbaren Kapazitäten.
(2) Kontrolle des Projektfortschritts durch Erfassung von Istdaten (Zeiten, Kosten, Arbeitswert, usw.) und deren Vergleich mit den vorgegebenen Solldaten.
(3) Beschreibung und Dokumentation von Projektplanung und -kontrolle.

Mit stochastischen Netzwerkverfahren lassen sich also Teilprobleme aus den Bereichen „Bestimmung des F + E-Programmes" und „Projektdisposition" lösen. Die Verfahren sind keinem dieser Bereiche zuzuordnen, sondern stehen vielmehr als Verbindungsglied dazuwischen. Anwendungsmäßig sind stochastische Netzwerke den konventionellen Netzplantechniken folglich „vorgelagert". D.h. sie dienen dazu, diejenige Ablaufalternative für ein Projekt zu ermitteln, deren Detailplanung und Kontrolle mit einem konventionellen Verfahren durchgeführt werden.

Abzuwarten bleibt, ob sich stochastische Netzwerkverfahren in der F + E-Planung durchsetzen und bewähren. Dies ist weniger eine Frage der Verfügbarkeit geeigneter Verfahren bzw. Computerprogramme, sondern vielmehr eine Frage der Richtigkeit der Modellprämissen (Realisierungswahrscheinlichkeiten, Zeit- und Kostenverteilungen usw.) und damit der subjektiven Einschätzung.

3.1.3 Methoden der Informationserschließung und Informationsbereitstellung

Die Wahrnehmung ihrer Aufgaben stellt F + E-Management, Wissenschaftler und Techniker oftmals vor das Problem des schnellen Zugriffs zu bestimmten Informationen. Diese spontanen Informationswünsche werden durch konventionelle Dokumentationsverfahren teils gar nicht, teils unzureichend oder nur in umständlicher und zeitraubender Weise befriedigt. Im Bereich der wissenschaftlichen Information spricht man gar von einer „Informationskrise" [76, S. 2 ff.]. Ihre Ursachen liegen in der Unüberschaubarkeit der in einem bestimmten Gebiet wissenschaftlich Tätigen und in der rapiden Zunahme wissenschaftlicher Publikationen. Eine Bewältigung der Informationskrise scheint heute nur durch Verwendung von Computersystemen zum Speichern und Nachweis des Wissens möglich. Die dafür eingesetzten Verfahren zur Informationserschließung und -bereitstellung faßt man unter dem Begriff „Information Retrieval" zusammen.

3.1.3.1 Begriffliche Abgrenzungen

Vor einer Behandlung des Problemkreis „Information Retrieval im F + E-Bereich" ist der Bedeutungsinhalt einiger Begriffe zu klären, auf die im folgenden häufig zurückgegriffen wird.

3.1.3.1.1 Dokument und Dokumentation

Gegenstand der Dokumentation ist das Dokument. Es kann allgemein gekennzeichnet werden als „Informationsträger mit fixierter Information" [98, S. 29]. Diese kann numerischer, alphanumerischer, alphabetischer oder grafischer Natur sein. Man unterscheidet zwischen Primärdokumenten, welche die Informationen in ursprünglicher Form tragen, und Sekundärdokumenten, welche aus einem Primärdokument entnommene Informationen enthalten [98, S. 26 f.]. Zur Beschreibung und Lokalisierung von Dokumenten dienen bibliografische Angaben (Titel, Verfasser, Auflage, Erscheinungsort, Erscheinungsjahr usw.), Dokument-Nr. bzw. Dokument-Adresse und Deskriptoren. Dokument-Nr. bzw. Dokument-Adresse erlauben eine eindeutige Lokalisierung von Dokumenten in Archiven bzw. auf Speichermedien eines Computersystems. Deskriptoren sind definierte Begriffe zur Inhaltscharakterisierung von Dokumenten. Mit ihrer Hilfe läßt sich die Verbindung zwischen Informationssuche (-bedarf) und Dokument (Informationsspeicher) herstellen. Während bibliografische Angaben Bestandteil des Dokumentes selbst sind, werden ihm Dokument-Nr. bzw. -Adresse und Deskriptoren als zusätzliche Merkmale hinzugefügt.

„Dokumentation ist das Erfassen, Sammeln, Aufschließen, Ordnen, auswählbar Speichern und Verbreiten von bestimmte Bereiche betreffenden, auf Dokumenten fixierten Informationen . . . unter festgelegten Gesichtspunkten" [98, S. 7]. Unter Aufschließung ist hier die inhaltliche Analyse zu verstehen. Ihr Ergebnis ist z. B. ein Referat oder die Inhaltscharakterisierung mit Deskriptoren. Der obigen weiten Definition stellt Scheele eine engere Fassung gegenüber: „Unter modernen Gesichtspunkten sollte . . . die Dokumentation i. e. S. als einmalige Übertragung der einschlägigen Informationen aus der Speicherform des Buchdrucks in die neuartige elektronische Speicherform (Magnetbänder, Magnetplatten usw.) verstanden werden" [87, S. 226]. Mit dieser Formulierung wird der zunehmenden Automatisierung des Dokumentationsvorganges mit Hilfe von Computern Rechnung getragen.

3.1.3.1.2 Information Retrieval

Im englischsprachigen Raum setzt sich immer mehr der Begriff „Information Retrieval" durch. Er wird in der Literatur unterschiedlich interpretiert. Brunner gibt eine weite Definition mit „Vorgang, der die Voraussetzung zum Ausnutzen von gespeichertem Informationsmaterial ist" [116]. Diese Definition entspricht dem Begriff der Dokumentation i. w. S. und beinhaltet wie dieser Erfassen, Sammeln, auswählbar Speichern usw. Häufiger findet man eine engere Begriffsbestimmung, wobei das Gewicht auf Retrieval mit Hilfe von Computern liegt. Diese starke Gewichtung des Retrieval ist ein Anzeichen dafür, daß „gegenüber dem Archivieren von Informationen das Suchen und Wiederauffinden" [66, S. 3] mit zunehmender Zahl der gespeicherten Dokumente das größere Problem darstellt.

Übersetzungsvorschläge für den Begriff „Retrieval" bzw. „Information Retrieval" lauten u. a. [116] „Wiederauffinden", „Aufsuchen" bzw. [158] „Informations-Erschließung", „Informations-Sichtung", „Informations-Wiedergewinnung". Alle diese Vorschläge befriedigen nicht völlig, weshalb oft auf eine Übersetzung verzichtet wird. Im hier gebrauchten Sinne umfaßt Information Retrieval die Operationen:

a) Inhaltsanalyse von Dokumenten.
b) Speicherung von Analyseergebnissen und evtl. ganzer Dokumente in einem Computersystem.
c) Recherche nach Dokumenten oder Informationen aufgrund einer Suchfrage und die Ausgabe von Suchergebnissen.

Der Begriff des Information Retrieval wird durch verschiedene Information Retrieval Systeme weiter spezifiziert.

3.1.3.1.3 Information Retrieval Systeme

Information Retrieval Systeme (IR-Systeme) lassen sich nach folgenden Kriterien einteilen:

a) Nach dem Grad der Automatisierung der Operationen des Information Retrieval
   (1) Halbautomatische IR-Systeme
   Bei diesen Systemen führen qualifizierte Bearbeiter die Inhaltsanalyse von Dokumenten durch. Die so gewonnenen inhaltscharakteristischen Deskriptoren werden mit weiteren Informationen im IR-System gespeichert. Der Suchvorgang und die Ausgabe der Suchergebnisse läuft dagegen automatisch ab.
   (2) Vollautomatische IR-Systeme
   In diesem Fall übernimmt das IR-System mit Hilfe geeigneter Programme auch die Inhaltsanalyse von Dokumenten und verbalen Suchfragen. Analyseergebnisse sind Kurzfassungen oder inhaltscharakteristische Deskriptorkombinationen. Die zu analysierenden Texte müssen natürlich in maschinenlesbarer Form vorliegen. In diesem Zusammenhang ist das Vordringen des Digiset-Lichtsatzes [113] im Bereich des Druckwesens

von großer Bedeutung. Bei diesem Verfahren werden die zu setzenden Texte in einem Lochstreifen abgelocht und in dieser Form in die Setzanlage eingegeben. Diese Textlochstreifen können auch für die Eingabe von Texten in ein vollautomatisches IR-System verwendet werden.

b) Nach dem Umfang der Antwort, die dem Benutzer auf eine Suchfrage hin ausgegeben wird
   (1) Document-Retrieval-Systeme
   Das Document- oder Reference-Retrieval ist häufig ein zweistufiger Vorgang [62, S. 107]. Im ersten Schritt, dem eigentlichen Suchvorgang, werden Referenzpunkte, z. B. Dokument-Nr., generiert. Mit ihrer Hilfe kann im zweiten Schritt leicht zu den Dokumenten selbst zugegriffen werden. Das Ziel solcher Systeme ist es, die auf eine Suchfrage zutreffenden Dokumente möglichst vollständig nachzuweisen.
   (2) Data-Retrieval-Systeme
   Data-Retrieval-Systeme werden auch als „Automatic Question Answering"-Systeme bezeichnet [85, S. 392]. Sie geben direkte Antworten auf Benutzerfragen. Diese Antworten sind keine Referenzpunkte für einen Zugriff zu einem Dokument, sondern stellen im fortgeschrittensten Fall aufbereitetes Wissen dar. Bei weniger fortgeschrittenen Systemen besteht die Antwort z. B. aus Dokument-Nr., Titel und Autor des Dokumentes und inhaltscharakteristischen Deskriptoren [168].

Gesehen vor dem Hintergrund der IR-Systeme ist Information Retrieval ein übergeordneter Begriff. Er steht für halb- und vollautomatische sowie für Document- und Data-Retrieval-Systeme.

3.1.3.2 Inhaltsanalyse

Die Inhaltsanalyse, auch bezeichnet als Dokumentenaufschluß, Inhaltserschließung, Indexierung und Indexing, ist die erste der drei Operationen des Information Retrieval. Sie bezeichnet die „Ermittlung der in einem Dokument enthaltenen Sachverhaltsschwerpunkte, die als Aussagen in Sekundärdokumente eingebracht werden können" [98, S. 37]. Der Vorgang der Analyse erfolgt in drei Stufen [99, S. 21 f.]. Dem Text eines Dokumentes werden eine Reihe Wörter, Wortgruppen oder Sätze entnommen, die den Inhalt repräsentieren. Aus dieser Reihe erfolgt eine Auslese hinsichtlich der Wichtigkeit für den Zweck des Retrievals. Die ausgelesenen Ausdrücke werden schließlich in eine Standard-Deskriptorsprache (Indexsprache) übertragen und ergeben so den Index, d. h. die inhaltscharakteristische Beschreibung eines Dokuments. Die Möglichkeiten der Inhaltsanalyse sind folglich abgegrenzt durch:

(1) die verfügbaren Indexsprachen zur Abfassung von Dokument-Indizes,

(2) die sog. Wörterbücher, die Vokabular (Deskriptoren) und Syntax von Indexsprachen spezifizieren, und
(3) die verfügbaren Methoden zur Ermittlung von Sachverhaltsschwerpunkten.

3.1.3.2.1 Indexsprachen

Beim Information Retrieval sind folgende Grundformen von Indexsprachen gebräuchlich:

a) Hierarchische Klassifikation.
b) Gleichgeordnete Systeme.
c) Syntaktische Indexsprachen.

Zu a)
Bei der hierarchischen Klassifikation wird von der Annahme ausgegangen, daß jedes Sachgebiet stufenweise eindeutig in Teilgebiete aufgeteilt werden kann. Die verschiedenen Zweige können unterschiedliche Tiefe und Breite aufweisen. Die Hierarchie läßt sich mit Hilfe einer Baumstruktur darstellen.

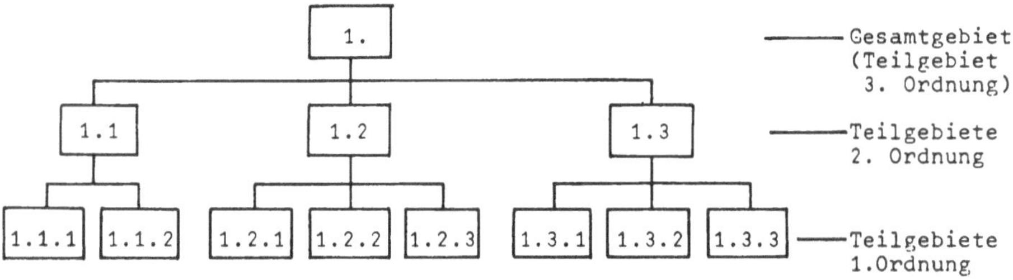

Abb. 67. Hierarchische Baumstruktur mit Codenummern

Die die Teilgebiete beschreibenden Deskriptoren werden i. a. durch eine Code-Nr. verschlüsselt (vgl. Abb. 67). Vorteile dieser Indexsprache sind [62, S. 22 f.]:

- Die Suche läßt sich durch „Auf"- bzw. „Abbewegung" in der Hierarchie leicht generalisieren bzw. einengen.
- Einfache Dokumentenkennzeichnung durch i. a. nur einen Deskriptor.
- Leicht erlernbare und leicht handhabbare Indexsprache.

Ein entscheidender Nachteil ist die Starrheit und Unveränderlichkeit von Klassifikationssystemen [152]. Sie müssen daher a priori fertig aufgestellt sein. Dies ist besonders im Bereich der Naturwissenschaften wegen der raschen Entwicklung nicht möglich.

Beispiele für Klassifikationssysteme sind die Dewey Decimal Classification und die international übliche Universal Decimal Classification.

Zu b)

Gleichgeordnete Systeme, auch Schlüsselwort-Systeme oder Key Word Systems genannt, kennen keine Untergliederung eines Sachgebiets in Teilgebiete. Entsprechend verwenden sie nur Deskriptoren gleicher Rangordnung. Charakteristisch ist das Zurückgreifen auf Elemente von natürlichen Sprachen, wobei zusammengesetzte Wörter in ihre Bestandteile zerlegt werden [66, S. 71]. Eine Normung des Vokabulars ist üblich. So wird z. B. nur der Begriff „Unternehmen", nicht aber „Betrieb" oder „Unternehmung" zugelassen, bei Substantiven wird nur die Singularform verwendet, usw.

In der automatischen Dokumentation, d. h. in IR-Systemen, werden Schlüsselwort-Systeme aus folgenden Gründen bevorzugt [152]:

- Die Reihenfolge der Deskriptoren ist bei der Inhaltskennzeichnung von Dokumenten und Suchfragen beliebig, was leicht zu programmierende Suchprozeduren ermöglicht.
- Gleichgeordnete Systeme sind sehr flexibel, Erweiterungen sind leicht möglich und eine Verschlüsselung der Deskriptoren entfällt.
- Durch entsprechende Wahl von Deskriptoren können auch solche Dokumente exakt gekennzeichnet werden, die nicht ein Hauptthema, sondern mehrere Themen ansprechen.

Erstreckt sich das Retrieval über ein weites Sachgebiet, so macht sich ein Nachteil von gleichgeordneten Systemen bemerkbar [152]: Bei der Recherche werden alle Kombinationsmöglichkeiten der Deskriptoren der Suchfrage, also auch die nichtrelevanten Kombinationen, ausgewertet. Die Folge ist die Ausgabe zu vieler nichtrelevanter Dokumente.

Zu c)

Syntaktische Indexsprachen verfügen, im Gegensatz zu den bisher besprochenen, über eine Syntax. Diese beinhaltet ein System von Regeln, nach dem einzelne Deskriptoren zu Deskriptorgruppen zusammenzufügen sind. Im folgenden wird eine Auswahl syntaktischer Indexsprachen vorgestellt [62, S. 33 ff.].

aa) Tagged Descriptors (Angehängte Deskriptoren)
In diesem einfachsten Fall wird einem Deskriptor ein zweiter zur näheren Beschreibung angehängt. Der zweite Deskriptor kann den ersten z. B. als bloßen Namen oder als ein Attribut oder als eine Tätigkeit kennzeichnen.

ab) Faceted Indexing (Facettierung)
Hier wird eine Themenbeschreibung in einzelne „Facetten" aufgelöst. Jede Facette kann mit verschiedenen Deskriptoren belegt werden. Die jeder Facette zuordenbaren Deskriptoren können aus dem gleichen oder je aus einem individuellen Vokabular stammen. Eine Syntax bestimmt die Rolle jeder Facette. Beispielsweise kann folgende Rollenverteilung vorliegen:

- Der Deskriptor der ersten Facette legt ein Sachgebiet fest.
- Der Deskriptor der zweiten Facette ist ein „restricting modifier" und grenzt den Bedeutungsbereich des ersten Deskriptor ein.
- Die dritte Facette nimmt einen „descriptive modifier" auf, der z. B. eine verrichtete Operation oder einen Gebrauchszweck bezeichnet.

Beispiel: Stahl, gehärtet, Herstellung.

ac) Phrase Indexing
Zur Inhaltscharakterisierung werden hier „Phrases", d. h. Wortgruppen einer natürlichen Sprache verwendet. Verwendet werden hauptsächlich Paare, Tripel und Quadrupel von Wörtern.

Kombinationen der genannten Grundformen sind möglich.

3.1.3.2.2 Wörterbücher

Ein Wörterbuch ist jede Definitionsliste, die das Vokabular einer Indexsprache hinsichtlich Mitgliedschaft, Gebrauch und Bedeutung spezifiziert. Zusätzlich können noch syntaktische Regeln und Beziehungen zwischen Wörtern in ein Wörterbuch aufgenommen werden.

Bei der Transformation von in einer natürlichen Sprache beschriebenen Sachverhaltsschwerpunkten in Deskriptoren einer Indexsprache treten häufig folgende Probleme auf [62, S. 52], [85, S. 22f.]:

(1) Wahlmöglichkeit zwischen verschiedenen Worten ähnlicher oder gleicher Bedeutung (Synonymenproblem).
(2) Bedeutungsvielfalt eines Wortes (Homonymenproblem).
(3) Suche nach passenden Deskriptoren, um bestimmte Sachverhalte auszudrücken.
(4) Frage der Schreibweise von Worten. So ist für einen Computer z. B. „Schmitt" etwas völlig anderes als „Schmidt", da er nur auf Gleich- bzw. Ungleichheit von Buchstabenfolgen erkennt.

Durch Verwendung von Wörterbüchern sollen sie möglichst eliminiert werden.

Im Bereich des Information Retrieval sind vor allem Thesauri (Synonymenwörterbücher) und Wortgruppen-Wörterbücher von Bedeutung.

a) Thesaurus (Synonymenwörterbuch)
Ein Thesaurus ist eine „Sammlung von Wörtern der natürlichen Sprache (Gemeinsprache und Fachsprache) mit Darstellung ihrer Begriffsbeziehungen" [98, S. 40]. Man unterscheidet drei Arten von Thesauri, den linguistischen, den statistischen und den instruierenden Thesaurus [157].

Der linguistische Thesaurus möchte vor allem das Synonymenproblem bewältigen. Im Deutschen kann man z. B. das Wort „untätig" auf fast 200fache Weise umschreiben. In diesem Sinne ist „untätig" ein unbestimmter Ausdruck, der die Idee einer Synonymengruppe repräsentiert. Ein unbestimmter Ausdruck als Repräsentant einer Synonymengruppe ist nicht mehr synonym und wird von Model [157, S. 7] als Kopfwort bezeichnet. Diese Kopfworte werden im linguistischen Thesaurus in eine hierarchische Ordnung gebracht.

Der statistische Thesaurus geht auf Luhn zurück. Aus einer Vielzahl von Texten wird auf statistischem Wege ein Wörterbuch erarbeitet. In ihm werden Gruppen synonymer Wörter gebildet, wobei jede Gruppe einen Begriffsbereich (Concept) kennzeichnet. Jeder Gruppe wird ein Deskriptor zugeordnet, entweder als eine „Concept-Nr." oder als ein Begriff der Gruppe. Dieser Deskriptor ist als einziger Begriff der Gruppe zum Indexieren zugelassen.

Der instruierende Thesaurus ist ein Hilfsmittel, das die Begriffe aufzählt, die als Deskriptoren verwendet werden dürfen. Meist werden zu jedem Deskriptor noch Querverbindungen angegeben, wie [157, S. 9]:

(1) Synonyme:	Basometric pressure
	includes: Atmospheric pressure
entsprechend:	Atmospheric pressure
	use: Barometric pressure
(2) Hierarchische Beziehung:	Binoculars
hung:	Broader terms: optical equipment
	Narrower terms: infrared Binoculars
(3) Allgemeine Angaben:	Adhesion
	Related terms: Bonding

b) Wortgruppen-Wörterbuch (Phrase Dictionary)
Das Wortgruppen-Wörterbuch ist ein Hilfsmittel beim Phrase-Indexing. Es enthält alle zugelassenen Wortgruppen. Die Wortgruppen können aus Wörtern gebildet sein, die häufig in Texten und Suchfragen auftreten. Es ist aber auch möglich, sie durch Kombinationen von Deskriptoren eines Thesaurus zu bilden.

3.1.3.2.3 Analyseverfahren

Die Inhaltsanalyse von Texten war lange Zeit ausschließlich menschlichen Indexierern vorbehalten. Etwa seit Ende der Fünfziger Jahre wurde eine Reihe automatisierbarer Analyseverfahren angeboten. Ihr Anwendungsbereich ist in Abb. 68 abgegrenzt.

Die Verfahren der automatischen Inhaltsanalyse lassen sich in zwei Gruppen einteilen, in statistische und syntaktische Verfahren [102, S. 2]. Sämtliche statistische Verfahren beruhen auf der Auswertung des mengenmäßigen Auftretens von Wörtern oder Wortkombinationen. Bei syntaktischen Methoden werden

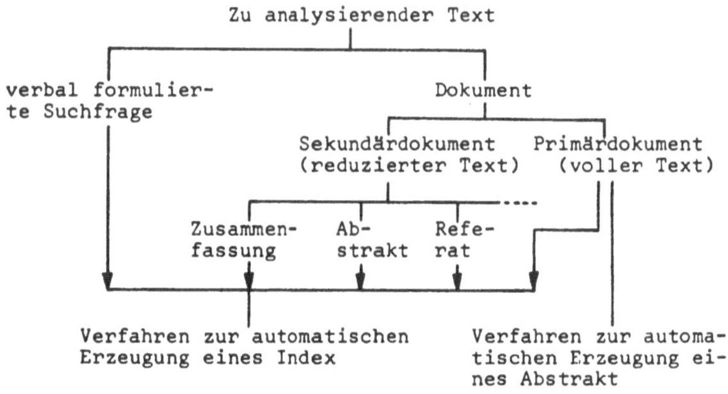

Abb. 68. Anwendungsbereich von Verfahren der automatischen Inhaltsanalyse von Texten

zusätzlich Abhängigkeitsbeziehungen zwischen Wörtern berücksichtigt. Im folgenden wird nur auf die statistische Analyse eingegangen, wobei ein Verfahren detaillierter behandelt wird.

Die statistischen Analyseverfahren kann man einteilen in:

a) Verfahren ohne Kontrastbildung.
b) Verfahren mit Kontrastbildung.

Zu a)
Bei diesen einfacheren statistischen Verfahren wird ein im Computer gespeicherter Thesaurus verwendet. Mit seiner Hilfe findet eine Wort-für-Wort-Übersetzung statt, indem Textwörter durch Deskriptoren ersetzt und banale Wörter weggelassen werden [147]. Nun erfolgt gewöhnlich eine Ordnung der Deskriptoren nach ihrer Häufigkeit. Die häufigsten werden zur Indexierung des analysierten Textes verwendet. Der Vorzug dieser Vorgehensweise liegt in der terminologischen Vereinheitlichung: Synonyme Begriffe werden unter einem Sammelbegriff, dem Deskriptor, zusammengefaßt [102, S. 4]. Es sind aber auch Nachteile zu verzeichnen. Neue Begriffe, die nicht im Thesaurus enthalten sind, oder grammatikalische Modifikationen schon vorhandener Begriffe bleiben unberücksichtigt. Durch ständige Aktualisierung des Thesaurus und durch Einsatz eines Grammatik-Analyseprogrammes können diese Identifizierungsprobleme bewältigt werden.

Zu b)
Die Verfahren der Kontrastbildung stellen den zu analysierenden Text einem „normalen" Text gegenüber. Die Grundidee hierzu ist folgende [129]: Ein seltenes, spezielles technisches Wort kennzeichnet am treffensten das Thema eines Autors. „Selten" ist zu verstehen im Sinne des allgemeinen Gebrauchs, aber nicht bezüglich des Analysetextes. Edmunson und Wyllys [129, S. 227 f.] haben

verschiedene Maße für die Signifikanz solcher Wörter untersucht:

Es sei: f = relative Häufigkeit eines speziellen Wortes in dem analysierten Dokument, $f \in [0, 1]$,
r = relative Häufigkeit desselben speziellen Wortes im allgemeinen Sprachgebrauch, $r \in [0, 1]$.

Mögliche Signifikanzfunktionen $s(f, r)$ sind dann z. B.:

$$s_1 = f - r\,, \qquad s_3 = f/(f + r)\,,$$
$$s_2 = f/r\,, \qquad s_4 = \log f/r\,.$$

Für diese Signifikanzmaße gilt:

(1) Sie geben solchen Wörtern eine geringe Signifikanz, die im allgemeinen Sprachgebrauch **und** im Analysetext selten oder häufig auftreten.
(2) Sie weisen den Wörtern eine hohe Signifikanz zu, die im normalen Gebrauch selten und im Analysetext häufig sind. Zwischen allgemein üblichen und unüblichen Wörtern mit je gleicher Häufigkeit im Analysetext ist daher eine Unterscheidung möglich.

Ein Beispiel für die Gruppe b) ist ein von Edmunson und Wyllys beschriebenes Verfahren [129, S. 228 f.]. Es sei:

K = ein umfassendes Sachgebiet (Literaturgebiet),
k_j = Teilgebiet von K; insgesamt ist K in n Teilgebiete unterteilt, also: $j = 1, 2, \ldots, n$,
m = Anzahl der in K auftretenden verschiedenen Wörter.

Für jedes in K auftretende Wort w, $w = 1, 2, \ldots, m$, sei bekannt:

r_{wo} = relative Häufigkeit von Wort w in Sachgebiet K,
r_{wj} = relative Häufigkeit von Wort w in Teilgebiet k_j.

Für ein zu analysierendes Dokument d gelte:

f_{wd} = relative Häufigkeit von Wort w in Dokument d.

Diese relativen Häufigkeitswerte lassen sich in Form einer Matrix anordnen:

$$\begin{array}{c} \\ \\ \end{array}\left[\begin{array}{c|ccccc|c}
r_{10} & r_{11} & \cdots & r_{1j} & \cdots & r_{1n} & f_{1d} \\
\vdots & \vdots & & \vdots & & \vdots & \vdots \\
r_{w0} & r_{w1} & \cdots & r_{wj} & \cdots & r_{wn} & f_{wd} \\
\vdots & \vdots & & \vdots & & \vdots & \vdots \\
r_{m0} & r_{m1} & \cdots & r_{mj} & \cdots & r_{mn} & f_{md}
\end{array}\right]
\begin{array}{l}
\leftarrow \text{Wort } 1 \\ \vdots \\ \leftarrow \text{Wort } w \\ \vdots \\ \leftarrow \text{Wort } m
\end{array}$$

$$\begin{array}{ccc} \uparrow & \uparrow & \uparrow \\ \text{Sachgebiet } K & \text{Teilgebiet } k_j & \text{Dokument } d \end{array}$$

Durch die Ermittlung von Assoziationskoeffizienten zwischen bestimmten Spaltenvektoren dieser Matrix können nun drei Problemstellungen gelöst werden:

(1) Automatische Klassifikation, d.h. welchem Teilgebiet k_j ein gegebenes Dokument d zuzuordnen ist.

Durch Vergleich des Dokument-Spaltenvektors mit den Teilgebiet-Spaltenvektoren lassen sich Assoziationskoeffizienten $A_{d,j}$ zwischen Dokumenten und Teilgebieten ermitteln; z.B. nach der Formel:

$$A_{d,j} = \sum_{w=1}^{m} (f_{wd} - r_{wj})^2 .$$

Die „Ähnlichkeit" zwischen Dokument d und Teilgebiet k_j ist um so größer, je kleiner $A_{d,j}$ ist. Das Dokument d wird dem Teilgebiet zugeordnet, für das $A_{d,j}$ einen minimalen Wert annimmt.

(2) Automatischer Kreuzverweis, d.h. welchen anderen Teilgebieten ein Dokument relativ stark assoziiert ist.

Der Wert $A_{d,j}$ für $j \in [1, n]$ stellt einen Assoziationskoeffizienten zwischen Dokument d und Teilgebiet k_j dar. Einen Kreuzverweis kann man z.B. vorsehen, wenn der Wert $A_{d,j}$ eine vorgegebene Schwelle unterschreitet.

(3) Automatische Indexierung, d.h. welche Worte zur Inhaltscharakterisierung von Dokumenten geeignet sind. Durch Vergleich der relativen Häufigkeiten f_{wd} der Wörter in d mit den relativen Häufigkeiten r_{wo} der Wörter in Sachgebiet K läßt sich für jedes Wort ein Signifikanzmaß ermitteln. Z.B. nach der Formel:

$$s_w = f_{wd}/r_{wo} ; \quad w = 1, 2, \ldots, m .$$

Zum Indexieren des Dokuments d werden z.B. die Wörter verwendet, deren Wert s_w eine vorgegebene Signifikanzschwelle überschreitet.

3.1.3.3 Informationsspeicherung

In einem IR-System werden grundsätzlich drei Arten von Informationen abgespeichert:

a) Wörterbücher,
b) Informationen zum Wiederauffinden von Dokumenten,
c) Primär- oder Sekundärdokumente.

Einen Überblick über die Speichermöglichkeiten gibt Abb. 69. Während Wörterbücher und Informationen zum Wiederauffinden von Dokumenten im Computersystem gespeichert sein müssen, besteht für die Dokumente auch die Möglichkeit der systemunabhängigen Speicherung. In welchem Umfang Dokumente im Computersystem zu speichern sind, hängt von den Benutzeranforderungen an die Beantwortung einer Suchfrage ab. Folgende Antwortmöglichkeiten sind denkbar:

(1) Ausgabe des Inhaltes von Originaldokumenten.
(2) Ausgabe von Sekundärdokumenten (Abstrakt, Zusammenfassung oder Referat).
(3) Ausgabe nur der Dokument-Nr. und der das Dokument charakterisierenden Deskriptoren.
(4) Ausgabe nur der Dokument-Nr.; das Originaldokument kann, wie auch in den Fällen 2. und 3., unter dieser Nummer gefunden werden.

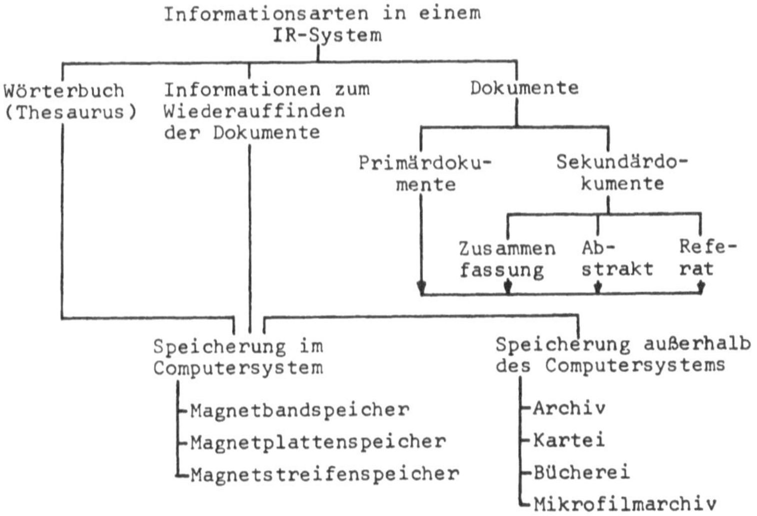

Abb. 69. Informationsarten und ihre Speicherung in einem Information-Retrieval-System

Weitere Kriterien für die Bestimmung des Speicherungsumfangs sind:

- Systemantwortzeit, d.h. die Zeitspanne zwischen Eingabe einer Suchfrage und Ausgabe der Suchergebnisse,
- verfügbarer Externspeicherplatz,
- Umfang der abzuspeichernden Dokumente,
- Aufwand bei der Erfassung (evtl. sind Dokumente schon auf maschinenlesbaren Datenträgern erfaßt).

Auf die logischen und physischen Speicherungsmöglichkeiten der Informationen wird hier nicht eingegangen. Sie werden im Abschnitt Datenbank dargestellt.

3.1.3.4 Recherche

Unter Recherche versteht man das „Aufsuchen von Informationen" [98, S. 41]. Sie umfaßt folgende Vorgänge:

a) Eingabe einer Suchfrage in das IR-System. Die Suchfrage muß in einer dem System verständlichen Sprache (Indexsprache) formuliert sein.
b) Vergleich der Suchfrage mit dem Index von Dokumenten und Berechnung von Assoziationskoeffizienten zwischen Suchfrage und Dokumenten.
c) Entscheidung, welche Dokumente bezüglich der Suchfrage relevant sind. Dies sind z. B. solche, für die der ermittelte Assoziationskoeffizient eine vorgegebene Schwelle überschreitet.
d) Selektion der auszugebenden Informationen aus einer Datei und Ausgabe dieser Informationen.

Die Vorgänge b) und c) faßt Meadow unter dem Begriff „Matching" [62, S. 108] zusammen. Matching schließt die Selektion nicht ein. Im Rahmen des Matching können Formeln für die Berechnung von Assoziationskoeffizienten oder logische Verknüpfungen von Deskriptoren ausgewertet werden. Während Berechnungen von Assoziationskoeffizienten beim Vergleich von Informationsprofilen und bei der automatischen Inhaltanalyse (Klassifikation, Kreuzverweis, usw.) dominieren, herrschen logische Verknüpfungen bei der Recherche vor. Für die logische Verknüpfung von Deskriptoren sind beim Information Retrieval folgende elementare Funktionen von Bedeutung [53, S. 128 ff.]:

(1) Logisches UND (Konjunktion)
Suchfrage z. B.: a_1 & a_2 & . . . & a_n;
$a_1, a_2, \ldots, a_n$ = Deskriptoren
Bedeutung: Ein Dokument ist relevant, wenn sein Index a_1 und a_2 und . . . und a_n, d. h. alle Deskriptoren $a_1, \ldots, a_n$ enthält.

(2) Logisches ODER (Disjunktion)
Suchfrage z. B.: $a_1 \Diamond a_2 \Diamond a_n$
Bedeutung: Ein Dokument ist relevant, wenn sein Index a_1 und/oder a_2 und/oder . . . und/oder a_n, d. h. wenigstens einen der Deskriptoren $a_1, \ldots, a_n$ enthält.

(3) Logische Differenz (Inhibition)
Suchfrage z. B.: a_1 & $\bar{a}_2$
Bedeutung: Ein Dokument ist relevant, wenn sein Index a_1 enthält, aber nicht a_2.

(4) Feste Reihenfolge
Suchfrage z. B.: $\langle a_1, a_2, a_3 \rangle$
Bedeutung: Ein Dokument ist relevant, wenn sein Index die Deskriptoren a_1, a_2, a_3 in der vorgegebenen Reihenfolge enthält.

Je nach vorliegendem Suchprogramm können einige oder alle dieser Fälle bei konkreten Suchfragen kombiniert werden. Zur Beurteilung der Leistungsfähigkeit von IR-Systemen wurden „Leistungsindikatoren" definiert [171]. Hierbei wird die Anzahl aller Dokumente N auf der Grundlage einer Suchfrage in vier Gruppen aufgeteilt:

Gruppe Nr.	Anzahl der Dokumente	Aufgrund der Suchfrage aufgefunden	Bezüglich der Suchfrage relevant
1)	$A = a \cdot N$	ja	ja
2)	$B = b \cdot N$	ja	nein
3)	$C = c \cdot N$	nein	ja
4)	$D = d \cdot N$	nein	nein

Dabei gilt: $a + b + c + d = 1$, $a, b, c, d \in [0, 1]$

Leistungsindikatoren:

Nachweisquote	(Recall ratio)	$R = a/(a + c)$
Relevanzquote	(Precision ratio)	$P = a/(a + b)$
Abfallquote	(Fallout ratio)	$F = b/(b + d)$
Ballastquote	(Noise ratio)	$B = b/(b + a)$
Fehlquote	(Miss ratio)	$M = c/(c + a)$

Die Leistungsindikatoren sind voneinander nicht unabhängig. So ermittelten Aitchison/Cleverdon [181] und Salton [170] bei umfangreichen Tests folgende empirische Beziehungen:

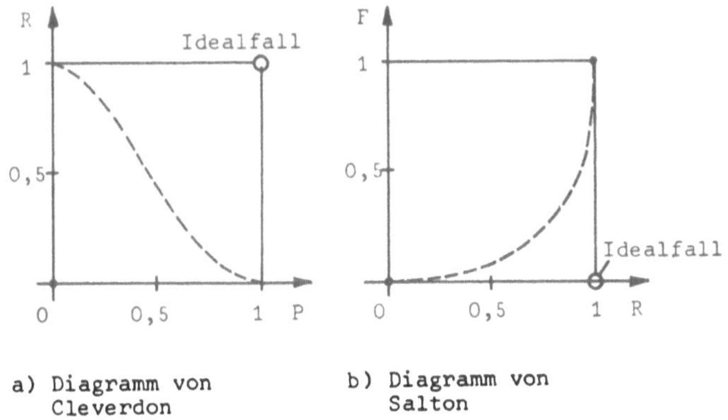

Abb. 70. Funktionelle Zusammenhänge zwischen Leistungsindikatoren von Information-Retrieval-Systemen

Bei einem idealen IR-System würden alle relevanten Dokumente vermittelt und alle nicht relevanten nicht vermittelt. Es wäre dann $b = 0$ und $c = 0$, also $R = 1$, $P = 1$, $F = 0$, $B = 0$ und $M = 0$. Dieser Idealfall ist in der Praxis nicht realisierbar, es gelten vielmehr die in Abb. 70 dargestellten Zusammenhänge. Der Preis für eine hohe Relevanzquote ist eine geringe Nachweisquote und umgekehrt.

Bei der Festlegung des Arbeitspunktes eines IR-Systems im P-R-Diagramm ist als wesentlichstes Kriterium die Anzahl der im System abgespeicherten Dokumente zu beachten [71, S. 21]. Bei sehr großem Dokumentenbestand ist Wert auf eine hohe Relevanzquote P zu legen, um dem Benutzer das Sichten eines hohen Ballastanteils zu ersparen. Bei geringerer Dokumentenzahl kann P zugunsten einer höheren Nachweisquote gesenkt werden.

3.2 Datenbank

Die Präzisierung der Datenbankdefinition von Kapitel 1.1.5 erfolgt zweckmäßigerweise in Gegenüberstellung zum bis heute in der kommerziellen ADV noch überwiegend angewandten programmorientierten [135] Dateikonzept (vgl. Abb. 71). Dieses Konzept ist durch folgende Merkmale gekennzeichnet:

(1) Bewegungsdaten und Stammdaten sind in einzelnen Dateien organisiert, die auf bestimmte Verarbeitungsprogramme zugeschnitten und meist nach einem Ordnungsbegriff sortiert sind.
(2) Da Daten einer Datei oft in verschiedenem Umfang von verschiedenen Programmen benötigt werden, müssen für bestimmte Programme spezielle, temporäre Arbeitsdateien erstellt werden. Sie enthalten Verarbeitungssätze, die aus verschiedenen Dateien zusammengestellt sind.
(3) Die Sortierung einer Datei richtet sich nach der dominanten Verarbeitungsreihenfolge. Bei davon abweichenden Verarbeitungsfolgen und bei der Zusammenstellung temporärer Arbeitsdateien sind häufig aufwendige Sortier- und Mischläufe notwendig.
(4) Die von einem Programm benötigten Dateien, ihr Aufbau und auch die erzeugten Ergebnis- bzw. Ausgabedateien sind in jedem Programm genau spezifiziert.

Die Nachteile dieses Konzeptes, nämlich

- eine Vielzahl von Dateien,
- Speicherung gleicher Daten in verschiedenen Dateien,
- aufwendige Erstellung von Verarbeitungsdateien,
- Starrheit in der Erstellung von Auswertungen und Berichten

sollen mit dem Datenbankkonzept vermieden werden. Die Dateiverarbeitung in Verbindung mit einer Datenbank weist folgende Merkmale auf [65, S. 15 f.] (vgl. auch Abb. 72):

(1) Durch Zusammenfassung logisch zusammengehöriger, bisher aber getrennter Dateien (z. B. Kundenstamm- und Auftragsdatei) wird eine Datendoppelspeicherung vermieden und eine Datenintegration bewirkt.

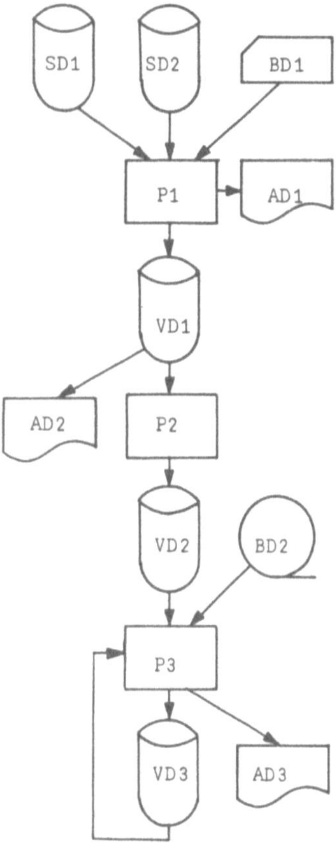

SD1 = Stammdatei 1 (Kundenstamm)
SD2 = Stammdatei 2 (Artikelstamm)
BD1 = Bewegungsdatei 1 (Kundenaufträge)
P1 = Programm 1 (Zusammenstellung und Prüfen von Postensätzen für die Rechnungsschreibung)
VD1 = Verarbeitungsdatei 1 (Rechnungspostensätze)
AD1 = Ausgabedatei 1 (Fehlerprotokoll)
P2 = Programm 2 (Rechnungsschreibung)
AD2 = Ausgabedatei 2 (Rechnungen)
VD2 = Verarbeitungsdatei 2 (Artikel-Kundenumsätze im Abrechnungszeitraum)
BD2 = Bewegungsdatei 2 (Lagerzugänge im Abrechnungszeitraum)
P3 = Programm 3 (Lagerbestandsfortschreibung)
VD3 = Verarbeitungs/Bestandsdatei (Lagerbestandsdatei)
AD3 = Ausgabedatei 3 (Lagerstatistik)

Abb. 71. Datenverarbeitung bei programmorientiertem Dateikonzept

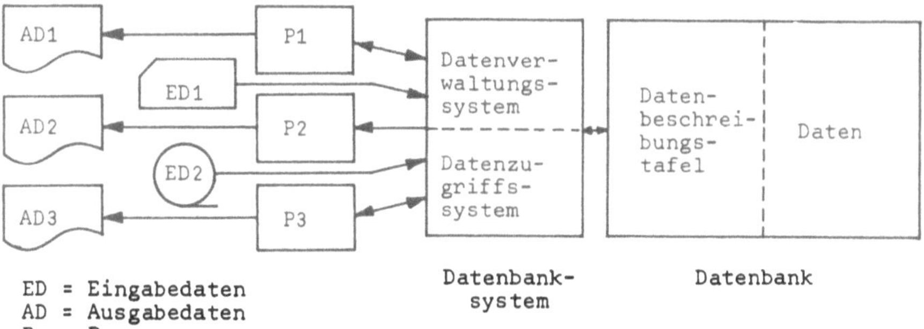

ED = Eingabedaten
AD = Ausgabedaten
P = Programm

Abb. 72: Datenverarbeitung beim Datenbankkonzept

(2) Die Dateien werden in der Datenbank unabhängig von den verarbeitenden Programmen zusammengefaßt. Eingabe und Wartung der Dateien wird dem „Datenverwaltungssystem" der Datenbank übertragen.
(3) Format und Inhalt der Dateien werden in „Datenbeschreibungstafeln" und nicht mehr in den verarbeitenden Programmen spezifiziert. Ein „Datenzugriffssystem" macht die gewünschten Daten für die verarbeitenden Programme verfügbar, ohne daß umfangreiche Sortier- und Mischvorgänge notwendig sind.
(4) Da die Dateien in der Datenbank unabhängig von Programmen organisiert sind, können gleichzeitig beliebige Auswertungen von mehreren Programmen bzw. Benutzern erstellt werden.

Mit dem Begriff „Datenbank" bezeichnet man die gespeicherten Daten. Der Begriff „Datenbanksystem" umfaßt dagegen auf den Betrieb der Datenbank bezogene Funktionen wie Datenbeschreibung, Dateiaufbau, Wartung der Datenbank, Wiedergewinnung von Daten und Datensicherung. Neben dem Datenverwaltungs- und Datenzugriffssystem besitzt ein Datenbanksystem hierfür noch weitere Untersysteme (vgl. Kapitel 3.2.2).

3.2.1 Begriffe und Verfahren der Datenorganisation

„Unter Datenorganisation versteht man die Anordnung von gespeicherten Daten zum Zwecke ihrer schnellen Wiederauffindung" [104, S. 5]. Während bei der herkömmlichen ADV einfachere Verfahren der Datenorganisation zum Einsatz kommen, setzt das Datenbankkonzept zusätzliche, komplexere Verfahren voraus. Man spricht daher auch erst dann von einer Datenbank, wenn die Datenorganisation einen gewissen Komplexitätsgrad erreicht hat [178].

Bei der Organisation einer Datenbank sind folgende Probleme zu lösen:

a) Definition von Dateneinheiten und ihrer Inhalte.
b) Zuweisung der Dateneinheiten zu Speicherplätzen.
c) Festlegung von Organisationsformen für die Abspeicherung und Suche des Inhaltes der Dateneinheiten.

Dieser Problemkreis ist Gegenstand der Kapitel 3.2.1.1 bis 3.2.1.6. Die im Verlauf dieser Abschnitte erläuterten Begriffe und Verfahren und ihre Beziehungen zeigt Abb. 73.

3.2.1.1 Dateneinheiten

Dateneinheiten sind Datenanordnungen in organisatorisch unterschiedlichen Aggregierungsgraden, denen bestimmte Begriffe zugeordnet sind. Die gängigsten Begriffe sind in Abb. 74 zusammengestellt.

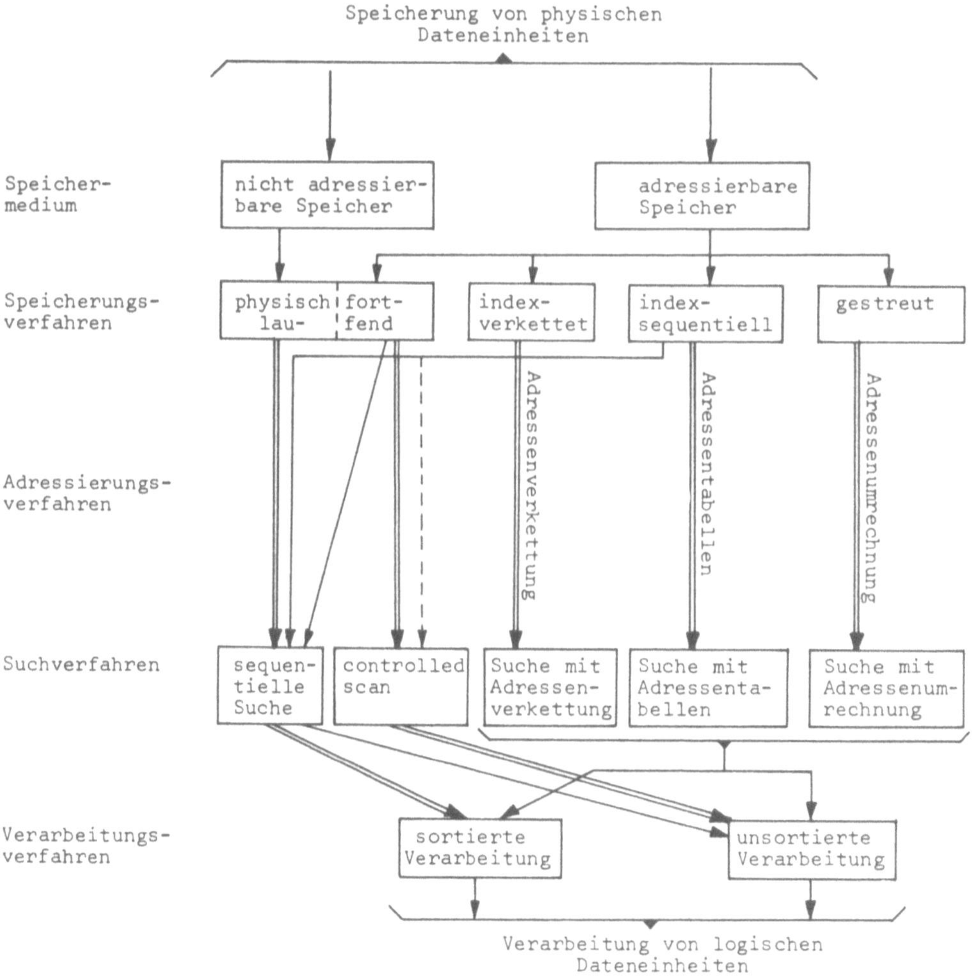

Abb. 73. Begriffe und Verfahren der Datenorganisation

Die kleinste Dateneinheit ist das Bit. Ein Bit beinhaltet eine Binäraussage, indem es einen von zwei möglichen Werten (Ja oder Nein bzw. 0 oder 1) darstellt. Durch Zusammenfassung mehrerer Bits, z. B. 8 Bits, werden Zeichen (Ziffern, Buchstaben, Sonderzeichen) gebildet.

Mehrere Zeichen, im Sonderfall ein Zeichen, ergeben ein Feld. Die Zeichen eines Feldes gehören logisch zusammen und bilden die für den Benutzer kleinste relevante Dateneinheit. Mehrere logisch zusammengehörige Felder bilden ein Segment. Das Segment „Adresse" enthält z. B. die Felder „Name, Vorname, Postleitzahl, Wohnort, Straße, Nr.".

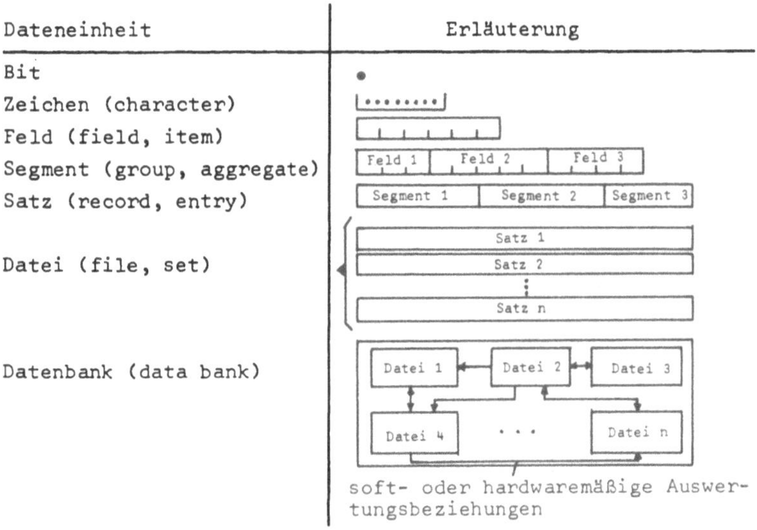

Abb. 74. Überblick über Dateneinheiten

Der Satz als nächsthöhere Dateneinheit besteht aus logisch zusammengehörigen Segmenten. Er enthält alle Daten zur Bezeichnung eines Objektes (Mitarbeiter, Lieferant, Artikel, Auftrag, usw.). Der Satz „Mitarbeiter" setzt sich z. B. aus den Segmenten „Adresse, Qualifikation, Abrechnung" zusammen.

Die Zusammenfassung aller gleichartigen Sätze ergibt eine Datei. Im Gegensatz zu Feld, Segment und Satz ist eine Datei also aus gleichartigen Subeinheiten aufgebaut. Eine oder mehrere Dateien bilden eine Datenbank.

Bei allen Dateneinheiten außer Bit und Zeichen kann zwischen ihrem Namen und ihrem Inhalt unterschieden werden:

Felder mit Inhalten gleicher Länge (Personal-Nr., Kostenstelle, usw.) besitzen feste Länge. Felder mit Inhalten ungleicher Länge (Name, Vorname, usw.)

Mitarbeitersatz									
Ordnungsbegr	Adressegment			Abrechnungssegment					Segmentnamen
Personal-Nr.	Name	Vorname	...	Kostenst.	Gehalt	Kto.-Nr.	...	...	Feldnamen
1012	ABEL	KLAUS	...	736	42537	178743	...	...	
1216	ABS	FRITZ	...	403	38715	398112	...	...	Sätze mit Feldinhalten
			⋮						
9744	ZAPF	HANS	...	414	40012	201443	...	...	

(Satzname: Mitarbeitersatz)

Abb. 75. Namen und Inhalte von Dateneinheiten

können feste oder variable Länge haben. Im zweiten Fall steht dem geringeren Speicherplatzbedarf ein Mehraufwand bei der Verarbeitung, die Bestimmung der Feldlänge, gegenüber. Felder variabler Länge haben natürlich Segmente bzw. Sätze variabler Länge zur Folge. Es gelten dann analog die obigen Aussagen bezüglich Speicherplatzbedarf und Verarbeitungsaufwand.

3.2.1.2 Datensatzstrukturen

Eines der Grundprobleme beim Aufbau einer Datenbank ist die Festlegung der Datensatzstrukturen der Dateien. Hierbei sind folgende Punkte zu beachten:

a) der Unterschied zwischen logischen und physischen Sätzen,
b) die möglichen Typen von Satzstrukturen,
c) die Unterscheidung von formatierten und unformatierten Datenbeständen.

Zu a)
Physische Sätze sind auf Speichern eines Computersystems abgespeicherte Dateneinheiten auf Satzniveau, und logische Sätze sind von Benutzerprogrammen verarbeitete Dateneinheiten auf Satzniveau. Logische und physische Sätze müssen nicht identisch sein. Die Erzeugung von logischen verarbeitungsorientierten Sätzen aus physisch abgespeicherten Sätzen ist eine im Rahmen der Datenorganisation zu lösende Aufgabe.

Bei der herkömmlichen kommerziellen ADV gelten folgende Beziehungen zwischen logischen und physischen Sätzen:

(1) Physische und logische Sätze sind bezüglich dem dominierenden Verarbeitungszweck eines Datenbestandes identisch.
(2) Oftmals werden aus physischen Sätzen oder Teilen davon in umfangreichen Sortier- und Mischläufen neue physische Sätze erzeugt, die dann als logische Sätze verarbeitet werden. Bei diesen Verarbeitungsdateien sind also physische und logische Sätze wiederum identisch.
(3) Aus verarbeitungstechnischen Gründen (Speicherausnutzung, Abstimmung mit Ein/Ausgabepuffer, Datentransfer) faßt man oft mehrere logische Sätze zu einem sogenannten Block zusammen. Ein solcher Block wird – insbesondere beim Magnetband, wo er zwischen zwei Lücken (Klüften) steht – als physischer Satz bezeichnet.

Das oben beschriebene Datenbankkonzept (vgl. auch Abb. 72) hat zur Folge, daß in einer Datenbank logische und physische Sätze in der Regel nicht identisch sind. Vielmehr können logische Sätze aus physischen Sätzen oder Teilen davon fallweise zusammengestellt werden. Die Auswertungsflexibilität einer Datenbank bestimmt sich danach, in welchem Umfang logische Sätze aus physischen Dateneinheiten aufgebaut werden können. Die Zusammenstellung von logischen Sätzen aus physischen Dateneinheiten übernimmt das Datenzugriffssystem. Es bestimmt also maßgeblich die Leistungsfähigkeit einer Datenbank.

Zu b)

Es lassen sich lineare und nichtlineare Sätze unterscheiden [65, S. 41 f.]. Bei linearen Sätzen sind sämtliche Segmente bzw. Felder gleichgeordnet und dem Ordnungsbegriff des Satzes zugehörig. Folgende lineare Satzformen sind unterscheidbar:

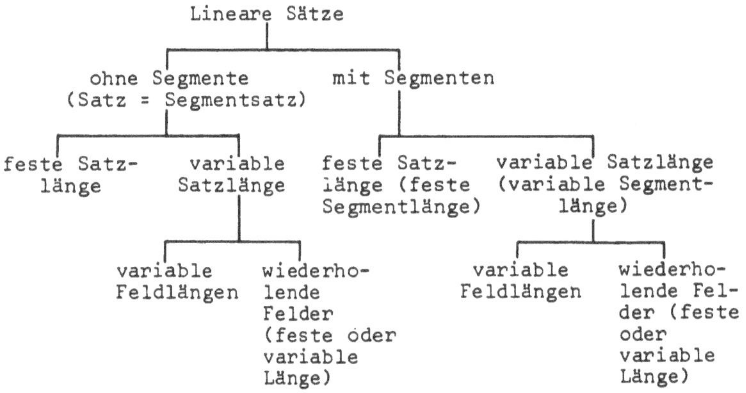

Abb. 76. Lineare Satzformen

Beispiele für Segmentsätze:

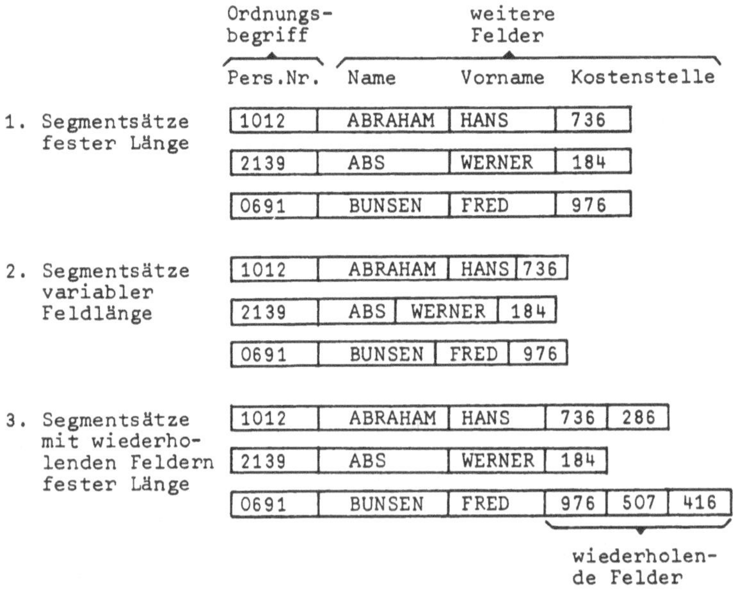

Bei linearen Sätzen mit (mehreren) Segmenten erhält man analoge Strukturen. Lineare Sätze sind von der Datenorganisation her leicht zu handhaben [65, S. 41]. Sie besitzen aber den Nachteil, daß jeweils der ganze Satz durchsucht werden muß, wenn zu einem bestimmten Feld bzw. Segment zugegriffen werden soll.

Bei nichtlinearen Sätzen sind Felder bzw. Segmente einander logisch unter- oder übergeordnet. Von der Vielzahl der möglichen Strukturen [35, S. 31 ff.] (hierarchische Strukturen, Netzstrukturen, zyklische Strukturen, usw.) sind die hierarchischen Strukturen und speziell die Baumstruktur von größter Bedeutung. Bei hierarchischen Strukturen sind Felder oder Segmente eines Satzes in mehrere hierarchische Stufen gegliedert. Die Baumstruktur ist dadurch gekennzeichnet, daß jedes Segment – mit Ausnahme der Segmente in der hierarchisch höchsten und den niedersten Stufen – nur einen Vorgänger und mehr als einen Nachfolger besitzen kann.

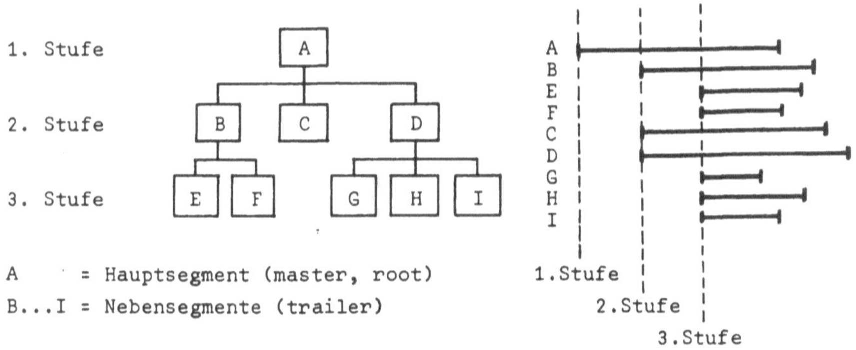

Abb. 77. Hierarchischer Satz als Baumstruktur in zwei Darstellungsformen [58, S. 84]

Man spricht von einfach strukturierten hierarchischen Sätzen, wenn auf jeder Stufe nur ein einziger Segmenttyp auftritt, und ansonsten von vielfach strukturierten hierarchischen Sätzen [58, S. 84].

Strukturierte Datensätze bieten den Vorteil, daß nicht mehr der gesamte Satz durchsucht werden muß, wenn nur zu einem Segment zugegriffen werden soll.

Zu c)
Die Unterscheidung von formatierten und nichtformatierten Datenbeständen findet sich wieder in Begriffspaaren wie:

strukturiert/nichtstrukturiert [180]
numerisch/nichtnumerisch [127]
sowie: numerische Informationssysteme/nichtnumerische Informationssysteme [127]
data management systems/information retrieval systems [65, S. 19]

Bei einer formatierten Datei besitzen alle Sätze die gleiche, feste Einteilung in Segmente und Felder. Aus der Zugehörigkeit eines Satzes zu einer Datei kann also eindeutig der Satzaufbau abgeleitet werden. Formatierte Datenbestände dominieren in der kommerziellen ADV.

Nichtformatierte Informationen weisen kein einheitliches Format auf. Ihre Bedeutung ergibt sich aus dem Inhalt selbst und nicht aus einer festen Stellenzuordnung im Datensatz [128]. Nichtformatierte Informationen sind typisch für Information Retrieval Systeme. Dabei treten z. B. folgende Datenbestände auf:

a) Invertierte Datei: (inverted file)

FLUESSIG # 2790 * 13509 * 21318 **

GAS # 915 * 3442 * 9730 * 13509 **

.
.
.

LEITUNG # 13509 * 13698 **

Deskriptor — variable Anzahl von Dokument-Nr.

b) Satz einer Dokumentdatei, z. B.:

13509 # FLUESSIG * . . . * GAS ** LEITUNGSSYSTEME FÜR FLUESSIG GAS . . .

Dok.Nr. — variable Anzahl von Deskriptoren — Text

Abb. 78. Nichtformatierte Datenbestände

Die Vereinigung beider Arten von Datenbeständen in einem System wurde bislang noch nicht realisiert. Die Gründe dafür liegen in den Unterschieden [65, S. 20 f.] zwischen beiden Arten von Datenbeständen. Sie stehen der Schaffung geeigneter Softwarepakete entgegen:

	formatierte Systeme	nicht formatierte Systeme
Umfang der Datenbestände	groß	sehr groß
Änderungshäufigkeit der Datenbestände	groß	klein
Benutzer	Programme und Menschen	überwiegend Menschen
Umfang der Zielinformationen	stark schwankend	gering

3.2.1.3 Schlüssel

Jeder Datensatz enthält ein oder mehrere Datenfelder für Sortier-, Misch- und Selektionszwecke, nämlich den oder die Schlüssel. Die Struktur der Schlüssel einer Datei bildet ein Nummerungssystem [104, S. 102].

Ein Nummerungssystem bzw. ein Schlüssel erfüllt eine oder mehrere der drei Aufgaben:

(1) Information,
(2) Identifikation,
(3) Klassifikation.

Informierende Schlüssel sind Abkürzungen für ausführliche Beschreibungen. Ihre Aussagen können für viele Objekte zutreffen. Der Alternativschlüssel „M (männlich), W (weiblich)" z.B. informiert über das Geschlecht von Personen einer Gruppe.

Identifizierende Schlüssel bezeichnen dagegen einzelne Objekte in eindeutiger Weise. Sie stellen meist Nummern dar, die man fortlaufend für die zu unterscheidenden Objekte vergibt.

Klassifizierende Schlüssel identifizieren ein Objekt und machen darüberhinaus Aussagen über seine Klassenzugehörigkeit. I.a. liegt ein hierarchisches Klassifikationsschema zugrunde, nach dem sich die weitere Unterteilung des Schlüsselfeldes richtet.

Beispiel: Erzeugnisschlüssel

xx	yyy	zzz
Ober-gruppe	Unter-gruppe	Teile-Nr.

In der betrieblichen Datenverarbeitung besitzt die sog. Parallelverschlüsselung besondere Bedeutung. Hierbei umfaßt ein Schlüssel einen Klassifikations- und einen Identifikationsteil. Beide Teile sind unabhängig voneinander und gleichberechtigt.

Man unterscheidet folgende Schlüsselarten (Keys) [142]:

(1) primary keys (Hauptordnungskriterien, Ordnungsbegriffe),
(2) secondary keys (Nebenordnungskriterien).

Ein Schlüssel, nach dem die Sätze einer Datei geordnet sind, heißt primär und andere Schlüssel sind sekundär.

Beispiel: Rechnungsschreibungssatz

Kunden-Nr.	Artikel-Nr.	Packungsgröße	Menge	Rabattsatz	...
Hauptordnungs-kriterium	Nebenordnungs-kriterien				

Eine besondere Form von Schlüsseln sind die in Information Retrieval Systemen als inhaltscharakterisierende Merkmale und als Suchargumente verwendeten Deskriptoren. Man unterscheidet [141]:

(1) freie Deskriptoren,
(2) gebundene Deskriptoren.

Im Gegensatz zu freien Deskriptoren sind gebundene alleine nicht aussagefähig. Einem gebundenen Deskriptor ist zur Beschreibung seiner Bedeutung stets ein zweiter Deskriptor, Aspekt genannt, hinzuzufügen (vgl. Abb. 79).

a) freie Deskriptoren: FLUESSIG
GAS
LEITUNG
SYSTEM

b) Aspekte und gebundene Deskriptoren:

Aspekt	gebundene Deskriptoren
Geburtsjahr	1912, 1920, 1943, . . .
Artikel-Nr.	1912, 1920, . . .

Abb. 79. Freie und gebundene Deskriptoren

Gebundene Deskriptoren mit Aspekten können als spezielle Form einer Indexsprache angesehen werden (vgl. Syntaktische Indexsprachen, Kapitel 3.1.3.2.1). Den Begriffen „gebundener Deskriptor" und „Aspekt" entspricht bei formatierten Datenbeständen das Begriffspaar „Feldname" und „Feldinhalt". Im Gegensatz zu nichtformatierten Datenbeständen treten bei formatierten also nur „gebunde Deskriptoren" (= Feldinhalte) auf.

3.2.1.4 Speicherungsverfahren

Bei der herkömmlichen kommerziellen ADV besteht eine starke Abhängigkeit zwischen Speicherungs-, Verarbeitungs- und Suchverfahren. Deswegen wird, insbesondere bei der sequentiellen Speicherung bzw. Verarbeitung bzw. Suche, zwischen diesen Begriffen nicht scharf unterschieden. Bei Datenbankanwendungen sind diese drei Verfahren dagegen genau zu trennen.

Zur Abspeicherung von Datenbeständen stehen adressierbare und nicht adressierbare Speichermedien zur Verfügung. Auf nicht adressierbaren Medien, z. B. dem Magnetband, zeichnet man Daten i. a. fortlaufend auf. Bei adressierbaren Speichern, wie Magnetplatte, Magnettrommel und Magnetstreifen, können die einzelnen Speicherplätze dagegen auch lückenhaft belegt werden.

Folgende vier Grundformen der Speicherung von Datenbeständen können unterschieden werden:

a) physisch fortlaufende Speicherung,
b) index-verkettete Speicherung,
c) index-sequentielle Speicherung,
d) gestreute Speicherung.

Zu a)
Hier werden aufeinanderfolgende Speicherplätze lückenlos mit Datensätzen belegt. Es kommen adressierbare und nicht adressierbare Speichermedien in Frage. Die Datensätze einer Datei können nach folgenden Prinzipien angeordnet sein:

(1) Auf- oder absteigende Sortierfolge der Datensätze nach dem Ordnungsbegriff.
(2) Sortierfolge der Datensätze nach ihrer Verarbeitungshäufigkeit.
(3) Aufzeichnung der Datensätze gemäß ihrem zeitlichen Anfall.

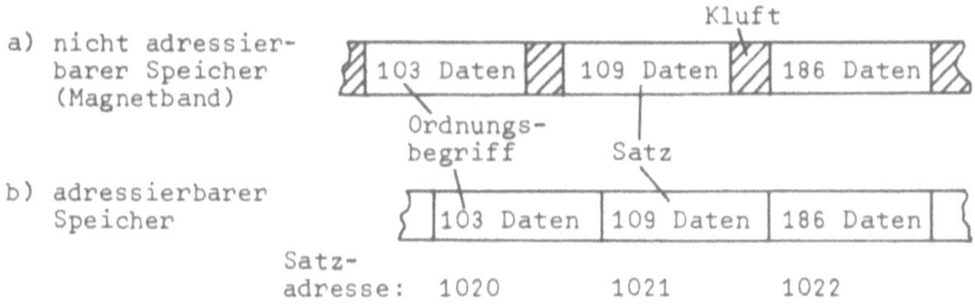

Abb. 80. Physisch fortlaufende Speicherung (aufsteigende Sortierfolge nach dem Ordnungsbegriff)

Von Zeit zu Zeit ist eine Dateireorganisation wegen Neuzugang (Fall (1) und (2)) und Abgang (Fälle (1), (2) und (3)) von Datensätzen durchzuführen.

Zu b)
Die index-verkettete Speicherung (logisch fortlaufende Speicherung, chaining) beruht auf der Trennung von physischer Abspeicherungsfolge und logischer Reihenfolge von Datensätzen. Die Datensätze sind i. a. lückenhaft auf einem adressierbaren Speicher gespeichert. Ihre logische Folge wird durch sog. Zeiger (pointer) hergestellt. Auf diese Weise entstehen Ketten (chains) von Dateneinheiten (Datensätzen).

Unter einem Zeiger versteht man eine Hinweisadresse am Ende eines jeden Datensatzes, die die Adresse des logisch folgenden (im Sinne einer Sortierfolge) Datensatzes darstellt. Eine spezielle Form eines Zeigers ist ein Anker. Er verweist auf den Beginn einer Kette oder auf Dateneinheiten eines anderen Typs oder eines anderen Organisationsniveaus (Datei, Satz, Segment) [104, S. 73].

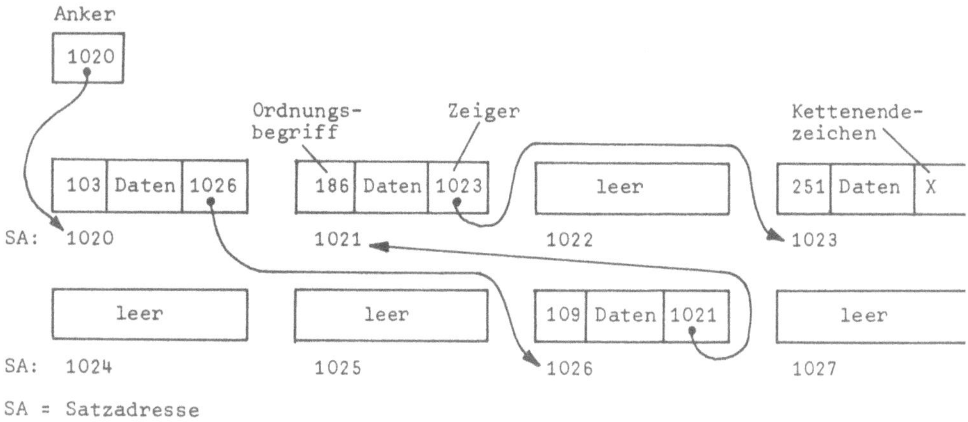

Abb. 81. Index-verkettete Speicherung

Die oben dargestellte einfach verkettete Speicherungsform (simple chain) verwendet nur Nachfolger-Hinweisadressen. Eine Erweiterung stellt die doppelt verkettete Speicherungsform (double chain) dar. Bei ihr enthält jeder Satz einen zusätzlichen Zeiger, der auf den Vorgängersatz zeigt [104, S. 79]. Einfach und doppelt verkettete Datensätze können als offene Ketten (mit Kettenendezeichen, vgl. Abb. 81) oder als geschlossene Ketten (ring structure [125]) realisiert sein. Bei geschlossenen Ketten steht an Stelle des Kettenendezeichens ein Zeiger, der auf den ersten Satz der Kette weist und somit die Kette schließt.

Zu c)

Die index-sequentielle Speicherung verwendet sog. Indextabellen. Unter einem Index versteht man in der Datenorganisation das zu einer abgespeicherten Dateneinheit (Satz, Segment) gehörige Paar Ordnungsbegriff/Speicheradresse, das zum Wiederauffinden der Dateneinheit dient. Eine Indextabelle faßt die Indizes mehrerer Dateneinheiten tabellarisch zusammen. Sie ist i. a. außerhalb des eigentlichen Datenbestandes gespeichert.

Indextabelle (Volltabelle)

Ordnungsbegriff	Datensatzadresse
103	1022
109	1023
186	1024
251	1025

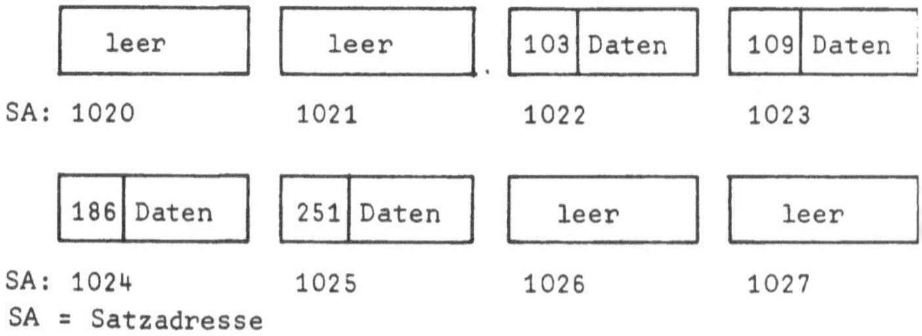

Abb. 82. Index-sequentielle Speicherung (Volltabelle)

Man unterscheidet folgende Tabellenarten:

(1) Volltabelle (vgl. Abb. 82)
In der Volltabelle werden die Ordnungsbegriffe aller Datensätze einer Datei mit den zugehörigen Adressen zusammengeführt.

(2) Mehrfachtabellen
Mehrfachtabellen dienen dem schnelleren Wiederauffinden von Dateneinheiten. Sie bestehen z. B. aus einer Grobtabelle (Hauptindex) und aus mehreren Feintabellen (Unterindizes). Zur Erstellung einer Grobtabelle teilt man eine Datei in größere Abschnitte auf. Die Grobtabelle enthält dann nur noch die Anfangsadressen der Abschnitte. Für die einzelnen Dateiabschnitte wird je eine Feintabelle erstellt. Sie stellt eine Volltabelle für den Dateiabschnitt dar und wird zu Beginn des zugehörigen Abschnitts abgespeichert. Bei der Suche nach einem Satz wird zuerst mit Hilfe der Grobtabelle der zutreffende Dateiabschnitt ermittelt. Im zweiten Schritt bestimmt man die gesuchte Satzadresse durch Suchen in der zugehörigen Feintabelle.

Mehrfachtabellen werden häufig beim Magnetplattenspeicher angewandt. Zylinderindex und Spurindizes stellen dann Grobtabelle und Feintabellen dar.

Weiter unterscheidet man noch folgende Begriffe:

(1) Primärindex: Er wird für den Ordnungsbegriff (Hauptordnungskriterium) einer Datei erstellt.
(2) Sekundärindex: Er wird für Nebenordnungskriterien erstellt.
(3) Mehrdimensionaler Index: Er verweist auf mehrere Dateien.

Zu d)

Grundlage der gestreuten Speicherung ist eine Zuordnungsvorschrift. Sie ordnet den Schlüsseln der Dateneinheiten eines Datenbestandes eine Speicheradresse zu. Mathematisch läßt sich eine solche Zuordnung als Abbildung auffassen [40, S. 168]: Ein Bereich von möglichen Schlüsseln wird auf einen Bereich erlaubter Speicheradressen abgebildet (Schlüsseltransformation, key transformation).

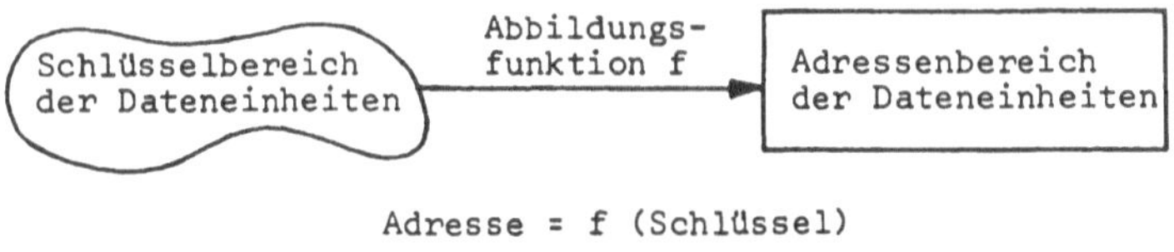

Abb. 83. Prinzip der gestreuten Speicherung

Aufgrund der Eigenschaften der Abbildungsfunktion f unterscheidet man zwei sog. Adressierungsverfahren:

(1) Direkte Adressierung
Von direkter Adressierung spricht man bei allen Abbildungsfunktionen, die die Speicheradresse direkt aus dem Schlüssel bilden und zwar so, daß die Zuordnung zwischen Schlüssel und Adresse eindeutig ist. Im einfachsten Fall wird der Schlüssel unmittelbar als Adresse übernommen. Ist der Schlüssel für eine direkte Übernahme zu lang bzw. zu kurz, so ist die gewünschte Länge durch Stellenauswahl oder Addition einer Konstante herzustellen.

(2) Indirekte Adressierung
Mit indirekter Adressierung bezeichnet man alle Abbildungsfunktionen, die die Menge aller Schlüssel eines Datenbestandes **nicht** eindeutig auf einen Adressenbereich abbilden. Es treten also Mehrfachadressen (Duplikatadressen) und damit Doppelbelegungen auf. Bei einer Doppelbelegung wird der erste Satz, der sog. Haussatz (home record), unter der errechneten Adresse abgespeichert. Der zweite Satz, für den die gleiche Adresse errechnet wurde, wird in einem sog. Überlaufbereich gespeichert. Er wird Überlaufsatz (synonym record) genannt.

Im folgenden ist eine Übersicht über die Verfahren der indirekten Adressierung dargestellt [197, S. 76 ff.]. Auf eine Beschreibung wird verzichtet.

Verfahren der indirekten Adressierung

- Rechenverfahren
  - Divisionsverfahren
  - Multiplikationsverfahren
  - Basistransformation
- Stellenauswahlverfahren
- Kombination von Rechen- und Stellenauswahlverfahren
- Auswertung der Ziffernanalyse
- Umwandlung von alphanumerischen Schlüsseln in Adressen
  - Abschneiden der Zonenbits
  - Umwandlung von Buchstaben in den Maschinencode
  - Binärverfahren

Bei der Letzten Gruppe von Verfahren sind im Gegensatz zu den anderen Verfahren und zur direkten Adressierung auch nichtnumerische Schlüssel zugelassen.

Kriterien für die Auswahl eines Verfahrens der indirekten Adressierung sind u. a.:

1) Art des Schlüssels (numerisch, nichtnumerisch).
2) Einfache Abbildungsfunktion.

3) Gleichmäßige Streuung der errechneten Adressen über den zulässigen Adressenbereich.

Bei einigen der genannten Speicherungsverfahren können Überlaufsätze auftreten. Überläufe entstehen, wenn der bereitgestellte Speicherplatz nicht für die dafür vorgesehenen Informationen ausreicht oder schon durch andere Informationen belegt ist. Sie haben also im wesentlichen zwei Ursachen:

(1) Bei variabel langen Dateneinheiten (Sätze, Segmente) wird die Kapazität von Speicherzellen (z. B. Sektoren bei der Magnetplatte) überschritten.
(2) Auftreten von Mehrfachadressen bei der indirekten Adressierung.

Für die Speicherung von Überlaufsätzen bieten sich zwei Möglichkeiten an [197, S. 105 ff.]:

(1) Speicherung in noch unbelegten Plätzen des dem Datenbestand zugewiesenen Speicherbereichs.
(2) Speicherung in einem separaten Überlaufbereich.

In beiden Fällen kann ein auftretender Überlaufsatz nach folgenden Methoden abgespeichert werden [195, S. 29]:

(1) Ohne Verkettung mit dem Haussatz, d. h. ohne Hinweis auf den Ort des Überlaufsatzes.
(2) Mit Verkettung mit dem Haussatz, d. h. ein Zeiger im Haussatz weist auf den Ort des Überlaufsatzes hin.
(3) Mit Verwendung einer Lückentabelle, in der die freien Speicherplätze festgehalten sind. Dem Überlaufsatz wird mittels dieser Tabelle ein Speicherplatz zugewiesen.

3.2.1.5 Verarbeitungsverfahren

Verarbeitungsverfahren sind eigentlich nicht den Verfahren der Datenorganisation zuzurechnen. Sie werden hier aber kurz behandelt, da sie in enger Beziehung zur Datenorganisation und insbesondere zu den Arten von Datenbeständen stehen.

Man unterscheidet in der Datenverarbeitung grundsätzlich zwei Arten von Datenbeständen [104, S. 50]:

(1) Bestandsdatenbestände (Bestandsdateien),
(2) Bewegungsdatenbestände (Bewegungsdateien).

Am Beispiel der Lagerhaltung können beide Begriffe erläutert werden. Die Lagerbestandsdatei eines betrachteten Warenlagers stellt einen Bestandsdatenbestand dar. Die während eines Zeitraumes zu verzeichnenden Lagerzu- und -abgänge bilden den Bewegungsdatenbestand.

Der Bestandsdatenbestand kann nach einem der in Kapitel 3.2.1.4 behandelten Speicherungsformen geordnet sein. In jedem dieser Fälle bestimmt die Reihenfolge der Sätze im Bewegungsdatenbestand auch die Reihenfolge, in der die Sätze des Bestandsdatenbestandes verarbeitet werden. Man kann daher zwei Verarbeitungsarten unterscheiden [104, S. 51]:

a) Sortierte Verarbeitung.
b) Unsortierte Verarbeitung.

Zu a)
Die Sätze des Bewegungsdatenbestandes sind sortiert und gehen in dieser Folge in die Verarbeitung ein. In der Praxis sammelt man bei der sortierten Verarbeitung die Bewegungsdaten eines Zeitraumes (z. B. Tag, Woche) und verarbeitet dann diesen Datenstapel (Stapelverarbeitung, batch processing).

Die sortierte Verarbeitung wendet man an, wenn die Datenbewegung im Verhältnis zum Datenbestand relativ hoch ist. Zur Präzisierung dieser Aussage werde ein Bewegungsquotient B definiert [35]:

$$B = \frac{n}{N},$$

mit: N = Anzahl der Sätze der Bestandsdatei,
n = Anzahl der bei der Verarbeitung angesprochenen Sätze der Bestandsdatei.

Die sortierte Verarbeitung wird angewandt, wenn $B > 0{,}3$ (maximal ist $B = 1{,}0$) [35, S. 81].

Zu b)
Die Sätze des Bewegungsdatenbestandes werden unsortiert, also in der Reihenfolge ihres zeitlichen Eintreffens, verarbeitet. In der Praxis werden die Bewegungssätze i. a. nicht gesammelt, sondern sofort verarbeitet (Sofortverarbeitung, realtime processing).

Die unsortierte Verarbeitung wird in folgenden Fällen angewandt:

(1) Wenn die Datenbewegung im Verhältnis zum Datenbestand relativ gering ist; zahlenmäßig ausgedrückt: wenn $B < 0{,}3$.
(2) Wenn die eingehenden Bewegungssätze sofort verarbeitet werden müssen. Z. B. bei Anfragen an eine Datenbank, wobei der Benutzer eine sofortige Antwort erwartet.

Im Rahmen eines Datenbankbetriebes wird man die sortierte Verarbeitung also vorwiegend beim Errichten, Updaten und Reorganisieren von Datenbeständen, bei stichtagsabhängigen Verarbeitungen, usw. anwenden. Die unsortierte Verarbeitung kommt dagegen vor allem für Auskünfte in Frage und für Anwendungen, die eine ständig aktuelle Bestandsdatei erfordern (z. B. Platzbuchungssysteme).

3.2.1.6 Suchverfahren

Unter dem Begriff „Suche“ wird hier die Lokalisierung einer oder mehrerer Dateneinheiten (Sätze, Segmente) eines Datenbestandes aufgrund einer Suchfrage verstanden. Eine Suchfrage umfaßt eines oder mehrere Suchargumente (Suchkriterien), die die gesuchte Dateneinheit(en) erfüllen muß (müssen). Der Umfang einer Suche kann also unterschiedlich sein. Im einfachsten Fall ist das Suchziel erfüllt, wenn ein Satz lokalisiert ist, dessen Ordnungsbegriff vorgegeben wurde. Komplexere Verhältnisse liegen vor, wenn ein lokalisierter Satz noch bestimmte Bedingungen bezüglich mehrerer Feldwerte erfüllen muß, damit das Suchziel erreicht ist. Derartige Bedingungen können z. B. die Auswertung einer logischen Schaltfunktion oder die Berechnung eines Assoziationskoeffizienten betreffen (vgl. Kapitel 2.1.3.4). Im komplexesten Fall erfordert die Suche zusätzlich das Zusammenstellen von logischen Sätzen aus physischen Dateneinheiten mehrerer Datenbestände. Dies leistet eine sinnvolle Kombination von Suchverfahren im Rahmen des Zugriffsystems einer Datenbank.

Eine Suche kann folglich einen oder mehrere Zugriffe zu Dateneinheiten erfordern. Die mittlere Anzahl der benötigten Zugriffe kann als Maßstab für die Qualität eines Suchverfahrens gelten.

Zwischen Suchverfahren und Speicherungsverfahren bestehen enge Beziehungen. Einige Suchverfahren stellen in gewissem Sinne einen Nachvollzug korrespondierender Speicherungsverfahren dar. Die gewählte Einteilung der Suchverfahren orientiert sich daher an der der Speicherungsverfahren:

- Suche in fortlaufend gespeicherten Datenbeständen (scanning),
- Suche mit Adressenverkettung,
- Suche mit Adressentabellen,
- Suche mit Adressenumrechnung.

3.2.1.6.1 Scanning-Methoden

Diese Methoden werden auf fortlaufend gespeicherte Datenbestände angewandt. Zwischen Suchbedingung und Speicherplatz eines gesuchten Satzes besteht keine Beziehung. Zwei Gruppen von Verfahren sind zu unterscheiden.

a) Sequentielle Suche (sequential scan)
Bei sequentiellen Suchverfahren wird, beginnend vom ersten Satz einer Datei, nacheinander zu den folgenden Sätzen zugegriffen, bis der die Suchbedingung erfüllende Satz gefunden ist. Die Suchbedingung kann sich auf primäre oder sekundäre Schlüssel beziehen.

Ist die Nachfragewahrscheinlichkeit für alle Sätze gleich groß, so braucht die Datei nicht nach einem Schlüssel geordnet zu sein. Für die mittlere Anzahl der Zugriffe $\bar{x}$ und die maximale Anzahl der Zugriffe x_{max} ergibt sich:

$$\bar{x} = \frac{1}{2}(N + 1) ,$$

$$x_{max} = N ,$$

mit: N = Anzahl der Dateneinheiten (Sätze, Segmente) des Datenbestandes (Datei).

Ist die Nachfragewahrscheinlichkeit für die einzelnen Sätze verschieden groß und ordnet man die Datei nach abnehmender Nachfragewahrscheinlichkeit, so ergibt sich u. U. für $\bar{x}$ ein geringerer Wert. Wettstein [179, S. 98] hat für verschiedene Verteilungen der Nachfragewahrscheinlichkeit den Wert $\bar{x}$ bestimmt.

Die sequentielle Suche ist vorteilhaft bei kleinen Dateien und bei Dateien, die selten abgesucht werden.

b) Controlled Scanning-Methoden

Diese Verfahren sind nur anwendbar, wenn die Suchbedingung mit dem Ordnungsbegriff einer Datei übereinstimmt und die Datei nach dem Ordnungsbegriff sortiert ist. Unterschiedliche Nachfragewahrscheinlichkeiten der Sätze können folglich nicht berücksichtigt werden.

Controlled Scanning-Methoden sollten nur angewandt werden, wenn eine Datei häufig abgesucht wird. Man unterscheidet zwei Verfahren, die binäre Suche und die Blocksuche.

ba) Binäre Suche (binary search, bisektionelle Suche)

Sie beginnt mit einem Zugriff zur Mitte der Datei. Der Ordnungsbegriff des betreffenden Satzes wird mit dem Suchbegriff verglichen. Bei Gleichheit ist der gesuchte Satz gefunden. Ist der Suchbegriff kleiner bzw. größer als der Ordnungsbegriff, so kann der gesuchte Satz nur in der ersten bzw. zweiten Dateihälfte liegen. Nun wird wiederum zur Mitte der zutreffenden Dateihälfte zugegriffen und der nämliche Vergleich durchgeführt. Der „Halbierungsprozeß" wird so lange fortgeführt, bis der gesuchte Satz gefunden ist.

Alle möglichen Vergleichsschritte bei der binären Suche lassen sich mit Hilfe eines gerichteten Graphen, speziell einem gerichteten binären Baum, darstellen. In Abb. 84 ist ein Suchbeispiel hervorgehoben.

Für die mittlere und maximale Anzahl der Zugriffe gilt im Idealfall (N läßt sich in der Form $N = 2^t - 1$ darstellen [85, S. 72]):

$$\bar{x} = \frac{N + 1}{N} \cdot \mathrm{ld}\,(N + 1) - 1 ,$$

$$x_{max} = \mathrm{ld}\,(N + 1) .$$

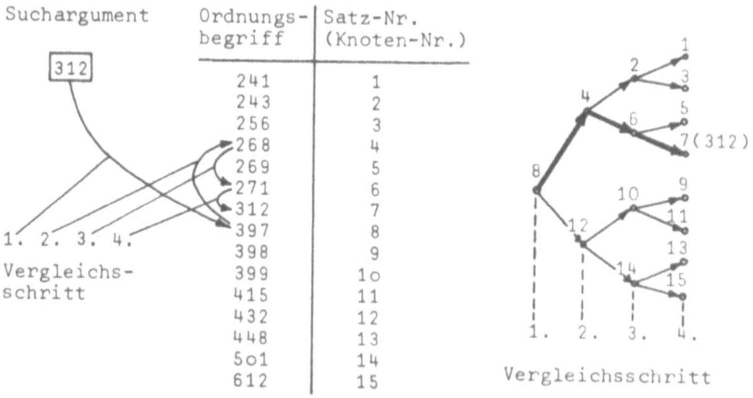

Abb. 84. Darstellung der binären Suche als gerichteter Graph

bb) Blocksuche (block search, binary m way search)
Die abzusuchende Datei wird hier in m Blöcke gleicher Länge unterteilt. Die Suche beginnt mit einem Zugriff zum letzten Datensatz des ersten Blockes. Der Ordnungsbegriff des Satzes wird mit dem Suchbegriff verglichen. Bei Gleichheit ist der gesuchte Satz gefunden. Ist der Suchbegriff kleiner als der Ordnungsbegriff, so muß sich der gesuchte Satz im ersten Block befinden. In diesem wird nun, beginnend vom Blockanfang, sequentiell der gewünschte Satz aufgesucht. Ist der Suchbegriff dagegen größer, so befindet sich der gesuchte Satz in einem der folgenden Blöcke. Nun wird zum letzten Satz des zweiten Blocks zugegriffen und in analoger Weise wie beim ersten Block verfahren.

Für die mittlere und maximale Anzahl der Zugriffe gilt bei vorgegebener Satzzahl pro Block s [179, S. 99]:

$$\bar{x} = (N + s^2)/2s ,$$

$$x_{max} = N/s + s - 1 ,$$

mit: s = N/m und m = Anzahl der Blöcke.

Für s = 1 erhält man den Grenzfall des sequentiellen Suchens.

3.2.1.6.2 Suche mit Adressenverkettung

Entsprechend der Menge der möglichen index-verketteten Speicherungsformen existiert eine Menge zugehöriger Suchverfahren. Neben der einfachen Kette soll hier lediglich noch eine spezielle Verkettungsform behandelt werden.

a) Einfache Kette
Ein Beispiel für eine einfache Kette zeigt Abb. 81. Bezüglich der Suche sind zwei Fälle zu unterscheiden:

aa) Ein Schlüssel als Suchbedingung
In diesem Fall ist genau ein Datensatz der gegebenen Datei gesucht. Die Suche beginnt am Kettenanfang und verläuft in Verkettungsrichtung weiter. Beginnend beim ersten Satz wird also Satz auf Satz bezüglich Gleichheit von Schlüssel und Suchbedingung geprüft bis der gewünschte Satz gefunden ist. Für die mittlere und maximale Anzahl der Zugriffe gilt (wie bei der sequentiellen Suche):

$$\bar{x} = \frac{1}{2}(N + 1) ,$$

$$x_{max} = N .$$

ab) Mehrere (sekundäre) Schlüssel als Suchbedingung
Die Suche verläuft analog Fall aa), doch können hier evtl. mehrere Sätze die Suchbedingung erfüllen. Die auf das Finden eines Satzes bezogene Definition von $\bar{x}$ ist hier folglich nicht anwendbar.

Für beide Fälle gelten folgende Vorteile:

(1) Suchbedingung können numerische und nichtnumerische Schlüssel sein.
(2) Eine Ordnung der Sätze ist nicht erforderlich.
(3) Verkettungen von Sätzen einer oder mehrerer Dateien sind möglich.

b) Verkettung von Satzsegmenten
Die Adreßverkettung eignet sich auch für die physische Abspeicherung hierarchischer Sätze. Sie dient dann zum Aufsuchen der Segmente eines Satzes. Die Zahl der pro Satz abgespeicherten Segmente kann dabei erheblich schwanken. Die Suche läßt sich auch hier mit einem gerichteten Graph veranschaulichen. Für den hierarchischen Satz in Abb. 76 gilt beispielsweise folgende Darstellung:

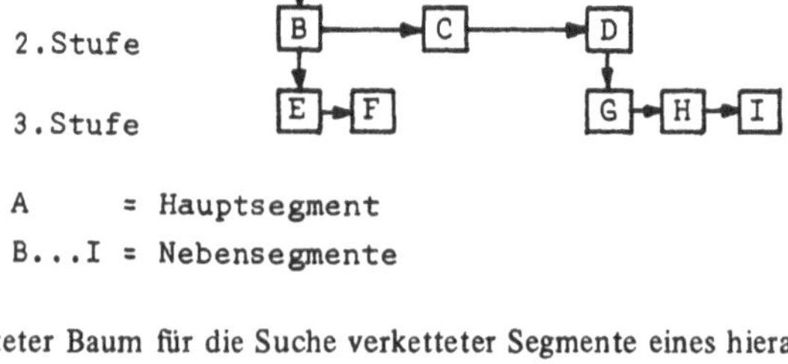

Abb. 85. Gerichteter Baum für die Suche verketteter Segmente eines hierarchischen Satzes

Nach Merten [65, S. 88] erlangt die Suche mit Adressenverkettung ihre größte Bedeutung beim Suchen innerhalb hierarchischer Sätze und nicht beim Aufsuchen von Sätzen.

3.2.1.6.3 Suche mit Adressentabellen

Die Suche mit einer Adressentabelle (Indextabelle) zerfällt grundsätzlich in zwei Teile:

a) Suche in der Tabelle: sie umfaßt Zugriffe zum Aufsuchen der Adresse des indizierten Satzes oder Dateiabschnitts.
b) Zugriff zur indizierten Dateneinheit mit evtl. weiteren Suchschritten.

Zu a)
Eine Adressentabelle kann nach verschiedenen Speicherungsverfahren abgespeichert sein. Zum Suchen in der Tabelle kommen daher verschiedene Suchverfahren in Frage, z. B. binäre Suche, Blocksuche. Nach dem gewählten Suchverfahren bestimmt sich die mittlere Anzahl der Zugriffe für diesen Schritt.

Zu b)
Die indizierte Dateneinheit kann mit der gewünschten Dateneinheit (z. B. Satz) identisch sein. Dann genügt ein Zugriff. Sie kann aber auch von höherem Aggregationsgrad sein (z. B. ein Dateiabschnitt). Die gewünschte Dateneinheit (z. B. Satz) wird dann durch sequentielles Suchen in der indizierten Dateneinheit gefunden. Dies erfordert mehrere Zugriffe.

Die Gesamtzahl der Zugriffe ergibt sich als Summe der in den Teilen a) und b) benötigten Zugriffe.

Man unterscheidet folgende Arten von Adressentabellen:

a) Adressentabellen für primäre Schlüssel,
b) Adressentabellen für sekundäre Schlüssel,
c) Mehrdimensionale Indizierung.

Zu a)
Die Indextabelle wird für den Ordnungsbegriff eines Datenbestandes angelegt. Jede Indexzeile enthält also nur eine Adresse. Der Suchvorgang hängt vom Tabellenumfang ab:

(1) Suche mit Volltabellen,
(2) Suche mit Grobtabellen,
(3) Suche mit Mehrfachtabellen.

Diese drei Fälle sind in Abb. 86 schematisch dargestellt.

Zu b)
Die Indextabelle wird für sekundäre Schlüssel einer Datei angelegt. Eine Indexzeile kann eine oder mehrere Adressen enthalten. Eine Anwendung dieser Technik ist nur für häufig abgefragte Felder sinnvoll. Sie ist vor allem bei

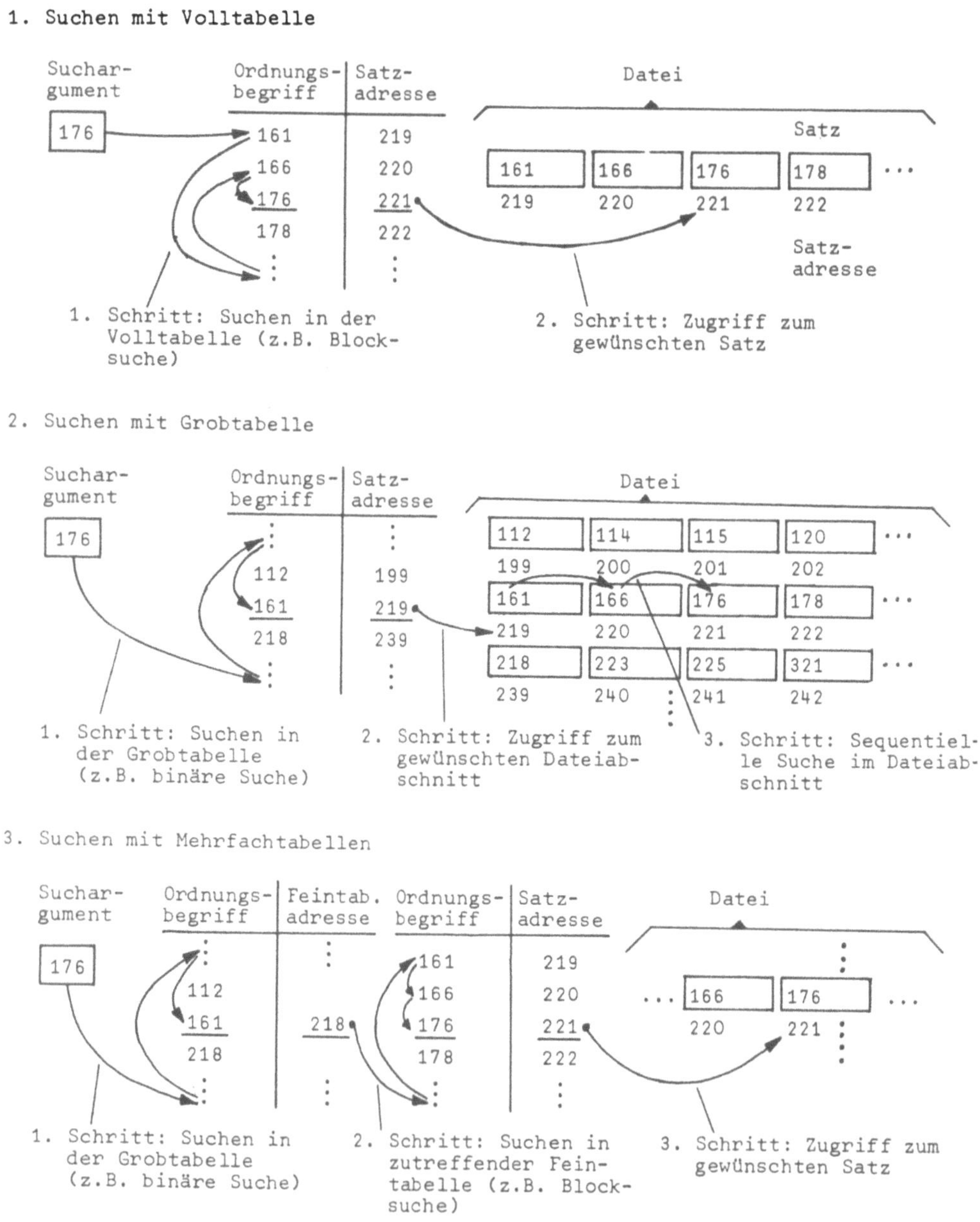

Abb. 86. Suchformen mit Indextabellen für primäre Schlüssel

Dokumentdatei

Satzadressen	Dok. Nr.	Autor	Deskriptoren				weitere Daten
32200	1107	ABS,H.	FLUESSIG	GAS	SYSTEM	UEBERTRA	Daten
32201	1108	HAHN,M.	ENERGIE	UEBERTRA	SYSTEM	KOSTEN	Daten
32202	1109	HINZ,K.	KOSTEN	ERZEUGUN	ENERGIE		Daten
32203	1110	HINZ,K.	VERFAHRE	UEBERTRA	LEISTUNG		Daten
32204	1111	HAHN,M.	UEBERTRA	SYSTEM	LEISTUNG	HOCH	Daten

Indextabelle für den Ordnungsbegriff

Ordnungsbegriff	Satzadressen
1107	32200
1108	32201
1009	32202
1110	32203
1111322	32204

Indextabelle für den sekundären Schlüssel "Autor"

Schlüssel	Satzadressen
ABS,H.	32200
HAHN,M.	32201,32204
HINZ,K.	32202,32203

Indextabelle für den sekundären Schlüssel "Deskriptor"

Deskriptor	Satzadressen
ENERGIE	32201,32202
ERZEUGUN	32202
FLUESSIG	32200
GAS	32200
HOCH	32204
KOSTEN	32201,32202
LEISTUNG	32203,32204
SYSTEM	32200,32201,32204
UEBERTRA	32200,32201,32203,32204
VERFAHRE	32203

Abb. 87. Adressentabellen für primäre und sekundäre Schlüssel einer Dokumentdatei

Information Retrieval Systemen unter dem Begriff „inverted file" bekannt. Inverted files werden z. B. für sekundäre Schlüssel wie Deskriptor, Autor, Bericht-Nr. angelegt (vgl. Abb. 87). Für die Suche bestehen prinzipiell die gleichen Möglichkeiten wie im Fall a).

Zu c)
Bei der mehrdimensionalen Indizierung enthält eine Adressentabelle Satzadressen mehrerer Datenbestände. Diese Technik „entspricht im Ergebnis der Adreßverkettung zwischen Sätzen mehrerer Dateien" [65, S. 93].

3.2.1.6.4 Suche mit Adressenumrechnung

Bei der Suche mit Adressenumrechnung wird der Speicherplatz einer Dateneinheit aus der Suchbedingung (Schlüssel) errechnet. Die Suchverfahren können entsprechend den Verfahren der gestreuten Speicherung eingeteilt werden:

a) Suche mit direkter Adressierung,
b) Suche mit indirekter Adressierung.

Zu a)
Da die Abbildung von Schlüsseln auf Adressen eindeutig ist, beträgt die mittlere und maximale Anzahl der Zugriffe:

$$\bar{x} = x_{max} = 1 .$$

Die eindeutige Abbildung bewirkt eine sequentielle Speicherfolge der Dateneinheiten eines Datenbestandes. Da außerdem Speicheradressen numerisch sind, kommen als Schlüssel nur Ordnungsbegriffe in Frage. Die direkte Adressierung begünstigt im Gegensatz zu den meisten Suchverfahren sortierte und unsortierte Verarbeitungen [65, S. 70].

Als Beispiel sei die Übernahme des Ordnungsbegriffes als Satzadresse unter Einbezug einer Basisadresse erläutert.

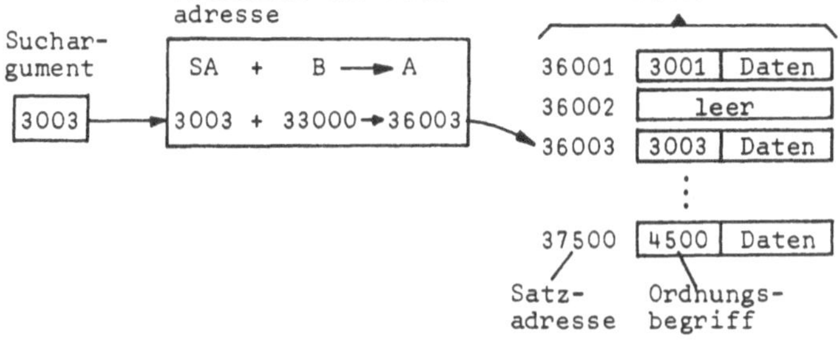

Abb. 88. Suche mit direkter Adressierung

Es gilt:

$$A = SA + B ,$$

wobei: A = Satzadresse,
SA = Suchargument,
B = Basisadresse.

Die Basisadresse dient zur Anpassung an den verfügbaren Speicherbereich.

Zu b)
Auf die indirekte Adressierung greift man zurück, wenn die direkte Adressierung nicht anwendbar ist, sei es weil der Ordnungsbegriff nichtnumerisch ist oder der Nummernkreis des Ordnungsbegriffs stark lückt. Die Abbildung von Schlüsseln auf Adressen ist mehrdeutig. Daher gilt:

$$x \geqslant 1, \quad \bar{x} > 1 .$$

Bei geeigneten Umrechnungsverfahren gilt i. a. [104, S. 196 f.]:

$$\bar{x} < 2 .$$

Eine Übersicht über die verschiedenen Verfahren der indirekten Adressierung, die gleichermaßen Speicherungs- als auch Suchverfahren darstellen, findet sich auf S. 206.

3.2.1.6.5 Suchstrategien beim Information Retrieval

Die bisher behandelten Suchverfahren eignen sich für Suchfragen, die nur ein Suchargument enthalten. Stellt eine Suchfrage jedoch z. B. eine logische Verknüpfung mehrerer Suchargumente dar, wie es beim Information Retrieval der Fall ist, so müssen komplexere Suchverfahren eingesetzt werden. Diese sog. „Suchstrategien“[11] umfassen i. a. folgende Vorgänge:

(1) Prüfung, ob die in der Suchfrage angegebenen Suchargumente zulässig sind. Dies geschieht durch Vergleich der Suchargumente mit den Eintragungen in der Thesaurusdatei.
(2) Aufsuchen von Sätzen aufgrund von Suchargumenten in der Suchfrage. Hierfür kommen die oben behandelten Suchverfahren in Frage.
(3) Durchführung eines „Qualifikationsprozesses“, in dem geprüft wird, ob die in (2) aufgefundenen Sätze den logischen Gehalt der Suchfrage erfüllen. Der Qualifikationsprozeß kann in der Auswertung einer logischen Funktion oder in der Errechnung eines Assoziationskoeffizienten bestehen.

[11] Vgl. Salton [85, S. 243 ff.]; Salton unterscheidet „search algorithms“, die den obigen Suchverfahren entsprechen, von „search strategies“.

Von den möglichen Suchstrategien werden hier nur die drei bekanntesten kurz angesprochen:

a) Strategie der direkten Datei (direct file).
b) Strategie der invertierten Datei (inverted file).
c) Kombination von direkter und invertierter Datei (combined file system).

Zu a)
Das System umfaßt eine Thesaurusdatei und eine Dokumentdatei (direkte Datei). Eine Suche läuft etwa in folgenden Schritten ab:

(1) Zulässigkeitsprüfung der Suchargumente mit Hilfe der Thesaurusdatei.
(2) Durchführung des Qualifikationsprozesses (satzweise, beginnend beim ersten Satz der Dokumentdatei).
(3) Zwischenspeicherung und Ausgabe der zutreffenden Sätze.

Ein Vorteil dieser Strategie ist der geringe maschinelle Aufwand für die Einspeicherung [128, S. 590]. Dem Nachteil der langen Suchdauer begegnet man durch Verarbeitung jeweils eines ganzen Stapels von Suchfragen in einem Lauf.

Zu b)
Dieses System enthält zusätzlich noch eine invertierte Datei. Der Suchvorgang besteht z. B. aus folgenden Schritten (vgl. Abb. 89):

(1) Zugriffe zur Thesaurusdatei (Deskriptor-Indextabelle) und Aufsuchen der Suchargumente (Deskriptoren) mit zugehörigen Speicheradressen. Zur Suche in diesem Schritt eignen sich z. B. Controlled Scanning-Methoden.
(2) Zugriffe zur invertierten Datei aufgrund der in (1) ermittelten Adressen. Anhand der ausgewählten Sätze der invertierten Datei wird der Qualifikationsprozeß durchgeführt. Grundlage für den Qualifikationsprozeß ist eine erheblich geringere Informationsmenge als im Fall a).
(3) Zugriffe zur Dokumentdatei, z. B. durch Adressenumrechnung der in (2) ermittelten Dokument-Nr., und Ausgabe der gewünschten Dokumente.

Die Schnelligkeit dieses Verfahrens, bedingt durch die Durchführung des Qualifikationsprozesses an einer gegenüber der Basisdatei wesentlich reduzierten Datenmenge, geht zu Lasten von zusätzlichem Speicherplatzbedarf für die invertierte Datei.

Zu c)
Diese Strategie wird bei sehr großen Dokumentbeständen angewandt. Beide obigen Strategien würden dann zu große Suchzeiten ergeben. Der Suchvorgang umfaßt etwa die Schritte (vgl. Abb. 90):

(1) Zugriffe zur Thesaurusdatei: wie b) (1).

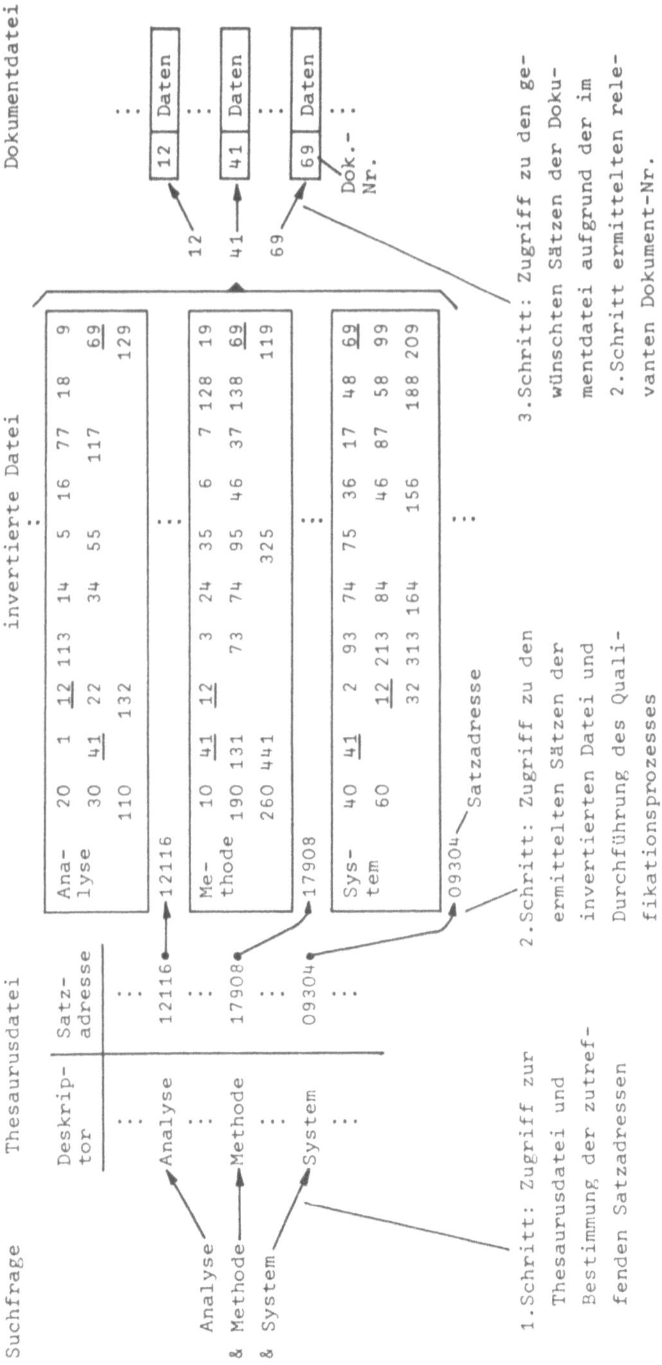

Abb. 89. Strategie der invertierten Datei

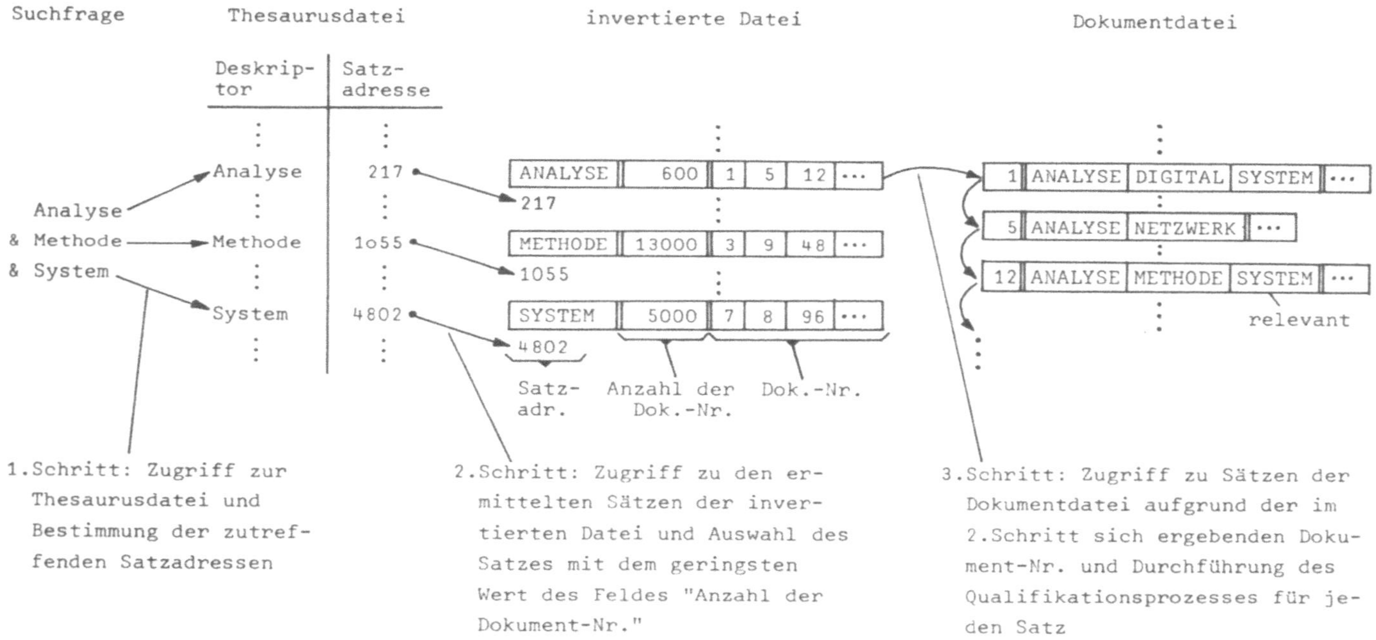

Abb. 90. Kombination von direkter und invertierter Datei (combined file system)

Vergleichskriterien / Suchverfahren	Primärer Schlüssel als Suchargument		Sekundäre Schlüssel als Suchargument		Änderungsdienst	Speicherplatzbedarf
	Ein Satz gesucht (unsortierte Verarbeitung)	n Sätze gesucht (sortierte Verarbeitung)	Ein Suchargument pro Suchfrage	m Suchargumente pro Suchfrage		
Scanning-Methoden a) Sequentielle Suche	$\bar{x} = \frac{1}{2}(N+1)$	$x_n = N$	$\bar{x} = \frac{1}{2}(N+1)$		gut[13]	
b) Controlled Scan 1. Binäre Suche	$\bar{x} = \frac{N+1}{N}\,\mathrm{ld}\,(N+1) - 1$	$x_n = n \cdot \bar{x}$	nur bei Vorliegen von Adressentabellen für sekundäre Schlüssel		schlecht[13]	klein
2. Blocksuche	$\bar{x}_{opt} = \sqrt{N}$	$x_n = n \cdot \bar{x}$			mittel[13]	
Suche mit Adressenverkettung a) Einfache Kette	$\bar{x} = \frac{1}{2}(N+1)$	$x_n = N$	$\bar{x} = \frac{1}{2}(N+1)$		gut[13]	mittel
b) Verkettung von Suchschlüsseln	$\bar{x} = c \cdot \mathrm{ld}\,N$ mit: $c > 1$	$x_n = n \cdot \bar{x}$	$\bar{x} = c \cdot \mathrm{ld}\,N$ mit: $c > 1$	$x_m = m \cdot \bar{x}$ [12]	gut[13]	

Abb. 91. Vergleich der Suchverfahren

12 x_m bezeichnet die Anzahl der Zugriffe zur Lokalisierung der m Suchbegriffe; im Rahmen einer Information Retrieval-Anwendung sind noch weitere Zugriffe erforderlich (vgl. Kapitel 3.2.1.6.5).

13 Vgl. Salton [85, S. 79].

Vergleichskriterien / Suchverfahren	Primärer Schlüssel als Suchargument		Sekundäre Schlüssel als Suchargument		Änderungsdienst	Speicherplatzbedarf
	Ein Satz gesucht (unsortierte Verarbeitung)	n Sätze gesucht (sortierte Verarbeitung)	Ein Suchargument pro Suchfrage	m Suchargumente pro Suchfrage		
Suche mit Adressentabellen a) Volltabelle b) Großtabelle c) Mehrfachtabellen	$\bar{x}$ und x_n hängen von dem zum Durchsuchen der Tabelle verwendeten Suchverfahren ab		nur bei Vorliegen von Adressentabellen für sekundäre Schlüssel		gut – mittel	mittel – groß
Suche mit Adressenumrechnung a) Direkte Adressier.	$\bar{x} = 1$	$x_n = n \cdot \bar{x} = n$	nur falls Satzadressen durch Adressenumrechnung entstanden sind		gut	mittel (abhängig vom Belegungsfaktor)
b) Indirekte Adress.	$1 < \bar{x} < 2$	$x_n = n \cdot \bar{x}$				

Abb. 91. Vergleich der Suchverfahren (Fortsetzung)

(2) Zugriffe zur invertierten Datei aufgrund der in (1) ermittelten Adressen. Jeder Satz der invertierten Datei enthält zusätzlich noch ein Feld, dessen Wert die Anzahl der im Satz gespeicherten Dokument-Nr. angibt. Von allen zutreffenden Sätzen der invertierten Datei wird der mit dem geringsten Wert des zusätzlichen Feldes ausgewählt.

(3) Der in (2) ausgewählte Satz der invertierten Datei enthält eine Reihe von Dokument-Nr. Mit Hilfe von Adressenumrechnungen wird nun zu jedem der Dokumente zugegriffen und der Qualifikationsprozeß durchgeführt.

(4) Zwischenspeichern und Ausgabe der gewünschten Dokumente.

3.2.1.6.6 Vergleich der Suchverfahren

Zur Vervollständigung der Betrachtungen über Suchverfahren sei noch ein Vergleich durchgeführt (vgl. Abb. 91). Dabei wird auf in der Literatur [65, S. 99 ff.], [85, S. 79], [104, S. 176 ff.] genannte Vergleichskriterien zurückgegriffen:

(1) Schnelligkeit des Suchverfahrens: Hierbei ist nach der Art der Suchfrage und nach der Verarbeitungsart zu differenzieren.

(2) Änderungsdienst: Bei Datenbeständen, die häufig geändert und weniger häufiger abgefragt werden, ist die Anwendung von Adressentabellen und Adressenverkettung wegen der notwendigen häufigen Adressenänderungen unwirtschaftlich.

(3) Speicherplatzbedarf: Suchverfahren mit Adressenverkettung und Adressentabellen erfordern einen Mehrbedarf an Speicherplatz. Bei knappem verfügbaren Speicherplatz kann dies eine Entscheidung für langsamere, weniger speicheraufwendige Suchverfahren zur Folge haben.

3.2.2 Datenbanksoftware

Unter Datenbanksoftware werden hier die Programme und Programmiersprachen verstanden, die zum Betrieb einer Datenbank notwendig sind. Art und Umfang der Datenbanksoftware bestimmen sich im konkreten Einzelfall nach dem Format der Dateien und dem Benutzungstyp der Datenbank (vgl. Kapitel 3.2.2.1). Eine Untergliederung der Software (vgl. Kapitel 3.2.2.2) zeigt, daß von den benötigten Komponenten einige im Rahmen des Computer-Betriebs-Systems realisiert sind. Wesentliche Softwareteile müssen jedoch speziell für eine Datenbank beschafft werden, sei es durch Erwerb auf dem Datenbanksoftware-Markt, sei es durch eigene Programmierung.

Von besonderem Interesse für den Benutzer ist die Art der Sprache, in der er mit einer Datenbank verkehren kann. Datenbanksprachen werden für verschiedene Anwendungsfälle von Datenbanken angeboten (vgl. Kapitel 3.2.2.3).

Allgemeingültige Kriterien für die Softwareauswahl lassen sich nicht angeben. In Kapitel 3.2.2.4 wird eine Reihe von Kriterien zusammengestellt, die aus dem speziellen Anwendungsfall eines PMIS für F + E-Projekte resultiert.

3.2.2.1 Datenbanksysteme und Datenbanksoftware

Datenbanksoftware wird für unterschiedliche Realisierungen von Datenbanken angeboten. Eine Einteilung läßt sich nach drei Kriterien vornehmen:

a) Format der Dateien.
b) Art der Benutzer.
c) Kommunikationsform.

Zu a)
Wie oben dargelegt wurde, unterscheidet man Datenbanken mit formatierten und nichtformatierten Dateien. Für beide Fälle eignet sich jeweils eine spezifische Datenbanksoftware. Bei nichtformatierten Systemen, d.h. bei Information Retrieval Systemen, interessieren vor allem Dialogeigenschaften der Datenbanksoftware und effiziente Suchstrategien. Bei formatierten Systemen wird dagegen mehr Gewicht auf wirksame Verknüpfungstechniken für Dateneinheiten und leistungsfähige Update-Verfahren gelegt.

Zu b)
Benutzer einer Datenbank sind Programmierer und Nichtprogrammierer. Beide Benutzertypen verwenden spezielle Datenbanksprachen:

Programmierer als Benutzer	Nichtprogrammierer als Benutzer
verarbeitungsbezogene Sprachen	auskunftsbezogene Sprachen [65, S. 23]
host language systems	self contained language systems [196, S. 7]
operierende Systeme	Exekutivsysteme [3, S. 53]

Der Programmierer als Benutzer erstellt Programme, die Daten der Datenbank vorwiegend weiterverarbeiten. Ein Nichtprogrammierer benutzt dagegen eine „Abfragesprache", um Auskünfte zu erhalten.

Verarbeitungsbezogene Sprachen (operierende Systeme) dienen zur Realisierung der Steuerungsfunktion und auskunftsorientierte Sprachen (Exekutiv Systeme) zur Realisierung der Dokumentationsfunktion eines Informationssystems. Beide Funktionen und beide Sprachtypen sind nicht an eine bestimmte Managementebene gebunden. In der unteren (operierenden) Ebene dominieren jedoch Verarbeitungsprozesse und in den oberen Managementebenen Auskünfte (vgl.

Abb. 12). Während bei MIS beide Arten von Benutzern auftreten, sind Benutzer bei Information Retrieval Systemen praktisch nur Nichtprogrammierer.

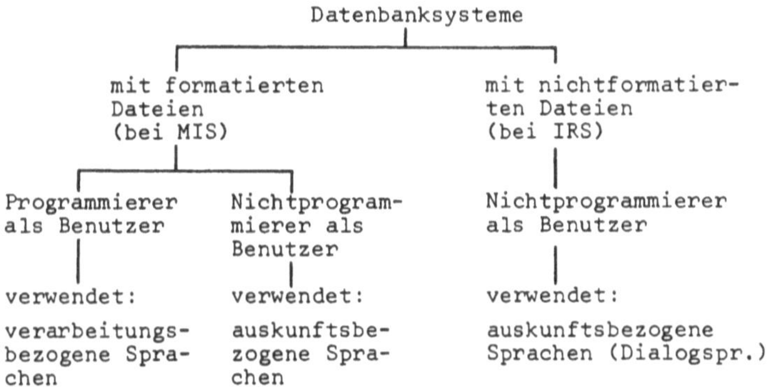

Abb. 92. Einteilung der Datenbanksysteme

Ein spezieller Kommunikationspartner der Datenbank ist der Datenbankverwalter (data base administrator). Er erstellt die Beschreibungen der Dateneinheiten in einer speziellen Datenbeschreibungssprache und ist für die Eingabe und die Wartung der Datenbank verantwortlich. Für die Durchführung der beiden letzten Aufgaben eignen sich verarbeitungsbezogene Sprachen.

Zu c)
Die Kommunikation mit einer Datenbank kann im Batchbetrieb oder im Terminalbetrieb erfolgen. Das Standardbetriebssystem eines Computers unterstützt i. a. nicht alle Arten von Terminals, häufig nicht z. B. Bildschirmeinheiten. In diesen Fällen müssen entsprechende Routinen im Rahmen der erworbenen Datenbanksoftware zur Verfügung stehen oder selbst erstellt werden.

3.2.2.2 Datenbankfunktionen und Softwarekomponenten

Die Anwendung von Datenbanken erfordert Softwarekomponenten zur Durchführung von Datenbankfunktionen und zur Steuerung des Datenbankbetriebs. Im einzelnen sind folgende Funktionen zu realisieren:

a) Datenbeschreibung,
b) Dateiaufbau,
c) Datenbankwartung,
d) Datenbankzugriff,
e) Sicherungsfunktionen,
f) Funktionensteuerung.

Zu a)
Die Datenbeschreibung besteht in der Niederlegung von Strukturangaben über Datenbestände in einer Datenbeschreibungstafel (data description table, DDT). Eine Datenbeschreibungstafel ist Bestandteil einer Datenbank, wird aber getrennt von den übrigen Datenbeständen in einer eigenen Datei gespeichert. Ihr Inhalt besteht aus:

(1) Angaben zur Strukturierung der Datenbestände: Bezeichnung und Beschreibung der Dateneinheiten (Dateien, Sätze, Segmente, Felder),
(2) Angabe der Zugriffsmöglichkeiten zu den Dateneinheiten und Angabe der Verknüpfungsmöglichkeiten von Dateneinheiten.

Die Existenz einer Datenbeschreibungstafel ist Voraussetzung für den Aufbau von Datenbeständen einer Datenbank und für den Zugriff zu diesen Datenbeständen. Zur Erstellung einer Datenbeschreibungstafel verwendet man eine spezielle Sprache, die Datenbeschreibungssprache (data description language). Von Datenbeschreibungstafeln ist das Datenbankdiagramm [58, S. 127 ff.] zu unterscheiden. Es stellt in übersichtlicher Form Verknüpfungen zwischen den gespeicherten Datenbeständen dar. Durch Pfeile werden z. B. Adreßverkettungen und Indexverweise symbolisiert. Das Datenbankdiagramm ist lediglich eine Benutzerhilfe. Es ist nicht in der Datenbank gespeichert und wird beim programmtechnischen Datenbankbetrieb nicht benötigt.

Zu b)
Eine Datei ist erst dann in einer Datenbank bekannt und zugänglich, wenn für sie eine Datenbeschreibung angelegt wurde. Danach kann die Datei durch Einlesen der Werte von Dateneinheiten aufgebaut werden. Befinden sich die Daten schon auf maschinenlesbaren Datenträgern, so können sie mit Hilfe von Überleitungsprogrammen übernommen werden.

Zu c)
Die Datenbankwartung umfaßt folgende Einzelfunktionen:

(1) Datenbankpflege (update), d. h. Einfügen neuer oder Entfernung alter Dateneinheiten.
(2) Datenmodifikation (modify), d. h. Änderung der Werte von Dateneinheiten.
(3) Datenbankreorganisation (recreate), d. h. Änderung der Speicherstruktur einer Datenbank, wenn die Datenbank wesentlich erweitert wird oder die bisherige Speicherstruktur durch update-Vorgänge zu ungünstig bezüglich der Suchzeiten geworden ist. Eine Datenbankreorganisation ist i. a. immer mit einer Änderung der Datenbeschreibungstafel verbunden.

Zu d)
Ausgangspunkt für einen Datenbankzugriff ist die Anforderung bestimmter Daten von einem Benutzerprogramm. Hierbei kann es sich um eine Anfrage

oder um ein Verarbeitungsprogramm handeln. Der Datenbankzugriff besteht in der Suche physischer Dateneinheiten und in ihrer Zusammenstellung zu logischen Sätzen, die den Benutzerprogrammen übergeben oder ausgegeben werden.

Die Schnelligkeit des Datenbankzugriffs hängt von der Verwendung geeigneter Speicherungs- und Suchverfahren ab. Die Durchführung des Datenbankzugriffs erfordert Datenbeschreibungsinformationen und, bei bestimmten Suchverfahren, Suchinformationen (z. B. Indextabellen).

Zu e)

Zu den Sicherungsfunktionen beim Datenbankbetrieb können gezählt werden [58, S. 156 ff.]:

(1) Die Datensicherung: sie umfaßt u. a.
  - den Schutz der Datenbestände gegen unbefugten Zugriff; üblich sind den Benutzern zugewiesene Paßworte, die das System vor einem Datenzugriff prüft.
  - Sicherungen gegen irrtümliches Ändern oder Überschreiben von Datenbeständen.

(2) Das Führen eines Logbestandes in dem alle wichtigen Vorgänge aufgezeichnet werden, u. a. ein- und ausgehende Nachrichten, Geheimhaltungsbedingungen, Dateiänderungen, Fehlernachrichten.

(3) Auswertungen aus dem Logbestand wie Benutzung der Dateien im Tagesablauf, Fehlerstatistik, Kostenabrechnung für die Datenbank entsprechend ihrer Benutzung.

Zu f)

Zur Durchführung obiger Funktionen stehen verschiedene Programme zur Verfügung. Die Durchführung dieser Programme in der richtigen Reihenfolge steuern und überwachen einige Steuerungsprogramme. Aufgaben dieser Steuerungsprogramme sind u. a.:

(1) Analyse der von Benutzern an das System gerichteten Steuerinformationen und Laden der angesprochenen Softwareteile.

(2) Verwaltung von Warteschlangen, die Steuerinformationen bzw. Meldungen der Benutzer an das System und umgekehrt enthalten.

(3) Übertragung von Daten, Steuerinformationen, Fehlermeldungen, usw. zwischen Datenstationen der Benutzer und dem Datenbanksystem.

(4) Durchführung von Prüfvorgängen wie Paßwortprüfung, Fehlerkontrollen, Datenübertragungen und Codeumwandlungen, Prüfung, ob angesprochene Dateneinheiten in der Datenbeschreibungstafel definiert sind, und Ausgabe von Fehlermeldungen.

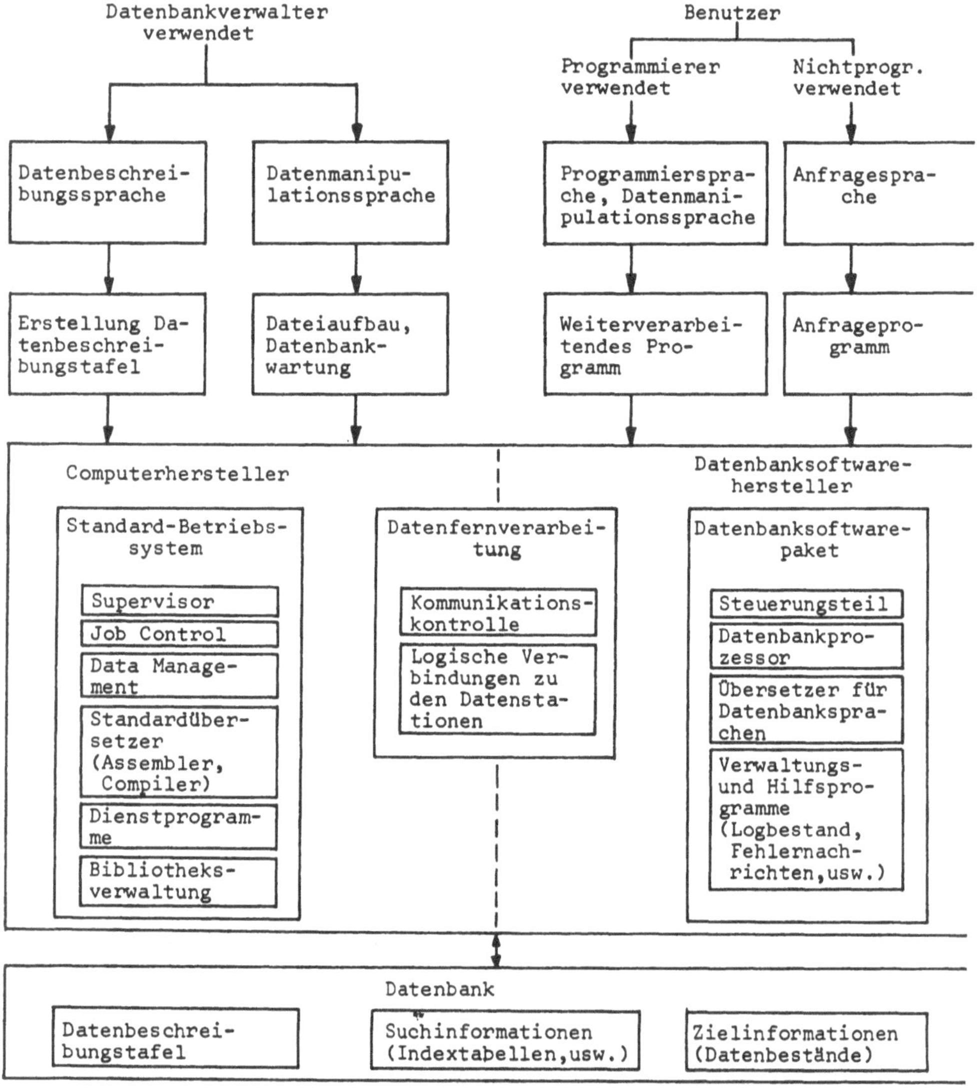

Abb. 93. Softwarekomponenten beim Betrieb einer Datenbank

(5) Veranlassung der Übersetzung von Verarbeitungsprogrammen, Benutzeranfragen und Wartungsprogrammen.
(6) Zusammenfügen übersetzter Programmteile zu ausführbaren Maschinenprogrammen.
(7) Laden und Aktivieren dieser Maschinenprogramme.
(8) Führen des Logbestandes.

Einige der genannten Steuerungsfunktionen sind im Standard-Betriebssystem eines gegebenen Computers realisiert, die restlichen übernimmt der Steuerungsteil des verwendeten Datenbanksoftwarepakets. Datenbanksoftwarepakete sind daher auf bestehende Computer-Betriebssysteme abgestimmt und nur bei bestimmten Computertypen verwendbar. Eine allgemeingültige Abgrenzung der Steuerungsfunktionen zwischen Betriebssystemen und Datenbanksoftwarepaketen läßt sich folglich nicht angeben. Abb. 93 zeigt eine Übersicht über die wesentlichsten Softwarekomponenten beim Betrieb einer Datenbank.

Der Datenfernverarbeitungsteil ist bei der Verwendung von Datenstationen erforderlich. Der Steuerungsteil des Datenbanksoftwarepakets läuft unter dem Supervisor des Computer-Betriebssystems. Datenbankprozessor und Übersetzer für Datenbanksprachen werden im Zusammenhang mit Datenbanksprachen behandelt.

3.2.2.3 Datenbanksprachen

Als Einteilungskriterium für Datenbanksprachen wird hier die Unterscheidung zwischen verarbeitungs- und auskunftsorientierten Systemtypen gewählt. Beide Systemarten sind durch die Verwendung spezieller Datenbanksprachen gekennzeichnet.

a) Verarbeitungsorientierte Systeme

Verarbeitungsorientierte Systeme umfassen folgende Sprachen bzw. Programmiersysteme [196]:

(1) Eine Basissprache (host language) mit zugehörigem Übersetzungsprogramm, z. B. die Sprache Cobol mit Compiler.

(2) Eine darauf aufbauende Datenbanksprache mit sprachlichen Komponenten zur Datenbeschreibung und Datenmanipulation mit zugehörigem Übersetzungsprogramm.

Die Basissprache dient zur Formulierung von weiterverarbeitenden Programmteilen. Ihre verarbeitungsbezogenen Fähigkeiten werden mit der Datenbanksprache um wirksame, datenbankbezogene statements ergänzt.

Die datenbeschreibende Komponente enthält statements zur Erstellung von Datenbeschreibungen. Die datenmanipulative Komponente enthält statements zur Abfassung von Programmen für den Dateiaufbau, für die Datenbankwartung und datenbankbezogener Programmteile, die Daten für weiterverarbeitende Programme verfügbar machen. Die datenmanipulativen statements dienen also dem Zugriff zu Dateneinheiten der Datenbank, dem Datentransfer zwischen Datenbank und weiterverarbeitenden Programmen, dem Ändern und Löschen von Inhalten von Dateneinheiten.

Ein Benutzerprogramm besteht folglich aus zwei sprachlichen Teilen (vgl. Abb. 94). Die statements der Basissprache werden mit dem zugehörigen Compiler übersetzt. Die statements der Datenbanksprache werden von diesem Compiler ignoriert und von einem eigenen Sprachübersetzer verarbeitet. Übersetzte datenmanipulative und weiterverarbeitende statements ergeben zusammen ein ausführbares Programm, das logisch, d.h. in syntaktischer Form, zur Datenbank zugreift. Durch Übersetzung der datenbeschreibenden statements werden z. B. sog. Steuertabellen aufgebaut [3, S. 107]. Mit Hilfe dieser Steuertabellen realisiert der Datenbankprozessor den physischen Zugriff zu den Dateien der Datenbank.

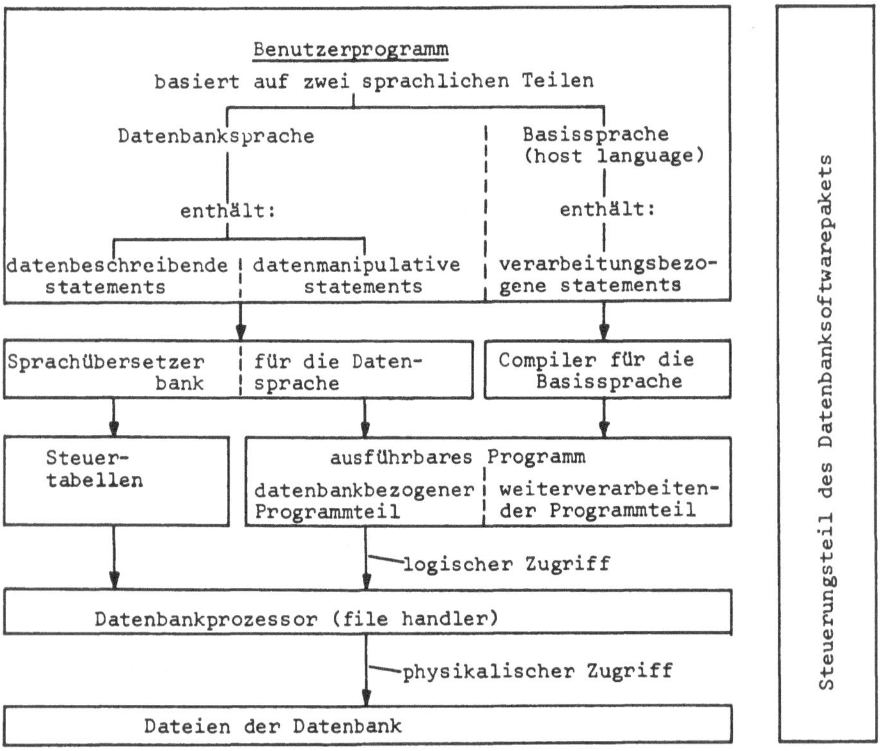

Abb. 94. Komponenten und Arbeitsweise von verarbeitungsorientierten Datenbanksoftwarepaketen

b) Auskunftsorientierte Systeme

Auskunftsorientierte Systeme verwenden spezielle Abfragesprachen für die Kommunikation mit einer Datenbank. Abfragesprachen sind selbständige, in sich abgeschlossene Sprachen (self contained systems). Neben der Hauptfunktion der Kommunikation enthalten sie i. a. noch zusätzliche Funktionen, wie:

(1) Datenbankwartung: Das Einfügen oder Entfernen von Dateneinheiten wird man nur bei kleinen Datenbeständen bzw. geringer Anzahl von Änderungsfällen mit Hilfe der Abfragesprache durchführen. Das Ändern von Feldinhalten kann jedoch aus Gründen der Aktualität, z. B. bei Platzbuchungssystemen, eine wichtige Zusatzfunktion einer Abfragesprache sein.
(2) Rechenfunktionen: Einzelne Abfragesprachen [194, S. 3 ff.] können Feldinhalte Rechenoperationen wie Summenbildung, Minimalbildung, Maximalbildung, usw. unterziehen.
(3) Ausgabegestaltung: Hierzu gehört die Anordnung von Ausgabedaten einer Abfrage in geeigneten Tabellen, Diagrammen, usw. sowie die Ausgabe von Überschriften (linksbündig, rechtsbündig, in der Mitte, usw.).

Durch das Einbeziehen zusätzlicher Funktionen versucht man Abfragesprachen funktionell flexibler zu machen und ihnen umfangreichere Anwendungsgebiete zu erschließen. Je nach den Anforderungen an die Benutzerfreundlichkeit der Abfragesprache findet diese Tendenz früher oder später ihre Grenze. Man kann etwa drei Typen von Abfragesprachen unterscheiden:

(1) Abfragesprachen, die quasi höhere (problemorientierte) Programmiersprachen darstellen.
Durch den Einbezug vieler zusätzlicher Funktionen werden diese Sprachen so komplex, daß ihre Handhabung mit der höherer Programmiersprachen vergleichbar ist. Bei diesen Sprachen unterscheidet man daher den eigentlichen Benutzer, der einen Abfragewunsch äußert, und den Kodierer, der ihn in ein Anfrageprogramm umsetzt und dessen Ausführung veranlaßt. Aufgrund der vielen sprachlichen Möglichkeiten kann ein Anfrageprogramm recht umfangreich werden. Die Antwortzeit, die Zeit zwischen Eingabe des Anfrageprogramms und der Ausgabe der Antwort, kann daher relativ groß werden.
(2) Abfragesprachen mit stark reduzierter Programmierbezogenheit und umgangssprachlicher Orientierung.
Diese Sprachen sind von Personen ohne Programmierkenntnisse und ohne Einschaltung eines Kodierers benutzbar. Sie erlauben eine Anfrageformulierung, die nahe an das umgangssprachliche Deutsch bzw. Englisch herankommt. Dies ist nur möglich, weil sie eine einfache Syntax aufweisen und relativ begrenzte sprachliche Möglichkeiten bieten. Vorteile solcher Sprachen sind leichte Erlernbarkeit, kurze Antwortzeiten und ihre Eignung für die schnelle Beantwortung spontaner, differenzierter Informationswünsche.
(3) Dialogsprachen für Information Retrieval Systeme.
Während obige Sprachen für die Handhabung formatierter Dateien konzipiert sind, verwendet man Dialogsprachen für die Abfrage nichtformatierter Dateien (Dokumentenbestände). Wesentliches Merkmal dieser Sprachen sind ihre Dialogeigenschaften. Ein Dialog zwischen Benutzer und Daten-

banksystem kann grundsätzlich zwei Zwecken dienen:

(3.1) Belehrung des Benutzers über die Handhabung des Systems und über seine sprachlichen Möglichkeiten, nicht jedoch über im System gespeicherte Zielinformationen.

(3.2) Schrittweise Heranführung des Benutzers an die Formulierung seiner Suchfrage. D.h. es wird vorausgesetzt, daß der Benutzer anfänglich nicht in der Lage ist, seinen Informationswunsch klar zu definieren. Der Dialog stellt für ihn eine Lernphase dar und führt zur Präzisierung seines Informationswunsches.

Sprachen der Gruppen (1) und (2) können auch Dialogeigenschaften der Art (3.1) umfassen, in der Regel jedoch nicht solche der Art (3.2), da sie der Abfrage von Datenbeständen bekannten, festen Formates dienen.

Hinsichtlich der softwaremäßigen Realisierung können zwei Typen von Abfrage-Programmiersystemen unterschieden werden, der compilative und der interpretative Typ.

aa) Compilativer Typ

Das Programmiersystem umfaßt hier eine selbständige Datenbanksprache mit zugehörigem Übersetzungsprogramm (language processor). Die Datenbanksprache umfaßt i.a. drei sprachliche Komponenten (bzw. Gruppen von statements):

(1) Eine Datenbeschreibungssprache zur Erstellung von Datenbeschreibungstafeln. Diese sind als eigene Datei in der Datenbank gespeichert.

(2) Eine Datenmanipulationssprache für den Aufbau und die Wartung der Datenbank. Diese Komponente kann bei einfacheren Datenbanksprachen fehlen.

(3) Eine Abfragesprache für die Formulierung von Anfragen an die Datenbank.

Sprachkomponenten und Arbeitsweise zeigt Abb. 95 in schematischer Form.

Ein Teil des Sprachübersetzers erstellt Datenbeschreibungstafeln aus Datenbeschreibungsprogrammen. Anfrage- und Datenbankwartungsprogramme übersetzt der andere Teil des Sprachübersetzers in ausführbare Programme. Diese können in Verbindung mit dem Datenbankprozessor ablaufen. Die ausführbaren Programme enthalten den Zugriff zur Datenbank in syntaktischer Form. Dieser logische Zugriff wird vom Datenbankprozessor unter Zuhilfenahme der Datenbeschreibungstafel in den physikalischen Zugriff umgesetzt.

ab) Interpretativer Typ

Ein interpretierendes Programm dient der Bearbeitung spezieller Aufgaben eines Aufgabentyps. Der spezielle Fall wird dabei mit Hilfe von Parameterangaben gelöst. Parameter sind Programmgrößen, die nachträglich gemäß einer konkreten Aufgabe definiert werden. Parameterangaben werden vor Programm-

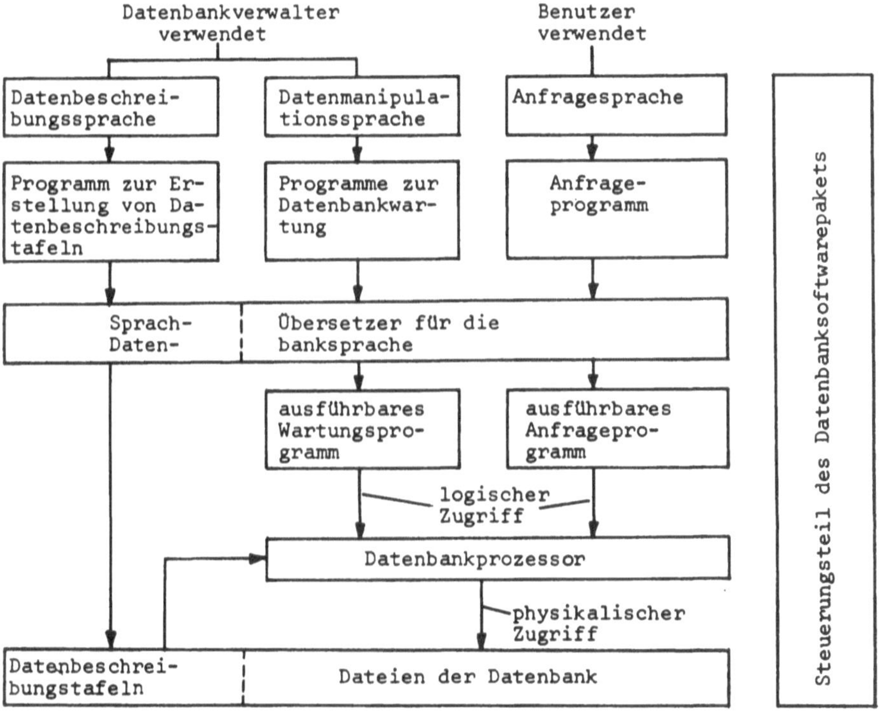

Abb. 95. Sprachkomponenten und Arbeitsweise eines auskunftsorientierten Systems vom compilativen Typ

ablauf nicht übersetzt, sie verändern daher nicht das interpretierende Programm. Vielmehr werden die Parameter während des Programmablaufes berücksichtigt, d. h. interpretiert, was zu einem speziellen Programmablauf führt.

Ein Datenbanksoftwarepaket vom interpretativen Typ besteht folglich nicht aus einem Programmiersystem (Datenbanksprache mit Sprachübersetzer), sondern aus einer Reihe modularer, z. T. interpretativer Programme. Eine Übersicht über die wesentlichsten Komponenten eines derartigen Systems zeigt Abb. 96. Von Benutzern erstellte Abfragen werden nicht compiliert, sondern mit dem Abfrageumsetzer in interne Systemparameter umgesetzt. Diese Systemparameter werden beim Ablauf modularer Programme, wie Indexsuche, Fehlernachrichten, Berichtserstellung usw., interpretiert. Neben der Umsetzung in interne Systemparameter prüft der Abfrageumsetzer die Abfrage auf formale Richtigkeit. Er vergleicht dazu die in einer Abfrage vorkommenden Ausdrücke wie Berichtsname, Formatausdrücke, Steuerungsausdrücke und Vergleichsoperatoren mit entsprechenden Eintragungen der Systemdatenbestände. Die Systemdatenbestände dienen dem Betrieb der Datenbank. Sie umfassen u. a.

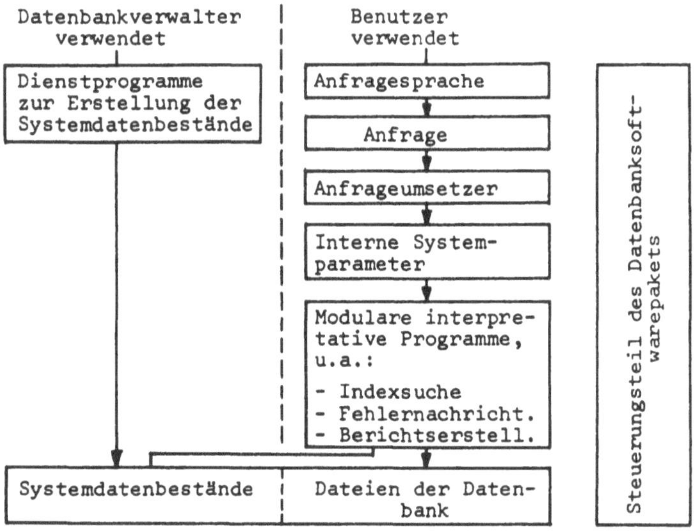

Abb. 96. Beispiel für ein auskunftsorientiertes System von interpretativen Typ [162]

- eine Benutzerbeschreibungstabelle, die Zugriffsberechtigungsschlüssel für die Benutzer enthält,
- Feldbeschreibungstabellen, die den Aufbau der Datenbestände beschreiben,
- Berichtsdefinitionstabellen, die häufiger benötigte Berichte vordefinieren,
- Tabellen zu Archivierungs- und Datensicherungszwecken.

Der Steuerungsteil des Systems umfaßt ein Datenfernverarbeitungs-Steuerungsprogramm zur Unterstützung von Datenstationen und ein Nachrichten-Steuerungsprogramm. Dieses verwaltet Nachrichten, die von Datenstationen an das System gehen und umgekehrt in Warteschlangen, analysiert Nachrichten von Datenstationen und lädt angesprochene modulare, interpretative Programme zur Ausführung in den Arbeitsspeicher.

3.2.2.4 Softwareauswahl

Für die Auswahl von Datenbanksoftware läßt sich keine Liste allgemeingültiger Kriterien angeben. Vielmehr sind für jeden Anwendungsfall geeignete Kriterien festzulegen. Bei einem PMIS für F + E-Projekte liegt folgende Situation vor:
Die Verarbeitungsfunktion übernimmt ein Netzplantechnik-Programmpaket.
Bei der Softwareauswahl dominiert daher die Auskunftsfunktion. Wie die Informationsanalyse ergeben hat, sollen sowohl formatierte als auch nichtformatierte Informationen bereitgestellt werden. Informationswünsche treten teils periodisch, teils spontan auf. Sie variieren stark und sind teils sofort zu beantworten. Die hier vorgeschlagenen Auswahlkriterien:

a) Computersystem,
b) Betrieb,
c) Datenstrukturen,
d) Zugriffsystem,
e) Datenbanksprachen,
f) Kosten

erfahren durch diese Situation teilweise eine spezielle Ausrichtung.

Zu a)
Hardwaremäßig interessieren die erforderliche Minimalkonfiguration und die Möglichkeit des Anschlusses bestimmter Datenstationen. Datenbanksoftware und Betriebssystem des Computers müssen kompatibel sein. Spezielle Funktionen, wie z. B. Datenfernverarbeitung, die das Betriebssystem unterstützt, müssen im Steuerungsteil der Datenbanksoftware nicht realisiert sein (vgl. auch b)).

Zu b)
Der Betrieb einer Datenbank umfaßt die Bereiche Wartung und Benutzung durch weiterverarbeitende Programme und Anfragen. Wartung und Benutzung sollen eventuell im Stapelverfahren und in Sofortverarbeitung (i. a. Terminalbetrieb) durchgeführt werden können. Dann muß der Steuerungsteil des Softwarepakets Programme für die Verarbeitung von Nachrichten zwischen Benutzern und Datenbanksystem, für die Verwaltung von Warteschlangen, usw. enthalten.

Zu c)
Die Forderung nach Verarbeitung formatierter und nichtformatierter Informationen in einem System ist nur in Sonderfällen realisierbar. Geeignet ist jedes Softwarepaket für formatierte Informationen, das die notwendigen Zugriffseigenschaften aufweist. Nichtformatierte Informationen werden dann in Feldern fester Länge gespeichert. Man nimmt also ungenutzten Speicherplatz in Kauf. Diese Hilfslösung eignet sich jedoch nur für unformatierte Datenbestände geringeren Umfanges, da sonst die Systemantwortzeit zu groß wird.

Zu d)
Von größerem Interesse als die datenbanktechnische Realisierung des Zugriffs sind die Benutzeranforderungen an die Leistungsfähigkeit des Zugriffsverfahrens. In einer Suchfrage sollen primäre Schlüssel, sekundäre Schlüssel und logische Verknüpfungen von sekundären Schlüsseln zugelassen sein. Außerdem bestehen Benutzerpräferenzen hinsichtlich der Systemantwortzeit. Sie sollte bei einem PMIS für F + E-Projekte maximal im Bereich weniger Minuten liegen.

Zu e)
Datenmanipulations- und Datenbeschreibungssprache werden vom Datenbankverwalter verwendet. Anforderungen sind daher weniger an ihre Benutzerfreundlichkeit, sondern an ihre Leistungsfähigkeit für Zwecke der Datenbankwartung zu stellen. Die Benutzer der Abfragesprache sind, im Gegensatz zum Datenbankverwalter, i. a. Nichtprogrammierer, also keine ADV-Spezialisten. Die Abfragesprache sollte daher möglichst benutzerfreundlich sein. Besonders leicht erlernbar und handhabbar sind Abfragesprachen, die sich stark an eine natürliche Sprache anlehnen und eine arme Syntax aufweisen. Sie sind anderen Abfragesprachen vorzuziehen, falls sie die geforderten Funktionen aufweisen.

Zu f)
Bei Anschaffung und Betrieb eines Softwarepakets fallen folgende Kosten an:

- Anschaffungskosten oder Mietkosten,
- Rechenkosten; ihre Höhe bestimmt sich hauptsächlich nach den Programmlaufzeiten und dem benötigten Speicherplatz,
- Personalkosten für die Betreuung des Datenbanksystems.

Die Systemauswahl kann entscheidend von anderen Faktoren beeinflußt werden. So z. B. von der Frage, ob für eine Forschungsorganisation ein umfassendes PMIS oder nur eine Teillösung für einen Bereich realisiert werden soll. Eine Teillösung kann z. B. durch den unterschiedlichen Managementstil und den spezifischen Informationsbedarf in einzelnen Abteilungen begründet sein. Bei einer Teillösung kommen wegen der kleineren Datenbestände Softwarepakete mit weniger leistungsfähigen Zugriffsverfahren in Frage, wenn die sonstigen Anforderungen weitgehend erfüllt sind.

3.3 Beispiel für ein PMIS

Das hier beschriebene PMIS wurde in einer Forschungsanlage entwickelt [189]. Es stellt eine „kleine" Lösung dar, da ein umfassendes, für die gesamte Forschungsanlage gültiges PMIS aus verschiedenen Gründen nicht realisierbar war. Kleine Lösung bedeutet hier

- klein im Sinne des mit dem PMIS erfaßten Teils der Forschungsorganisation,
- klein in der Zahl der Benutzer des PMIS,
- klein bezüglich des betriebenen finanziellen Aufwandes,
- klein bezüglich des Zeitraumes für den das PMIS Gültigkeit besitzen sollte.

Diese kleine Lösung soll dazu dienen, notwendige Erfahrungen für die Konzeption eines umfassenden PMIS zu gewinnen.

3.3.1 Ausgangssituation für die Systemkonzeption

Ein Organigramm der Forschungsanlage zeigt Abb. 97. Der Wissenschaftliche Rat, dem Vertreter von Forschungsinstituten, Gemeinschaftsanlagen und Landeshochschulen angehören, macht Vorschläge für das F + E-Programm und das Investitionsprogramm. Fragen, die die Zusammenarbeit mit der Industrie betreffen, hilft der Beirat aus der Industrie klären. Die Forschungsarbeit wird in den Forschungsinstituten geleistet. Gemeinschaftsanlagen wirken unterstützend mit. Projektplanungsarbeiten, kleinere Forschungsarbeiten und die F + E-Budgetplanung werden in der Wissenschaftlich-Technischen Abteilung (WTA) durchgeführt. Die Tätigkeit der übrigen Abteilungen ergibt sich aus ihrer Bezeichnung.

In der Forschungsanlage bestanden verschiedene Ansätze zu einem systematischen Projekt-Management im Sinne eines PMIS.

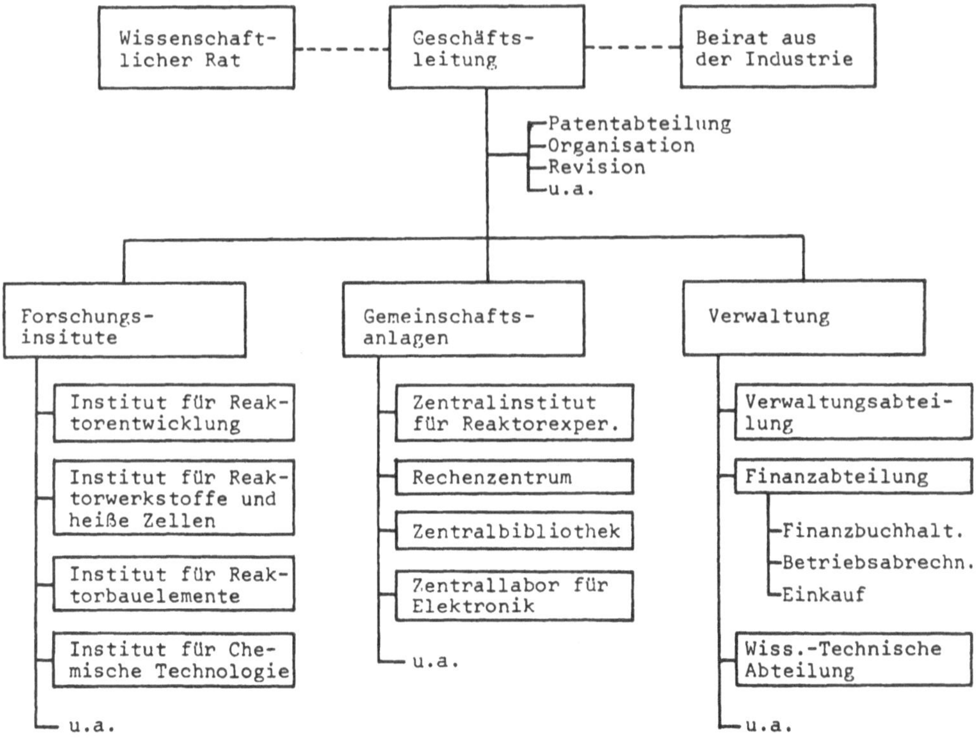

Abb. 97. Organigramm einer Forschungsanlage

Hierzu zählen:

- Die Planung von Projekten mit Hilfe der Netzplantechnik in einigen Instituten. Nur ein Institut führte eine Zeit/Kapazitätsplanung durch [191], die anderen beschränkten sich auf die Zeitplanung. Für die Kosten- und Kapazitätsplanung wurden „manuelle" Verfahren eingesetzt.
- Die in einem Institut unternommenen Versuche, eine auf einem objektorientierten Projektstrukturplan beruhende technische Beschreibungsdatei einzurichten.
- Die in der WTA durchgeführten Vorarbeiten zu einem PMIS, die sich hauptsächlich auf automatische Dokumentation und Thesauruserstellung erstreckten [201].
- Vorbereitende Arbeiten zu einem umfassenden automatischen Dokumentationssystem in der Zentralbibliothek.
- Entwicklung eines Informationsvermittlungs- und -übermittlungssystems für vier Forschungsinstitute auf Randlochkartenbasis [71].

Trotz dieser Vorarbeiten war es nicht möglich, ein umfassendes PMIS zu konzipieren, da verschiedene Restriktionen entgegenstanden. Die wesentlichsten waren:

- Begrenzte finanzielle Mittel.
- Unterschiedlicher Managementstil und Informationsbedarf in den Instituten.
- Unterschiedlichkeit der in den Instituten bearbeiteten Projekte (Projektdauer, Projektumfang bzw. -kosten, Projektart, d. h. reine Forschungsprojekte bis zu reinen Entwicklungsprojekten).
- Kostenstellenorientiertes Haushaltswesen (Kostenträger sind Institute und nicht Projekte).
- Umstellungsarbeiten in der Betriebsabrechnung.
- Unterschiedlichkeit der Kostenarten in den einzelnen Instituten.

Eine Reihe von Argumenten sprach für die Realisierung einer Teillösung, u. a.:

- Erprobungsmöglichkeit der PMIS-Konzeption an einem größeren Projekt.
- Möglichkeit des Aufbaus auf vorhandenen Vorarbeiten, die eher auf eine Teillösung ausgerichtet waren.
- Bevorzugung des stufenweisen Vorgehens durch die verantwortlichen Stellen.
- Geringere Anforderungen an die benötigte Software.

3.3.2 Anforderungen an das PMIS

An ein PMIS läßt sich wohl ein endloser Katalog von Anforderungen erheben. Hier werden lediglich die Anforderungen zusammengestellt, die bei der Diskussion der vorhandenen Ansätze und der Vorstellungen zu dem PMIS besonders betont wurden. Es sind dies Anforderungen zu den Bereichen:

a) Inhalt der Datenbank,
b) Programme der Modellbank,
c) Betrieb des PMIS.

Zu a)
In der Datenbank sollen Informationen folgender Gruppen abfragebereit gespeichert werden:

- Daten der einzelnen F + E-Vorhaben, die zur Erstellung und finanz-technischen Abwicklung des F + E-Programms erforderlich sind; sie sind in der F + E-Datei zusammenzufassen.
- Daten, die ein Projekt bzw. seine Vorgänge in struktureller, organisatorischer, dispositionsmäßiger, terminmäßiger, kostenmäßiger und kapazitätsmäßiger Hinsicht beschreiben und die vorgangsbezogene Hinweise darstellen; sie sind in der Projektdatei zu speichern.
- Dokumente, d. h. Kurzfassungen oder Hinweise auf Literatur, Patentliteratur, Programme, Aktennotizen, Vermerke usw. sollen in der Dokumentdatei niedergelegt werden. Darüber hinaus soll jeder Benutzer die Möglichkeit haben, persönliche Arbeitsunterlagen als Dokumente im System zu halten.
- Begriffe zur inhaltsmäßigen Beschreibung von Dokumenten und zur Abfassung von Suchfragen (Thesaurusdatei).
- Daten über Geräte, deren Anschaffungspreis eine bestimmte Höhe überschreitet; sie sind in der Gerätedatei niederzulegen.
- Daten über spezielle Kenntnisse von Wissenschaftlern und Technikern außerhalb des persönlichen Bekanntenkreises sollen in einer wissenschaftlich-technischen Personaldatei zusammengefaßt werden.

Zu b)
Der Einsatz folgender Softwareteile im PMIS wurde vorgesehen:

- Ein Netzplantechnik-Programmpaket.
- Ein auskunftsorientiertes Datenbank-Softwarepaket für formatierte Daten, das die Verwendung primärer und logisch verknüpfter sekundärer Schlüssel in Suchfragen gestattet.
- Programme für den Aufbau und die Wartung der Dateien, soweit sie nicht im Rahmen obiger Softwarepakete zur Verfügung stehen sollten.
- Programme für den Aufbau und die Pflege eines Thesaurus lagen bereits vor.

Zu c)
An den Betrieb des PMIS wurden Forderungen aus mehrerlei Sicht gestellt:

- Informationseingabe: Ersteingabe im Stapelbetrieb, Wartung im Stapel- und on-line-Betrieb.
- Informationsausgabe: im on-line-Betrieb per Terminal und auch im Batch-Betrieb über Standardausgabegeräte.
- Informationsspeicherung: stets abfragebereite Speicherung der Dateien auf einem Direktzugriffspeicher.
- Benutzungsbezogene Anforderungen: Möglichkeit der Einrichtung von Lesesperren für spezielle Daten, leicht erlernbare Abfragesprache, geringer technischer Aufwand bei der Systembenutzung und Antwortzeiten im Minutenbereich.
- Kosten: Möglichst geringe Einmalkosten und Betriebskosten.

3.3.3 Datenbank

Im Anschluß an die Systemkonzeption wurde zunächst die F + E-Datei aufgebaut und dann mit dem Aufbau einer Projektdatei begonnen. Eine Dokumentdatei mit Thesaurus lag bereits vor. Die Realisierung der übrigen Dateien steht noch aus.

3.3.3.1 F + E-Datei

Mit der F + E-Datei werden drei Gruppen von Zielen verfolgt [200, S. 5]:

a) Verwaltung des F + E-Programms
   (1) Erfassung, Fortschreibung und Dokumentation der den Projekten zugeordneten bzw. noch verfügbaren Personal- und Sachmittel.
   (2) Durchführung der bei der jährlichen Erstellung des F + E-Programmes anfallenden Sortier-, Rechen- und Schreibarbeiten.

b) Bestimmung des F + E-Programms
   (3) Unterstützung der F + E-Programmplanung durch Bereitstellung von Istzahlen mehrerer vergangener Jahre.
   (4) Bereitstellung von projektbeschreibenden Informationen sachlichen Inhalts als Hilfsmittel für eine sachbezogene Verteilung der beschränkten Mittel.
   (5) Bereitstellung von bewertenden Informationen zur Unterstützung von Entscheidungen über Fortführung, Neuaufnahme, Veränderung oder Beendigung von F + E-Projekten.

c) Erfolgsdokumentation
   (6) Bereitstellung erfolgsbezogener Informationen.

Die Ziele (1) bis (3) lassen sich am ehesten verwirklichen, da die hierfür benötigten aufwendungsbezogenen Informationen grundsätzlich verfügbar sind. Die in Ziel (4) angesprochene sachliche Beschreibung von F + E-Projekten setzt einen für die gesamte Forschungsanlage gültigen Sach-Thesaurus voraus. Die hierzu vorhandenen Ansätze sind noch nicht abgeschlossen.

Die Ziele (5) und (6) lassen sich nur erreichen, wenn es gelingt, geeignete Bewertungskriterien und Bewertungsverfahren für die Priorität und den Erfolg von F + E-Projekten zu finden. In einer ersten Stufe wurden daher die Ziele (1) bis (3) realisiert, die Verwirklichung der restlichen Ziele bleibt einer zweiten Stufe vorbehalten. In der ersten Ausbaustufe enthält die F + E-Datei folglich vorwiegend aufwandsbezogene Informationen. Mit jedem F + E-Vorhaben korrespondiert ein Datensatz folgender Feldeinteilung [200, S. 17 f.]:

Feldname	Beschreibung des Feldinhaltes
FENR	= Kennziffer des Vorhabens
KBEZ	= Kurzbezeichnung des Vorhabens
INST	= verantwortliches Institut
NAME	= federführender Wissenschaftler
ANF	= Anfangsjahr des Vorhabens
END	= Beendigungsjahr des Vorhabens
SUSA (1)	= Summe der angemeldeten Sachmittel
SUSA (2)	= Summe der genehmigten Sachmittel
SUSA (3)	= Summe der verfügten Sachmittel
SUPE (1)	= Summe des angemeldeten Personaleinsatzes
SUPE (2)	= Summe des genehmigten Personaleinsatzes
SUPE (3)	= Summe des verfügten Personaleinsatzes
DAIN[1)]	= Datum letzte Änderung Investitionen
DADV[1)]	= Datum letzte Änderung Anteil DV-Investitionen
DARO[1)]	= Datum letzte Änderung Rohstoffe
DAFR[1)]	= Datum letzte Änderung Fremde FE-Arbeiten
DAPE[1)]	= Datum letzte Änderung Personalaufwendungen
DARE[1)]	= Datum letzte Änderung Nutzung Reaktoren
DAHZ[1)]	= Datum letzte Änderung Nutzung Heisse Zellen
DAIB[1)]	= Datum letzte Änderung Nutzung IBM-Rechner
DAIL[1)]	= Datum letzte Änderung innerbetriebl. Leistungen
DAG 1[1)]	= Datum letzte Änderung Personaleinsatz Gruppe 1
DAG 2[1)]	= Datum letzte Änderung Personaleinsatz Gruppe 2
DAG 3[1)]	= Datum letzte Änderung Personaleinsatz Gruppe 3
IN[2)]	= Kostenart Geräteinvestitionen
DV[2)]	= Kostenart Anteil Investitionen für DV-Geräte
BR[2)]	= Kostenart Reaktorbrenn- und -betriebsstoffe
RO[2)]	= Kostenart sonst. Roh-, Hilfs- und Betriebsstoffe

Feldname	Beschreibung des Feldinhaltes
FR2)	= Kostenart Fremde FE-Arbeiten
PE2)	= Kostenart Personalaufwendungen
RE2)	= Kostenart Nutzung der Reaktoren
HZ2)	= Kostenart der Heissen Zellen
IB2)	= Kostenart Nutzung der IBM-Rechenanlagen
IL2)	= Kostenart innerbetriebliche Leistungen
GR12)	= Kostenart Personaleinsatz Gruppe 1 (BAT IIa)
GR22)	= Kostenart Personaleinsatz Gruppe 2 (übrige BAT)
GR32)	= Kostenart Personaleinsatz Gruppe 3 (MTL)
GA2)	= Kostenart Personal außerhalb des Stellenplans

Für sämtliche mit „1)" gekennzeichneten Feldnamen werden zwei Feldwerte abgespeichert:

Feld 1 = Datum letzte Änderung genehmigt für Jahr X(1)
Feld 2 = Datum letzte Änderung verfügt für Jahr X(– 1)

Für sämtliche mit „2)" gekennzeichneten Feldnamen werden elf Feldwerte abgespeichert:

Feld 1 = angemeldet für Jahr X(– 2)
Feld 2 = genehmigt für Jahr X(– 2)
Feld 3 = verfügt für Jahr X(– 2)
Feld 4 = angemeldet für Jahr X(– 1)
Feld 5 = genehmigt für Jahr X(– 1)
Feld 6 = verfügt für Jahr X(– 1)
Feld 7 = angemeldet für Jahr X(1)
Feld 8 = genehmigt für Jahr X(1)
Feld 9 = angemeldet für Jahr X(2)
Feld 10 = angemeldet für Jahr X(3)
Feld 11 = angemeldet für Jahr X(4)

Hierbei bezeichnen:

X(– 2) = letztes abgeschlossenes Jahr
X(– 1) = laufendes Jahr
X(1) = erstes folgendes Jahr
X(2) = zweites folgendes Jahr
X(3) = drittes folgendes Jahr
X(4) = viertes folgendes Jahr

Die Aufwendungen für ein F + E-Projekt werden für einen Zeitraum von sechs Jahren gespeichert. Dieser Zahl liegt folgende Überlegung zugrunde:

Im laufenden Wirtschaftsjahr X(– 1) sind von den Instituten die Erhebungsbögen für das F + E-Programm des folgenden Jahres X(1) und für die mittelfristige Finanzplanung der Jahre X(1) bis X(4) auszufüllen. Die Werte für wenigstens ein abgeschlossenes Wirtschaftsjahr, das Jahr X(– 2), sollen dann verfügbar sein.

Die vor diesem Zeitraum liegenden Aufwendungen werden akkumuliert, und die sich so ergebenden Summen SUSA(1) . . . SUSA(6) werden jährlich fortgeschrieben. Damit sind auch bei länger dauernden Vorhaben die Gesamtaufwendungen erfaßt, und es lassen sich langfristige Schwerpunktsverschiebungen im F + E-Programm dokumentieren.

Für Felder, deren Inhalte häufiger geändert werden, soll der Änderungsstatus erkennbar sein. Dies wird durch Mitspeichern des Datums der letzten Änderung erreicht. Einer häufigeren Änderung unterliegen die verfügten Beträge des Jahres X(– 1) und die genehmigten Beträge des Jahres X(1).

3.3.3.2 Projektdatei

Das Projekt-Management wird bei der Planung, Realisierung und Kontrolle eines Projektes durch Bereitstellung projektbezogener Informationen in einer Projektdatei unterstützt. Die Projektdatei dient also der Projektbeschreibung und Projektdokumentation. Die Projektbeschreibung bezieht sich auf die Darstellung abgelaufener, zur Zeit bearbeiteter und geplanter Arbeitsschritte in einer Projektdatei. Bei Anwendung einer stufenweisen Projektplanung (vgl. Kapitel 2.1.2.1.2) sind Arbeitsschritte z. B. Aufgabengruppen und Vorgänge. Unter Projektdokumentation wird hier das Erfassen, Speichern und Vermitteln von Informationen der Projektbeschreibung verstanden.

In der Projektdatei wird für jede Aufgabengruppe und jeden Vorgang des Projektnetzplans ein Datensatz angelegt, der folgende Gruppen von Informationen enthält [189]:

- Strukturinformationen,
- Organisatorische Informationen,
- Dispositive Informationen,
- Termininformationen,
- Kosteninformationen,
- Kapazitätsinformationen,
- Hinweise.

Außerdem enthält jeder Satz noch die Informationen, die für Berechnungsvorgänge des Projektnetzplans mit einem Netzplantechnik-Programmpaket erforderlich sind. Alle Sätze weisen die gleiche Feldeinteilung auf [189]:

Feldname	Beschreibung des Feldinhaltes	
FENR	= Kennziffer des Projektes	Strukt. Inform.
TNNR	= Teilnetz-Nr.	
AGVONR	= Aufgaben- oder Vorgangs-Nr.	
VORGAE	= Vorgänger	
NACHFO	= Nachfolger	
BES	= Aufgabengruppen- oder Vorgangsbeschreibung	
EINT	= Einteilung des Vorganges in Teilvorgänge	
DAEINT	= Datum der Vorgangseinteilung	
ERLTVO	= Letzter erledigter Teilvorgang	
DAERL	= Datum der Erledigung	
KT	=	dem Benutzer nicht zugängliche Felder, die für die Durchführung von Netzplanberechnungen erforderlich sind
M	=	
K	=	
CC	=	
S	=	
PREC	= Predecessor	
SUCC	= Successor	
SUBN	= Subnet	
VEINST	= Verantwortliche Institution	Organis. Inform.
VERANT	= Name des Verantwortlichen	
DUINST	= Durchführende Institution (max. drei)	
DURCHF	= Namen der Durchführenden (max. drei)	
DAAUFT	= Datum der Auftragsvergabe	
KONR	= Kostenstelle-Nr.	
DISTAD	= Dispositives Stadium (max. sieben Angaben)	Dispos. Inform.
DESKR	= Deskriptor (max. sechs Angaben)	
BESVE	= Beschluß oder Vertrag (max. drei Angaben)	
BESPRE	= Besprechung (max. fünf Angaben)	
VERME	= Vermerk (max. vier Angaben)	
AGVOD	= Aufgabengruppen- bzw. Vorgangsdauer	Termin-Inform.
SOANF	= Soll-Anfangstermin	
SOEND	= Soll-Endtermin	
DAAEN	= Datum der letzten Änderung eines Soll-Term.	
ISANF	= Ist-Anfangstermin	
ISEND	= Ist-Endtermin	
BEWKO[1)]	= Bewilligte Kosten	Kosten-Inform.
DABEW	= Datum der Bewilligung	
SOKO[1)]	= Sollkosten	
DASOKO	= Planungsdatum oder letztes Änderungsdatum	
ISKO[1)]	= Istkosten	
DAISKO	= Letztes Erfassungsdatum	
SOKAGR[2)]	= Sollkapazitätsgruppe	Kapaz.-Inform.
SOKAME[2)]	= Sollkapazitätsmenge	
ARBWER[2)]	= Arbeitswert	
DAAW[2)]	= Datum der letzten Arbeitswerterfassung	
HINWEIS	= Hinweise (max. vier Eintragungen)	Hinweise

Für die mit „1)" gekennzeichneten Feldnamen werden vier Werte abgespeichert: Investitionskosten, Verbrauchskosten, Personalkosten und sonstige Kosten. Für die mit „2)" gekennzeichneten Feldnamen können maximal fünf Werte abgespeichert werden.

Soweit erforderlich werden die einzelnen Felder im folgenden erläutert.

(1) Strukturinformationen
Handelt es sich um eine Aufgabengruppe, so ist:

TNNR = AGVONR .

Alle Vorgänge, die durch Unterteilung einer Aufgabengruppe entstehen, erhalten dieselbe TNNR. Für umfangreichere Vorgänge kann in das Feld EINT eine Kurzbeschreibung der nacheinander durchzuführenden Vorgangsteile eingetragen werden. Den Bearbeitungsstand eines Vorganges zeigt dann das Feld ERLTVO an.

(2) Organisatorische Informationen
Geben an, welche internen oder externen Institutionen und Personen eine Aufgabengruppe oder einen Vorgang durchführen oder für seine Durchführung verantwortlich sind.

(3) Dispositive Informationen
Bei der hier zugrunde liegenden stufenweisen Planung wirft die Durchführungsplanung von Aufgabengruppen die größten dispositiven Probleme auf. Eine Aufgabengruppe ist in Vorgänge aufzulösen, die eventuell an verschiedene Auftragnehmer delegiert werden. Dispositive Informationen sollen den Planungsstand von Aufgabengruppen erkenntlich machen und Hinweise auf wichtige Besprechungen, Beschlüsse, Verträge, Notizen usw. geben. Zur Kennzeichnung des Planungsstandes dient das Feld DISTAD. Es ist in sieben Feldelemente eingeteilt. Unter Bezugnahme auf das in Abb. 47 dargestellte Ablaufdiagramm der dispositiven Aufgaben werden den Feldelementen folgende Aussagen zugeordnet:

- das erste Element gibt die zuletzt erledigte dispositive Aufgabe an,
- die drei folgenden Elemente können bis zu drei zur Zeit durchgeführte dispositive Aufgaben enthalten,
- die drei letzten Elemente geben bis zu drei in nächster Zukunft zu erledigende dispositive Aufgaben an.

Dabei können Abkürzungen verwendet werden wie:

ZIP = Zielplanung
STR = Strategische Planung
FIS = Finanzsicherung
PFE = Planung der Einschaltung fremder Einrichtungen

Zusätzlich zu den in Abb. 47 enthaltenen dispositiven Aufgaben können noch spezielle Angaben verwendet werden, z. B.:

ZUR = Zurückstellung einer Aufgabengruppe, z. B. aus firmenpolitischen Gründen.

ENT = Die Entscheidung einer höheren Instanz ist für die Durchführung der Aufgabengruppe notwendig.

In das Feld DESKR können maximal sechs Deskriptoren zur sachlichen Beschreibung eingetragen werden. Dabei ist der in Kapitel 3.3.3.3 beschriebene Thesaurus zu verwenden. Die restlichen Felder enthalten die Nummern von Dokumenten der Dokumentdatei.

(4) Termin-Informationen
Es werden Soll- und Ist-Termine gespeichert.

(5) Kosten-Informationen
Es werden Bewilligte Kosten, Sollkosten und Istkosten gespeichert. Die angegebenen Kostenarten sind als Beispiel zu verstehen.

(6) Kapazitäts-Informationen
Zur Bezeichnung benötigter Kapazitäten (Sollkapazitätsgruppe) sollten alphanumerische Kürzel mit Hinweis auf Ausbildung und Spezialisierungsrichtung verwendet werden. Z. B.:

DP-FKE = Dipl.-Phys., Festkörperphysik, Experimentell .

Bei der Aufstellung einer Definitionsliste können maschinelle Anlagen, Versuchseinrichtungen usw. einbezogen werden. Der mengenmäßige Mannbedarf (Sollkapazitätsmenge) und der geleistete Arbeitswert können z. B. in Manntagen angegeben werden.

(7) Hinweise
Hier können fortlaufend Informationen gespeichert werden, die anderen Feldern nicht zugeordnet werden können, z. B. „Vorstudie vom 9. 9. 1971".

Die hier vorgeschlagene Feldeinteilung ist als Maximalvorschlag aufzufassen. Die im konkreten Fall gewählte Feldeinteilung hängt vom Informationsbedarf des F + E-Management und von der Projektart ab.

3.3.3.3 Dokumentdatei und Thesaurus

Die Dokumentdatei dient der Speicherung und dem raschen Wiederauffinden von Dokumenten. Im hier verstandenen Sinne sind Dokumente Beschreibungen von:

- Literatur (Bücher, Zeitschriftenaufsätze, Patentschriften, Reports, usw.),
- Berichte, die Arbeitsergebnisse dokumentieren,
- Besprechungsprotokolle, Vermerke, persönliche Notizen,

– Schriftverkehr, Verträge,
– Hinweise auf Kenntnisse, Rechnerprogramme, usw.

Dokumente sollen die Originalinformationen knapp und präzise beschreiben und Angaben über Standort und Quelle der Originaldokumente enthalten.

Die Feldeinteilung der Dokumentsätze wurde im Rahmen von Vorarbeiten zu einem PMIS entwickelt [201, S. 9 ff.]. Die wesentlichsten Felder sind:

Feldname	Beschreibung des Feldinhaltes
DONR	= Dokument-Nr.
INST	= Institut des Erfassers
NAME	= Name des Erfassers
AUT	= Autor(en) des Originaldokuments
FIL	= Firma, Institut, Land des Autors
TITEL	= Titel bzw. Überschrift des Originaldokumentes
QUELLE	= Quellenangabe für das Originaldokument
STORT	= Standort des Originaldokumentes
DESKR	= Deskriptoren (max. zwanzig)

Nach Kennzahlen geordneter Thesaurus

21	PATENT
22	VEROEFFE
23	BUCH
24	NOTIZ
25	BERICHT
26	PROGRAMM
27	VERTRAG
28	KATALOG
29	TAGUNG
30	TABELLE
⋮	
101	U A
102	U B
103	U C
104	U D
105	U E
106	U F
107	U G
⋮	
160	TAPPENHO
161	SASSIN
162	DIETRICH
163	SCHWEGMA
164	SCHWARZ
165	JEHLE
166	DUERING
167	HELLER

201	I A
202	I B
203	I C
204	I D.
205	I E
206	I F
207	I G
	⋮
305	L BG
306	L BR
307	L C
308	L CDN
309	L CH
310	L CS
311	L D
312	L DK
313	L DZ
314	L E
315	L ET
316	L F
	⋮
440	1940
441	1941
442	1942
443	1943
444	1944
445	1945

446	1946
447	1947
448	1948
449	1949
	⋮
468	1968
469	1969
470	1970
471	1971
472	1972
473	1973
501	E H
502	E HE
503	E LI
504	E BE
505	E B
506	E C
507	E N
508	E O
509	E F
510	E NE
511	E NA
512	E MG
513	E AL
514	E SI
515	E P
	⋮

1225	SPUREN
1226	MEER
1227	GIFT
1228	KONZENTR
1229	OEL
1230	ABFALL
1231	ABLAGERU
1232	FLAECHE
1233	RESERVE
1234	PUNKT
1235	VERFUEGB
1236	KAPILLAR
1237	LINIE
1238	BESPRECH
1239	THESAURU
1240	KENNZEIC
	⋮
7001	70 JANUA
7002	70 FEBRU
7003	70 MAERZ
7004	70 APRIL
7005	70 MAI
7006	70 JUNI
7007	70 JULI
7008	70 AUGUS
7009	70 SEPTE
	⋮

Abb. 98. Auszug aus einem Thesaurus [201]

Die Dokument-Nr. besteht aus dem Eingabedatum, in der Reihenfolge Jahr, Monat, Tag, und einer laufenden Nummer. Das dritte am 6. 12. 1971 eingegebene Dokument z. B. hat die Nummer 71120603. Mit INST und NAME wird auf den Erfasser eines Dokuments verwiesen. Er kann eventuell über weitergehende Informationen verfügen. AUT und FIL enthalten Name und Anschrift des Autors.

Der sachliche Inhalt eines Dokuments wird mit maximal zwanzig Deskriptoren beschrieben. Der zum Betrieb der Dokumentdatei aufgebaute Thesaurus umfaßt ca. 600 Deskriptoren. Neben Fachwörtern usw. enthält der Thesaurus noch folgende Gruppen von Begriffen:

- Nachnamen von Personen,
- Institutionen (Firmen),
- Ländernamen,
- chemische Elemente,
- Eingabedatum (Monat und Jahr ab Januar 1970).

Das Eingabedatum (Monat und Jahr) sowie die Felder INST und NAME werden beim Einlesen automatisch als Deskriptoren hinzugefügt. Einen Auszug aus dem Thesaurus zeigt Abb. 98.

3.3.3.4 Weitere Dateien

Die Auskunftsmöglichkeiten des PMIS können durch Einbeziehen weiterer Dateien wesentlich erweitert werden. Vorgesehen wurde der Aufbau einer Gerätedatei und einer Kenntnisdatei.

Die Gerätedatei kann auf der schon vorhandenen, in anderem Zusammenhang erstellten Anlagendatei (bewegliches Anlagevermögen) aufbauen. Sie könnte folgende Informationen enthalten [189, S. 21]:

> Kurzbezeichnung, Klassifizierungs-Nr., Inventar-Nr., Projekt-Nr., Kostenstelle-Nr., Anschaffungsdatum, Anschaffungspreis, Hersteller, Geräteeigenschaften.

Die Kenntnisdatei soll vor allem ein Wegweiser zu internen und externen Personen mit technisch-wissenschaftlichen Spezialkenntnissen sein. Folgende Informationen könnten in die Kenntnisdatei einbezogen werden [189, S. 21]:

> Name, Beruf, Titel, Institut oder Firma, Projekt-Nr., Telefon-Nr., Tätigkeitsbeschreibung, Interessenbeschreibung.

Ein wesentliches Problem beim Aufbau dieser Dateien ist die Erstellung eines Klassifizierungsschemas für Geräte, sowie von Thesauri für die Beschreibung von Geräten, Tätigkeiten und Interessen.

3.3.4 Modellbank

Die Modellbank enthält Programme zum Aufbau, zur Wartung und Benutzung der Datenbank. Im einzelnen sind dies:

a) ein Datenbanksoftwarepaket für Auskunftszwecke,
b) ein Netzplantechnik-Programmpaket,
c) ein Dateibeschreibungsprogramm zur Definition der Dateien,
d) ein Dateierstellungsprogramm zum Aufbau der Dateien,
e) Programme zum Aufbau und zur Pflege des Thesaurus,
f) Programme zur Datenüberleitung und Datenkonversion.

Am Beispiel der Projektdatei zeigt Abb. 99 einen Überblick über den Einsatz und den Zusammenhang der Programme.

Zu a)
Nach einer Vorauswahl kamen vier Softwarepakete in die engere Wahl. Unter Anwendung der in Kapitel 3.2.2.4 genannten Kriterien wurde das Paket POLIS [194] ausgewählt, obwohl es einige Nachteile aufweist (verwendet nur sequentiell und index-sequentiell gespeicherte Dateien, Abfragebearbeitung nur im Batch-Betrieb). Für POLIS sprachen vor allem die leichte Erlernbarkeit und die gebotenen sprachlichen Möglichkeiten. So können in Suchfragen numerische und nichtnumerische, primäre und sekundäre Schlüssel in UND- und ODER-Verknüpfung auftreten.

Im folgenden werden einige wesentliche Eigenschaften von POLIS aufgezeigt. POLIS ist ein auskunftsorientiertes Softwarepaket vom compilativen Typ. Es umfaßt folgende Komponenten:

- ein Steuerungsprogramm, das unter den Betriebssystemen OS und DOS (IBM/360 ab 64 k) läuft,
- ein Dateibeschreibungsprogramm,
- eine benutzernahe, quasideutsche Abfragesprache,
- einen Sprachübersetzer zur Abfrageübersetzung.

Eine POLIS-Abfrage besteht aus den drei aufeinander folgenden Teilen:

(1) Definitionsteil,
(2) Bedingungsteil,
(3) Anweisungsteil.

Im Definitionsteil wird die Datei bezeichnet, an die sich die Abfrage richtet. Er umfaßt das „Schlüsselwort" HOLE, hinter das der Name der gewünschten Datei zu setzen ist. Beispiel:

HOLE PROJEKTDATEI .

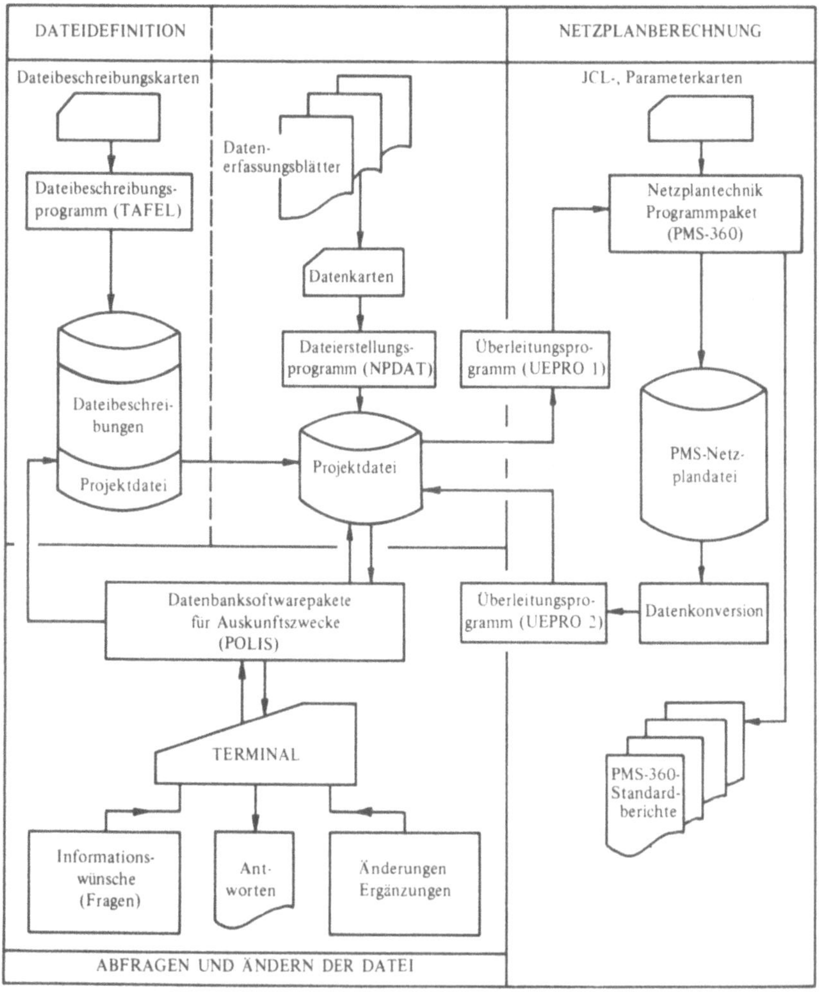

Abb. 99. Einsatz und Zusammenhang der Programme des vorgeschlagenen PMIS [189, S. 22]

Bei index-sequentiell gespeicherten Dateien kann durch Angabe von Ordnungsbegriffen und weiteren Schlüsselworten (NR, VON, BIS) nur ein bestimmter Datensatz oder ein bestimmter Dateiabschnitt angesprochen werden. Beispiele:

HOLE PROJEKTDATEI NR 120 ,
HOLE PROJEKTDATEI VON 120 BIS 124 .

Im ersten Fall des Beispiels wird nur der Satz mit der Vorgangs-Nr. 120, im zweiten Fall die Sätze mit den Vorgangs-Nr. 120 bis 124 angesprochen.

Der Bedingungsteil enthält die Suchbedingung. Er wird mit dem Schlüsselwort WENN eingeleitet. Im einfacheren Fall folgt eine logisch verknüpfte Folge von Einzelbedingungen. Eine Einzelbedingung besteht aus Feldname, Vergleichsoperator und Feldwert. Als Vergleichsoperatoren sind zugelassen: gleich (=), nicht gleich (– =), größer (>), nicht größer (– >), größer gleich (> =), kleiner (<), nicht kleiner (– <), kleiner gleich (< =). Die Vergleichsoperatoren sind auch bei alphanumerischen Feldwerten zugelassen. Verglichen wird die interne Codierung und es ist z. B. B > A. Bei Feldern mit mehreren Feldwerten (z. B. das Feld DESKRIPTOR) können durch Angabe von Indizes angesprochen werden:

1) alle Deskriptoren, durch:

DESKRIPTOR ,

2) ein Deskriptor an einer bestimmten Stelle des Bereiches, durch z. B.

DESKRIPTOR (3) ,

3) eine Folge von Deskriptoren mit einer bestimmten Lage innerhalb des Bereiches, durch z. B.

DESKRIPTOR (2 . . . 4) .

Enthält das Feld DESKRIPTOR zehn Feldwerte (Deskriptoren), so werden im Fall 1) alle zehn, im Fall 2) nur der dritte und im Fall 3) der zweite, dritte und vierte Deskriptor angesprochen. Einige weitere nützliche Eigenschaften von POLIS sollen nur angedeutet werden:

- Mit der Funktion ALLE kann untersucht werden, ob eine Bedingung bei einem Feld mit mehreren Feldwerten von allen Feldwerten erfüllt wird.
- Bei Feldern mit mehreren Feldwerten können die Feldwerte arithmetischen Operationen unterworfen werden. Möglich sind Summen-, Minima- und Maxima-Bildung.
- Einzelne Feldwerte kann man nicht nur mit numerischen Indizes (siehe oben), sondern auch mit mnemotechnischen Indizes ansprechen, wobei das Schlüsselwort BEI zu verwenden ist. Der Umsatz im Monat Juni z. B. kann angesprochen werden durch UMSATZ BEI (MONAT = JUNI).

Für Datensätze, die die Suchbedingung erfüllen, können im Anweisungsteil, eingeleitet mit dem Schlüsselwort DANN, folgende Operationen veranlaßt werden:

1) Überschriftenausgabe (mit dem Schlüsselwort UEBERS),
2) Datenausgabe (mit dem Schlüsselwort DRUCKE),
3) Updaten von Plattendateien (mit dem Schlüsselwort SETZE).

Im Anweisungsteil können mnemotechnische Indizes und die oben genannten arithmetischen Operationen verwendet werden. Der Anweisungsteil kann mehrere Einzelanweisungen umfassen.

Eine einfache POLIS-Abfrage könnte z. B. lauten:

```
HOLE PROJEKTDATEI
WENN TNNR = 126 UND AGVONR = 2317
DANN DRUCKE BEWKO (2) UND DABEW
DANN SETZE SOKO (2) = 1520 UND DASOKO = 730704 *
```

Zu b)
In einer Vorauswahl wurden verschiedene Programmpakete ausgeschieden, da sie keinen Kostenteil umfaßten oder auf dem vorhandenen Computer nicht lauffähig waren. Ein Vergleich der verbleibenden Programme aufgrund der in Kapitel 3.1.2.1.3 genannten Kriterien[14] ergab leichte Vorteile des Verfahrens PPS gegenüber PMS-360. Gewählt wurde PMS-360, da es schon längere Zeit in der Forschungsanlage betrieben wurde und somit Erfahrungen bezüglich der Programmbetreuung im Rechenzentrum vorlagen. PMS-360 ist ein weitgehend modulares Programmpaket mit den Hauptmodulen:

– Network Processor,
– Resource Allocation Processor,
– Cost Processor,
– Report Processor.

Jeder Hauptmodul umfaßt etwa vier einzeln aufrufbare Module. PMS-360 ist in IBM/360-Assembler geschrieben und läuft auf Anlagen dieser Serie ab 64 k Bytes Arbeitsspeicher.

Zunächst war nur der Betrieb des Zeitteils vorgesehen. Die für Berechnungsläufe notwendigen Informationen werden in der Projektdatei zur Verfügung gestellt. Lediglich Job-Control- und Parameterinformationen (z. B. Namen der gewünschten Berichte) sind zusätzlich bereitzustellen.

14 Vgl. hierzu die Nutzwertanalyse auf S. 173 f.

Zu c)
Eine Datei existiert für POLIS nur, wenn eine Datenbeschreibungstafel vorliegt. Mit einem Dateibeschreibungsprogramm, das Bestandteil des Programmpakets POLIS ist, können Datenbeschreibungstafeln neu erstellt, geändert und gelöscht werden. POLIS erlaubt nur die Verwendung sequentiell oder indexsequentiell gespeicherter Dateien mit Datensätzen fester Länge und hierarchischer Satzstruktur. Eine Datenbeschreibungstafel umfaßt Angaben wie Speicherungsform der Datei, Dateiname, Feldnamen, Feldlängen, hierarchische Feldstufen-Nr., Dimension des Feldwertes. Im Rahmen der Erstellung einer Datenbeschreibungstafel werden u. a. folgende Listen ausgedruckt:

- ein Eingabeprotokoll, das eine Fehlerauflistung bei fehlerhafter Eingabe umfaßt,
- ein Tabellenprotokoll, das ein Abbild der Tafel, wie sie auf der Platte gespeichert ist, darstellt,
- ein Benutzerprotokoll, das ausschließlich für den Benutzer bestimmt ist.

Das Benutzerprotokoll enthält alle Angaben, die für die Abfrage einer Datei mit POLIS erforderlich sind.

Zu d)
POLIS ist kein voll ausgebautes Datenbanksystem. Es umfaßt zwar sprachliche Fähigkeiten zum Modifizieren von Feldwerten, nicht aber zum Aufbau und zur Pflege (Hinzufügen und Entfernen von Datensätzen) einer Datei. Probleme der Datenbankwartung muß der Anwender also weitgehend mit eigenen Programmen lösen. Im vorliegenden Fall wurde ein „Dateierstellungsprogramm“ geschrieben, das zur Ersteingabe, zum Hinzufügen und Entfernen von Sätzen einer Datei dient. Es ist in der Programmiersprache PL/1 abgefaßt.

Zu e)
Zum Aufbau und zur Pflege des Thesaurus wurden u. a. folgende Programme geschrieben [201, S. 21 ff.]:

(1) Ein Programm zur Neuerstellung und zur Modifikation des Thesaurus. Es umfaßt folgende Funktionen:

- Hinzufügen neuer Deskriptoren und Kennzahlen,
- Löschen von Deskriptoren und Kennzahlen,
- Ersetzen alter Deskriptoren durch neue Begriffe

(2) Ein Programm zum Ausdrucken des Thesaurus geordnet nach Deskriptoren.
(3) Ein Programm zum Ausdrucken des Thesaurus geordnet nach Kennzahlen.

Zu f)
Diese Gruppe von Programmen ist für den Betrieb des Programmpakets PMS-360 in Verbindung mit der Projektdatei notwendig. Der Datentransfer

zwischen der Projektdatei und PMS-Netzplandatei wird mit zwei Überleitungsprogrammen, UEPRO 1 und UEPRO 2 durchgeführt. Mit dem Programm UEPRO 1 werden die für die Berechnung des Projektnetzplans notwendigen Informationen aus der Projektdatei extrahiert und dem Netzplanprogramm PMS-360 übergeben. Netzplanberechnungen machen i. a. eine Änderung bestimmter Feldwerte der Projektdatei erforderlich. Weicht z. B. der Istendtermin eines Vorgangs vom Sollendtermin ab, so können sich bei der nächsten Netzplanberechnung für alle nachfolgenden Vorgänge neue Solltermine und neue Pufferzeiten ergeben. Mit Hilfe des Programmes UEPRO 2 werden derartige Änderungen in die entsprechenden Felder der Projektdatei übertragen.

Die Programme UEPRO 1 und UEPRO 2 sind in FORTRAN-IV geschrieben. Sie können die Vorgangstermine und Pufferzeiten in der gepackten Form, in der sie von dem Netzplanprogramm PMS-360 gehandhabt werden, nicht verarbeiten. Aus diesem Grunde wurde ein in der Makrosprache von PMS-360 geschriebenes Konversionsprogramm erstellt, das die in gepackter Form vorliegenden Daten in eine für FORTRAN-IV lesbare Form umwandelt.

3.3.5 Betrieb des PMIS

Der Betrieb eines PMIS erfordert eine Reihe organisatorischer Regelungen zur Sicherung der Datenaktualität und einer reibungslosen Benutzung. Hierzu zählen u. a.:

- Abgrenzung der Benutzer des PMIS,
- Benennung der Dateiverwalter,
- Regelung der Informationserfassung und Informationseingabe,
- Festlegung der Berichtsarten,
- Abgrenzung der Berichtsempfänger,
- Erstellung eines PMIS-Handbuches.

Der Benutzerkreis des PMIS leitet sich aus Abb. 100 und Abb. 46 ab. Für die einzelnen Dateien ist der Benutzerkreis unterschiedlich. Potentielle Benutzer der F + E-Datei sind drei Personengruppen:

(1) Institutsangehörige (Institutsleiter und Projektleiter bzw. federführende Wissenschaftler).
(2) Geschäftsleitung und Mitglieder von Entscheidungsgremien.
(3) Bestimmte Mitarbeiter der Wissenschaftlich-Technischen Abteilung (WTA).

Da die WTA mit Hilfe der F + E-Datei die Aufstellung des jährlichen F + E-Programms vornimmt, ist sie auch für die Verwaltung der Datei zuständig.

Die in Abb. 46 dargestellte personelle Projektorganisation umfaßt praktisch auch alle Benutzer der Projektdatei. Die Anwendung der Datei als Mittel zur laufenden Projektsteuerung und -kontrolle erfordert jedoch zusätzliche personelle Regelungen. Sie sollen die termingerechte Erfassung von Soll- und Istdaten, die Informationsweitergabe an die Entwicklungsgruppen, die frühzeitige Meldung von Störungen usw. sicherstellen.

Benutzer der Projektdatei sind drei Gruppen von Personen:

(1) Projekt-Manager und Mitglieder des Projektausschusses (Leiter der Entwicklungsgruppen und Leiter der beteiligten Institute bzw. Firmen). Diese Personen verwenden die Projektdatei für Auskunftszwecke.

(2) Mitglieder der Planungsgruppe und Beauftragte für PMIS-bezogene Aufgaben verwenden die Projektdatei als Planungshilfsmittel. Die Planungsgruppe nimmt folgende gesamtprojektbezogenen Aufgaben wahr:

- Aufstellung der Aufgabengruppenpläne,
- Erstellung von Teilnetzplänen,
- Information der Projektleitung bei Abweichungen und Störungen,
- Veranlassung periodischer Istdatenerfassungen und Netzplanberechnungen,
- Weitergabe von Solldaten an Entwicklungsgruppen,
- Durchführung von Netzplankorrekturen,
- Wartung der Projektdatei.

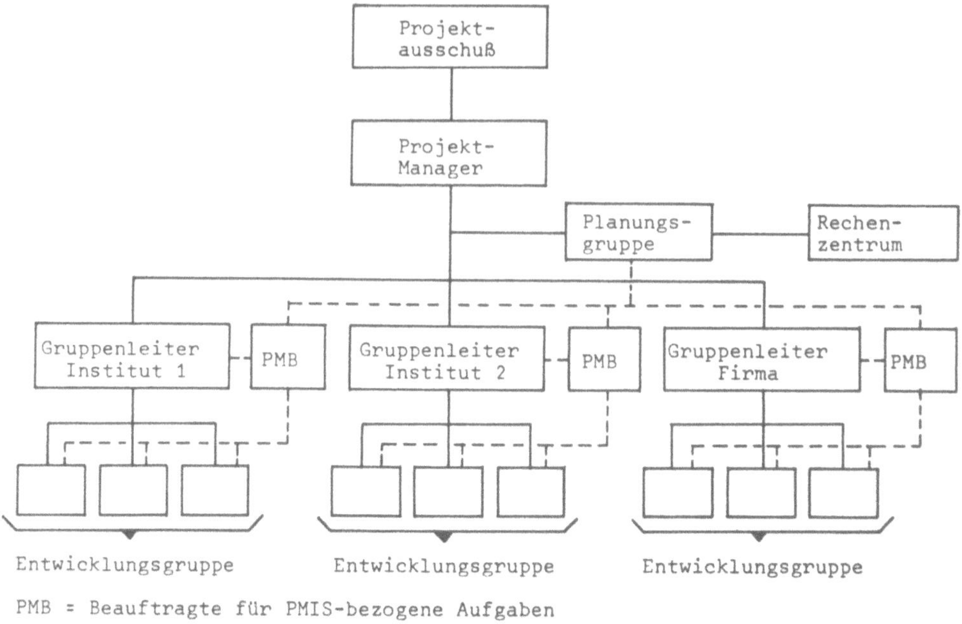

Abb. 100. Benutzerseitige Regelungen für den Betrieb der Projektdatei

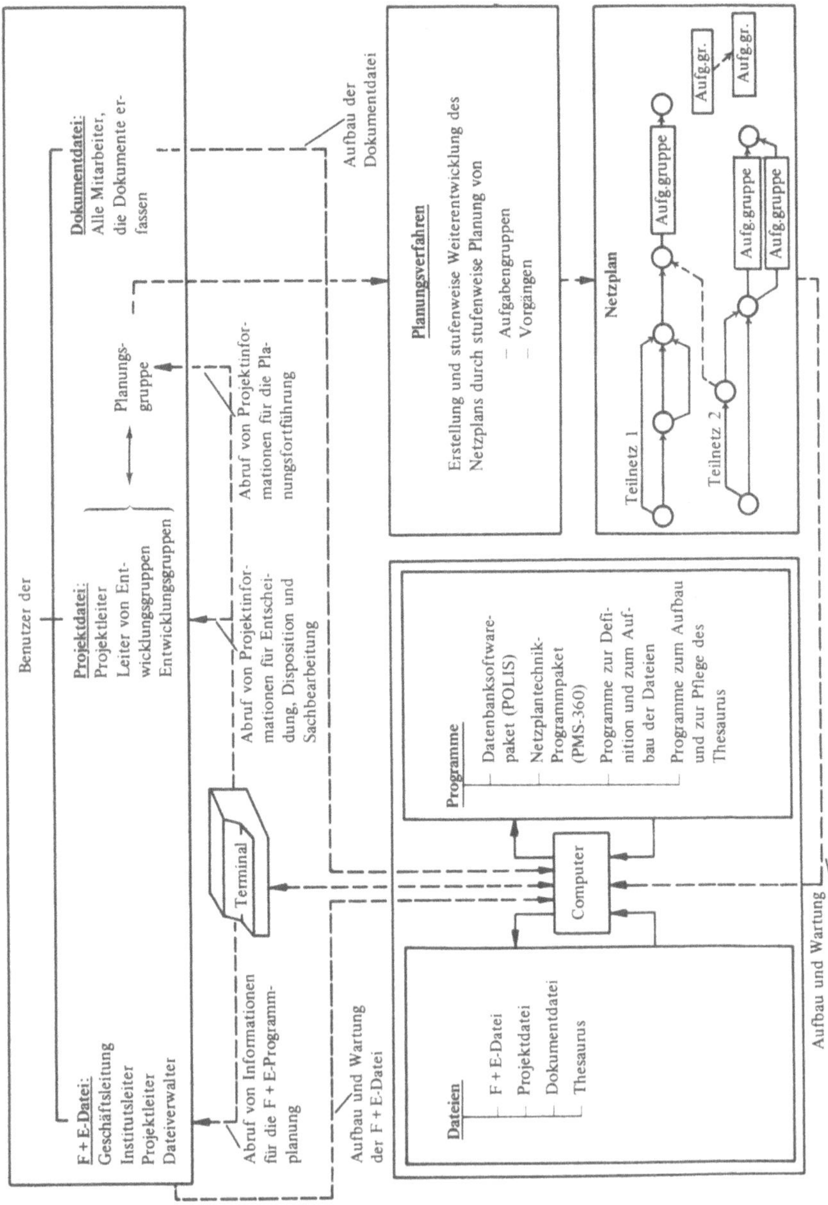

Abb. 101. Schematische Darstellung der Benutzung des PMIS

Datei	F+E-Datei		Projektdatei		Dokumentdatei
betrieben mit	Standardberichtsprogramm	Datenbanksoftwarepaket POLIS	Netzplantechnik-Programmpaket PMS-360	Datenbanksoftwarepaket POLIS	Datenbanksoftwarepaket POLIS
Erfassung und Eingabe von Informationen	Erfassung von F+E-Programmdaten veranlaßt durch WTA und durchgeführt in den Instituten und Gemeinschaftsanlagen. Kontrolle der erfaßten Daten und Eingabe in die Datei durch Mitarbeiter der WTA.		Erfassung von Informationen veranlaßt durch die Planungsgruppe und durchgeführt von den Beauftragten der Entwicklungsgruppen. Kontrolle der erfaßten Daten und Eingabe in die Datei durch die Planungsgruppe.		Erfassung von Dokumenten durch alle Benutzer der Datei. Die Auskunftsfähigkeit der Datei ist somit von der Erfassungsaktivität der Benutzer abhängig. Eingabe der Dokumente durch einen Mitarbeiter der WTA.
Ausgabe von Informationen	Regelmäßige Erstellung von Standardauswertungen veranlaßt durch die WTA für Zwecke der Budgetplanung und -fortschreibung.	Anfragen und Informationsausgabe an autorisierte Personen per Terminal.	Regelmäßige Netzplanberechnungen und Erstellung von Standardberichten veranlaßt durch Planungsgruppe. Weiterleitung von Output an Beauftragte der Entwicklungsgruppen.	Anfragen und Informationsausgabe an alle Projektbeteiligten per Terminal.	Anfragen und Informationsausgabe an alle Mitarbeiter, die Dokumente erfassen, per Terminal.

Abb. 102. Betrieb der Dateien des beschriebenen PMIS

Die Beauftragten für PMIS-bezogene Aufgaben stellen die Verbindung zwischen der Planungsgruppe und den Entwicklungsgruppen her. Sie führen folgende teilprojektbezogene Aufgaben aus:

- Mitarbeit bei der Erstellung von Teilnetzplänen,
- Meldung von Soll- und Istdaten an die Planungsgruppe,
- Berichterstattung an die Gruppenleiter,
- Informationsweitergabe an Mitglieder der Entwicklungsgruppen.

(3) Mitglieder der Entwicklungsgruppen verwenden die Projektdatei für Auskunftszwecke. Für sie sind vor allem Hinweise auf Arbeitsergebnisse, Arbeitsbesprechungen, Dokumente, usw. von Interesse. Daneben sind die Mitglieder der Entwicklungsgruppen für die Erzeugung von Soll- und Istdaten zuständig. Hierzu zählen:

- Mitwirkung bei der Schätzung von Vorgangdaten (Zeiten, Kosten),
- Aufschreibung von Arbeitszeiten, Materialverbrauch,
- Aufschreibung von Bestellungen.

Benutzer der Dokumentdatei sind alle Projektbeteiligten und alle weiteren Mitarbeiter der Forschungsanlage, die Dokumente in die Datei eingeben. Für die Erfassung von Dokumenten sind alle Benutzer der Datei gleichermaßen zuständig. Die Eingabe der Dokumente wird von einem Mitarbeiter der WTA veranlaßt.

Aufbauorganisatorische Regelungen für den Betrieb der Projektdatei zeigt Abb. 100. Eine schematische Darstellung der Benutzung des PMIS enthält Abb. 101, und Regelungen für den Betrieb der Dateien sind in Abb. 102 zusammengefaßt.

3.3.6 Anwendung des PMIS bei verschiedenen Projektarten

Unterschiedliche Projektarten wirken sich praktisch nur auf das Datensatzformat der Projektdatei aus, denn die Feldeinteilungen der Sätze der F + E-Datei und der Dokumentdatei stehen in keinem Zusammenhang mit bestimmten Projektarten. Dagegen wurden die Projektdatei und das mit ihr in Verbindung stehende stufenweise Planungsverfahren an einem bestimmten Projekt entwickelt.

In der vorgeschlagenen Form eignet sich die Projektdatei für Projekte, die aus der Sicht des F + E-Management als „heterogen" anzusehen sind. D. h. sie vereinigen in sich stark zielgerichtete und rein methodisch orientierte Arbeiten. Als Beispiele lassen sich nennen [189, S. 32]:

- Projekte, deren Ziel die Entwicklung großtechnischer Anlagen ist und in deren Rahmen zur Verbesserung bestimmter Komponenten gleichzeitig in erheblichem Umfang Grundlagenforschung zu betreiben ist,

– Vorhaben der Grundlagenforschung, die die Errichtung, den Betrieb oder die Weiterentwicklung umfangreicher Versuchsanlagen oder Experimentiergeräte erfordern.

Daneben existieren Projektarten, bei denen nicht alle der vorgeschlagenen Felder von Interesse sind. In jedem Einzelfall ist dann zu entscheiden, welche Informationen in der Projektdatei bereitzustellen sind.

Betrachtet sei z. B. ein reines Grundlagenforschungsvorhaben. Man kann davon ausgehen, daß in diesem Fall eine genaue Planung des Projektablaufs, des Verbrauchs, der benötigten Kapazitäten und Zeiten sicherlich nicht möglich ist. Durchführung und Verantwortung werden i. a. nicht über mehrere Institute gestreut sein. Eine Beschreibung des dispositiven Ausführungsstandes einzelner Aufgaben dürfte daher von geringerem Interesse sein. Aus diesen Überlegungen folgt, daß man etwa auf folgende Felder verzichten kann:

– TNNR = Teilnetz-Nr.
– KONR = Kostenstelle-Nr.
– DISTAD = Dispositives Stadium
– BEWKO = Bewilligte Kosten
– DABEW = Datum der Bewilligung
– ISKO = Istkosten
– DAISKO = Letztes Erfassungsdatum
– Sämtliche Kapazitätsinformationen
– Die Felder BESVE (Beschlüsse, Verträge), BESPRE (Besprechungen) und VERME (Vermerke) fallen zugunsten zusätzlicher Hinweise auf Literaturstellen (Feldtyp DOK = Dokument) weg.

Die Felder SOKO sind nur vorgesehen für eine Notierung der Angaben, die der Betriebsabrechnung gemacht werden. Die Kostenüberwachung wird von der Abteilung Betriebsabrechnung durchgeführt.

4. Schlußbemerkungen

Die vorliegende Arbeit versucht, alle Elemente eines PMIS für F + E-Projekte abzugrenzen und in einer Gesamtschau zu integrieren. Insbesondere sollen drei Fragen beantwortet werden:

(1) Welches sind die Elemente eines allgemeinen PMIS und durch welche Beziehungen sind sie miteinander verknüpft?
(2) Welche Spezialisierung erfährt ein PMIS bei einer Anwendung im F + E-Bereich?
(3) Welche Wege bestehen für die Konzeption von PMIS für F + E-Projekte und welche Aussagen lassen sich über erste Realisierungsansätze machen?

Der Gang der Untersuchung folgt, wie bereits im Vorwort aufgezeigt, diesen Fragen.

Beim Versuch die Fragen zu beantworten, ergaben sich eine Reihe von Problemen, die im Rahmen dieser Arbeit nicht gelöst werden konnten und mit denen sich weiterführende Untersuchungen auseinandersetzen sollten. Hierzu zählen vor allen:

(1) Die Einordnung eines PMIS in das Gesamt-MIS einer Unternehmung.
(2) Das Problem der Datenbeschaffung bei einer routinemäßigen Anwendung von Projektauswahlverfahren im PMIS.
(3) Die Eignung eines „lückenhaften" Projektstrukturplanes für die Disposition von F + E-Projekten und die Dokumentation technischer Projektdaten.
(4) Die Eignung stochastischer Netzwerkverfahren als routinemäßig angewandtes Hilfsmittel der F + E-Planung.
(5) Die Vereinigung formatierter und nicht formatierter Datenbestände in einem Datenbanksystem.
(6) Die Abgrenzung standardisierter Datenbanksoftware-Module, die je nach benutzerseitigem Anforderungsprofil zu einem leistungsfähigen Datenbanksystem zusammengefaßt werden können.

Literaturverzeichnis

a) Bücher

[1] Acker, H. B.: Organisationsanalyse. Baden-Baden 1963.
[2] Ackoff, R. L.: Scientific Method Optimizing Applied Research Decision. New York/London/Sydney 1962.
[3] Ahrens, F. u. H. Walter: Datenbanksysteme. Berlin/New York 1971.
[4] Archibald, R. D.: Management Information Systems for Projects and for Organizations: A Comparative Overview. In: Autorengruppe: Congress book, Third International Congress of Project Planning by Network Techniques. Band I. Stockholm 1972.
[5] Archibald, R. D. u. R. L. Villoria: Network-Based Management Systems (PERT/CPM). New York/Sydney/London 1967.
[6] Arntz, H.: Die Informationskrise als Bedrohung der menschlichen Gemeinschaft und des Fortschrittes. In: O. V.: Symposium über Probleme der Dokumentation, Deutsche Gesellschaft für Dokumentation e. V., Frankfurt/M. 1966.
[7] Atteslander, P.: Konflikt und Kooperation im Industriebetrieb. Probleme der betrieblichen Sozialforschung in internationaler Sicht. Köln/Opladen 1959.
[8] Autorengruppe: Congress book, Third International Congress of Project Planning by Network Techniques. Band I, II und III. Stockholm 1972.
[9] Ayres, R. U.: Prognose und langfristige Planung in der Technik. München 1971.
[10] von Bartalnaffy, L.: General Systems Theory. New York 1969.
[11] Beattie, C. J. u. R. D. Reader: Quantitative Management in R & D. Fakenham 1971.
[12] Bereska, D.: Die Organisation der betrieblichen Datenverarbeitung. München 1968.
[13] Blake, S. B.: Forschung, Entwicklung und Management. München/Wien 1969.
[14] Boehm, F.: Projekt-Management, Firmenschrift der Firma Krupp, ohne Jahresangabe.
[15] Booz-Allen Applied Research Inc.: New Uses and Management Implications of PERT. Chicago 1964.
[16] Bössmann, E.: Die ökonomische Analyse von Kommunikationsbeziehungen in Organisationen. Berlin 1967.
[17] Bright, J. R. (Hrsg.): Technological Forecasting for Industry and Government. Englewood Cliffs 1968.
[18] Bruggmann, M.: Betriebswirtschaftliche Probleme der industriellen Forschung. Winterthur 1957.
[19] Bund, K.: Die Parallelarbeit im Rahmen industrieller Forschungs- und Entwicklungstätigkeit. Diss. Berlin 1962.
[20] Buttler, G.: Netzwerkplanung. Würzburg/Wien 1968.
[21] Cherry, C.: On Human Communication. New York 1957.
[22] Chorafas, D. N.: Die Aufgabe der Forschung in der modernen Unternehmung. München/Wien 1963.
[23] Coenenberg, A.: Die Kommunikation in der Unternehmung. Wiesbaden 1966.
[24] Collinson, H. A.: Industrielle Forschung und Entwicklung richtig organisieren. München 1964.
[25] Dathe, H. M.: Moderne Projektplanung in Technik und Wissenschaft. München 1971.
[26] Dean, B. V.: Operations Research in Research and Developement. New York/London 1963.
[27] Dearden, J. u. F. W. McFarlan: Management Information Systems. Homewood 1969.
[28] Diemer, A.: Die automatisierte elektronische Datenverarbeitung. Berlin 1968.
[29] Dullien, M.: Flexible Organisationen. Opladen 1972.
[30] Dworatschek, S.: Management-Informations-Systeme. Berlin/New York 1971.
[31] Dworatschek, S. u. H. Donike: Wirtschaftlichkeitsanalyse von Informationssystemen. Berlin/New York 1971.
[32] Elm, W. A.: Das Management-Informationssystem als Mittel der Unternehmensführung. Berlin/New York 1972.
[33] Faßbender, W.: Voraussetzungen und Beispiele für Computergestützte Entscheidungssysteme. In: Grochla, E. (Hrsg.): Computer-gestützte Entscheidungen in Unternehmungen. Wiesbaden 1971.

[34] Flechtner, H. J.: Grundbegriffe der Kybernetik. Stuttgart 1969.
[35] Flores, J.: Data Structure and Management. Englewood Cliffs 1970.
[36] Gal, T.: Betriebliche Entscheidungsprobleme, Sensitivitätsanalyse und Parametrische Programmierung. Berlin/New York 1973.
[37] Geschka, H.: Forschung und Entwicklung als Gegenstand betrieblicher Entscheidungen. Meisenheim am Glan 1970.
[38] Gewald, K., K. Kasper u. H. Schelle: Netzplantechnik, Band 2: Kapazitätsoptimierung. München/Wien 1972.
[39] Gläss, S., H. Groh, et al.: Netzplantechnik, Fortbildungskurs im Medienverbund. Düsseldorf 1971.
[40] Graef, M., R. Greiller u. G. Hecht: Datenverarbeitung im Realzeitbetrieb. München/ Wien 1970.
[41] Grimshaw, J. J.: The Concept of a Project Management Information System. In: Autorengruppe: Congress book, Third International Congress of Project Planning by Network Techniques. Band I. Stockholm 1972.
[42] Grochla, E.: Computergestützte Entscheidungen in Unternehmungen. Wiesbaden 1971.
[43] Guicciardi, R.: Grundlagen staatlicher Forschungspolitik. Zürich 1970.
[44] Gutenberg, E.: Grundlagen der Betriebswirtschaftslehre. 1. Band, Die Produktion. Berlin/Heidelberg/New York 1965.
[45] Gutenberg, E.: Grundlagen der Betriebswirtschaftslehre. 2. Band, Der Absatz. Berlin/ Heidelberg/New York 1966.
[46] Gutenberg, E.: Unternehmensführung – Organisation und Entscheidungen. Wiesbaden 1962.
[47] Gutsch, R. W.: Project Management by the Means of a Network System of the Third Generation. In: H. J. M. Lombaers (Hrsg.): Project Planning by Network Analysis. Amsterdam 1969.
[48] Hax, K.: Grundlagen unternehmerischer Entscheidungen in der Wirtschaftspraxis. In: E. Grochla (Hrsg.): Computergestützte Entscheidungen in Unternehmungen. Wiesbaden 1971.
[49] Heister, M.: Rentabilitätsanalyse von Investitionen. Köln/Opladen 1962.
[50] Helmer, O.: The Delphi Method–An Illustration. In: J. R. Bright (Hrsg.): Technological Forecasting for Industry and Government. Englewood Cliffs 1968.
[51] Hodge, B. u. R. N. Hodgson: Management and the Computer in Information and Control Systems. New York/ London 1963.
[52] Hoffmann, M. H. A.: Medizinische Informationsverarbeitung. Berlin/New York 1973.
[53] Kent, A.: Einführung in die Informationswiedergewinnung. München 1966.
[54] Koontz, H. u. C. O'Donnell: Principles of Management. New York 1969.
[55] Kramer, R.: Information und Kommunikation. Berlin 1965.
[56] Lenz, C. R.: Forecasting Exploding Technologies by Trend Extrapolation. In: J. Bright (Hrsg.): 1st Annual Technology and Management Conference. Englewood Cliffs 1968.
[57] Lombaers, H. J. M. (Hrsg.): Project Management by Network Analysis. Amsterdam 1969.
[58] Lutz, T. u. H. Klimesch: Die Datenbank im Informationssystem. München/Wien 1971.
[59] March, J. G. u. H. A. Simon: Organizations. New York 1963.
[60] Marshall, A. W. u. W. H. Meckling: Predictability of the Costs, Time and Success of Development. In: Bureau of Economic Research, The Rate and Direction of Inventive Activity: Economic and Social Factors. Princeton 1962.
[61] Marvin, P. (Hrsg.): Die Entwicklung neuer Produkte (Aus dem Amerikanischen übersetzt). AMA-Schriftenreihe. Bd. 7. Düsseldorf 1960.
[62] Meadow, C.: The Analysis of Information Systems. New York 1967.
[63] Mellerowicz, K.: Unternehmenspolitik. Bd. I. Freiburg 1963.
[64] Mellerowicz, K.: Forschungs- und Entwicklungstätigkeit als betriebswirtschaftliches Problem. Freiburg 1958.
[65] Merten, H.: Datenbankorganisation. Köln-Braunsfeld 1972.
[66] Mertens, P.: Betriebliche Dokumentation und Information. Meisenheim 1965.

[67] Miller, D. C. u. W. H. Form: Unternehmung, Betrieb und Umwelt. Köln/Opladen 1957.
[68] Morris, C. W.: Foundation of the Theory of Signs. Chicago 1938.
[69] Mötteli, H. u. M. Bruggmann: Gestaltungslehre. Stuttgart 1962.
[70] Müller, W.: Artikel „Betriebssicherung". In: Handwörterbuch der Betriebswirtschaft. 3. Aufl. Bd. I. Stuttgart 1956.
[71] Müller-Frank, U.: Analyse und Verbesserung des internen wissenschaftlichen Informationsflusses in einem Fachbereich der Kernforschungsanlage Jülich. Diss. Aachen 1973.
[72] Mundhenke, E., H. M. Sneed u. U. Zöllner: Informationssysteme für Hochschulverwaltung und -politik. Berlin/New York 1975.
[73] Neidhardt, P.: Informationstheorie und automatische Informationsverarbeitung. Stuttgart 1964.
[74] Niederberger, A.: Das betriebliche Informationssystem. Wiesbaden 1967.
[75] O. V.: Project Management System/360 (360A/CP/04X) Version 2. Programm Description and Operations Manual. IBM-Form H 20/0344/2. 1967.
[76] O. V.: Symposium über Probleme der Dokumentation. Deutsche Gesellschaft für Dokumentation e. V. Frankfurt/M. 1966.
[77] Pack, L.: Ausbildung und Weiterbildung von Führungskräften. Wiesbaden 1969.
[78] Packard, V.: Die Pyramiden-Kletterer. Düsseldorf 1963.
[79] Pastoors, H.: Die Informationswirtschaft industrieller Unternehmungen. Diss. Köln 1965.
[80] Peck, J. M. u. E. M. Scherer: The Weapons Acquisition Process: An Economic Analysis. Boston 1962.
[81] Riesenkampff, G.: Auswirkungen des Einsatzes elektronischer Datenverarbeitungsanlagen auf die Organisation. Berlin 1969.
[82] Rose, T. G. u. D. E. Farr: Higher Management Control. New York 1957.
[83] Sanders, D. H.: Computers in Business. New York/London 1968.
[84] Sanders, D. H.: Computers and Management. New York/London 1970. Dt.: Computer und Management. Berlin/New York 1972.
[85] Salton, G.: Automatic Information Organization and Retrieval. New York 1968.
[86] Schätzle, G.: Forschung und Entwicklung als unternehmerische Aufgabe. Köln/Opladen 1965.
[87] Scheele, M.: Wissenschaftliche Dokumentation. Schlitz/Hessen 1967.
[88] Schramm, W.: How Communication Works. In: W. Schramm (Hrsg.): The Process and Effects of Mass Communication. Urbana 1955.
[89] Schröder, H. J.: Projekt-Management. Wiesbaden 1970.
[90] Schumpeter, J.: Theorie der wirtschaftlichen Entwicklung. 5. Aufl. Berlin 1952.
[91] Schweiker, K. F.: Grundlagen einer Theorie der betrieblichen Datenverarbeitung. Wiesbaden 1966.
[92] Sellien, R. u. H. Sellien (Hrsg.): Gablers Wirtschafts-Lexikon. 2. Band. Wiesbaden 1967.
[93] Silvermann, M.: The Technical Program Managers Guide to Survival. New York 1967.
[94] Stahlknecht, P.: Operations Research. Braunschweig 1970.
[95] Steinacker, J.: Dokumentationssysteme. Dialogfunktionen und Systementwurf. Berlin/New York 1975.
[96] Steinbuch, K.: Automat und Mensch. Berlin/Heidelberg 1965.
[97] Steiner, G. A. u. W. G. Ryan: Industrial Project Management. New York 1968.
[98] Ühlein, E.: Terminologie der Dokumentation. Frankfurt/M. 1966.
[99] Vickery, B. C.: On Retrieval System Theory. London 1965.
[100] Villers, R.: Research and Development; Planning and Control. New York 1964.
[101] Wacker, W. H.: Betriebswirtschaftliche Informationstheorie. Opladen 1971.
[102] Wagner, S. W.: Automatische Stichwortanalyse nach dem Rangkriterienverfahren. Diss. Karlsruhe 1966.
[103] Wahl, M.: Grundlagen eines MIS. Neuwied 1969.
[104] Wedekind, H.: Datenorganisation. Berlin/New York 1975.

[105] Wild, J.: Product Management. München 1972.
[106] Wille, H., K. Gewald u. H. D. Weber: Netzplantechnik. Bd. I: Zeitplanung. München/Wien 1967.
[107] Wittmann, W.: Unternehmung und unvollkommene Information. Köln/Opladen 1959.
[108] Zangemeister, C.: Nutzwertanalyse in der Systemtechnik. München 1970.
[109] Zimmermann, H.-J.: Mathematische Entscheidungsforschung. Berlin 1963.
[110] Zimmermann, H.-J.: Netzplantechnik. Berlin/New York 1971.
[111] Zwicky, F.: Entdecken, Erfinden, Forschen im morphologischen Weltbild. München/Zürich 1966.

b) Beiträge in Zeitschriften

[112] Ackoff, R. L.: The Evolution of Management Systems. In: Canadian Operational Research Society 8 (1970) 1, S. 4 und S. 10.
[113] Arntz, H.: Das Buch der Zukunft. In: data report 3 (1968) 2, S. 6.
[114] Balas, E.: An Additive Algorithm for Solving Linear Programs with Zero-One Variables. In: OR 13 (1965), S. 517–546.
[115] Bindels, G.: Die Methoden des Operations Research (OR) und ihre Bedeutung innerhalb eines industriellen Informationssystems. In: Bull General Electric Information, No. 44 (1969), S. 2–22.
[116] Brunner, E.: Zur Übersetzung des Ausdruckes: „retrieval". In: Dokumentation 8 (1961) 1, S. 25.
[117] Bürki, W.: Integrierte Management-Informations-Systeme (IMIS). In: Industrielle Organisation 38 (1969) 6, S. 249–256.
[118] Canning, R. G. (Hrsg.): How to Use Decision Tables. In: EDP Analyzer 4 (1966) 5, S. 6.
[119] Carrese, L. M. u. C. G. Baker: The Convergence Technique: A Method for the Planning and Programming Research Efforts. In: MS 13 (1967), S. B420–B438.
[120] Cetron, M. J.: QUEST Status Report. In: IEEE Transactions on Engineering Management EM-14 (1967) 1, S. 51–62.
[121] Cetron, M. J., J. Martino u. L. Roepke: The Selection of R & D Program Content–Survey of Quantitative Methods. In: IEEE Transactions on Engineering Management EM-14 (1969) 1, S. 9.
[122] Charnes, A. u. A. C. Stedry: A Chance-Constrained Model for Real-Time Control in Research and Development. In: MS 12 (1966) 8, S. B353–B362.
[123] Daeves, K.: Die Rolle der Einzelpersönlichkeit für den technischen Fortschritt. In: Industrielle Organisation 25 (1956), S. 104–108.
[124] Dishmann, S.: Selecting R & D Projects for Profit. In: Chemical Engineering, Vol. 49 (1962), S. 87–90.
[125] Dodd, G. G.: Elements of Data Management Systems. In: Computing Survey 1 (1969) 2, S. 117–133.
[126] Dubach, P.: Die Kybernetik als theoretische, praktische und interdisziplinäre Wissenschaft. In: Industrielle Organisation 38 (1969) 7, S. 283.
[127] Dürr, H. G.: ANIS – ein allgemeines nichtnumerisches Informationssystem für das IBM System/360. In: IBM-Nachrichten 18 (1968) 190, S. 284 f.
[128] Dürr, H. G.: DOKAUS – ein Organisationskonzept für Dokumentations- und Auskunftsysteme mit elektronischen Datenverarbeitungsanlagen. In: IBM-Nachrichten 19 (1969) 194, S. 586.
[129] Edmunson, H. P. u. R. R. Wyllys: Automatic Abstracting and Indexing–Survey and Recommendations. In: Communications of the ACM 4 (1961) 5, S. 227.
[130] Eisner, H.: A Generalized Network Approach to the Planning and Scheduling of a Research Project. In: OR 10 (1962) 1, S. 115–125.
[131] Elmaghraby, S. E.: An Algebra for the Analysis of Generalized Activity Networks. In: MS 10 (1964) 3, S. 494–514.
[132] Esch, M. E.: Project PATTERN. In: Proceedings of the 17th National Aerospace Electronics Conference, Dayton, Ohio, 10.–12. Mai 1965.

[133] Gaddis, P. O.: The Project-Manager. In: Harvard Business Review, May/June 1959, S. 89.
[134] Geschka, H.: Forschung und Entwicklung – ein Lernprozeß. In: BFuP 20 (1968) 11, S. 647.
[135] Gottberg, G. V.: Datenbanken als Informationszentrale in Unternehmen. In: Die Wirtschaftsprüfung, Nr. 2/3 (1969), S. 71.
[136] Grimshaw, J. J.: MIS mit Netzplantechnik. In: gdi topics 2 (1971) 12, S. 62.
[137] Gutenberg, E.: Zum „Methodenstreit". In: Zeitschrift für handelswissenschaftliche Forschung 5 (1953), S. 328.
[138] Hammann, P.: Gewinnmaximierung. Dominantes Ziel oder Zieldominante. In: ZfB 38 (1968) 4, S. 262, S. 267.
[139] Healy, T. L.: Activity Subdivision and PERT Probability Statements. In: OR 9 (1961), S. 341–348.
[140] Hirsch, V.: Bewertungsprofile bei der Planung neuer Produkte. In: ZfbF 20 (1968), S. 291 ff.
[141] Hulck, K., D. Klugmann u. G. Peetz: GOLEM – ein allgemein anwendbares Verfahren für die Dokumentation und das Wiederauffinden von Informationen. In: Siemens-Schriftenreihe data praxis 1968, S. 5.
[142] Johnson, L. R.: An Indirect Chaining Method für Adressing on Secondary Keys. In: Communications of the ACM 4 (1961) 5, S. 218.
[143] Kidd, C. V.: Basic Research–Description versus Definition. In: Science, Vol. 129 (1959), S. 370.
[144] Klimesch, H.: Information Management System (IMS). In: IBM-Nachrichten 19 (1969) 195, S. 720–728.
[145] Koch, H.: Der Begriff des ökonomischen Gewinns – Zur Frage des Optimalitätskriteriums in der Wirtschaftsrechnung. In: ZfbF 20 (1968), S. 390.
[146] Korte, B., W. Krelle u. W. Oberhofer: Ein lexikographischer Suchalgorithmus zur Lösung Allgemeiner Ganzzahliger Programmierungsaufgaben. In: Unternehmensforschung 13 (1969), S. 73–98 und S. 171–192.
[147] Lustig, G.: Ist die automatische Indexierung bereits anwendbar. In: Nachr. Dok. 20 (1969) 5, S. 190.
[148] Lutz, T.: Formale Aspekte des Informationssystems und Schlußfolgerungen für ein MIS. In: IBM-Nachrichten 22 (1972) 209, S. 55.
[149] Mackenzie, R. A.: The Management-Process in 3-D. In: Harvard Business Review 47 (1969) 6, S. 80–87.
[150] Maser, S.: Wissenschaftstheoretische Grundlagen der Kybernetik. In: IBM-Nachrichten 18 (1968) 188, S. 110.
[151] Mertens, P.: Die Automation der Führungsinformation. In: ZfB 36 (1966) 4, S. 235.
[152] Meyer-Uhlenried, K. H.: Klassifikation und automatische Dokumentation. In: Nachr. Dok. 16 (1965) 2, S. 63.
[153] Miller, R. W.: How to Plan and Control with PERT. In: Harvard Business Review, March/April 1962, S. 158.
[154] Miller, J. C. u. A. D. Little: Conceptual Models for Determining Information Requirements. In: AFIPS Conference Proceedings, Vol. 25 (1964), S. 609–620.
[155] Milroy, N.: The Desintegration of an Information System. In: The Canadian Chartered Accountant 1963, S. 338 ff.
[156] Minkes, A. L. u. J. M. Samuels: Allocation of R & D Expenditures in the Firm. In: Journal of Management Studies 3 (1966), S. 67–72.
[157] Model, F.: Thesaurus in der Dokumentation, Vielschichtigkeit des Begriffes und historische Entwicklung. In: Nachr. Dok. 17 (1966) 1/2, S. 5–12.
[158] Mooers, C. N.: Zur Übersetzung des Begriffes „Retrieval". In: Nachr. Dok. 10 (1959), S. 116.
[159] Murray, J. E.: Consideration on PERT Assumptions. In: IEEE Transactions on Engineering Management EM-10 (1963), S. 94–99.
[160] Nelson, R. R.: Uncertainty, Learning And The Economics of Parallel Research And Developments Efforts. In: The Review of Economics and Statistics, Vol. 43 (1961), S. 351–364.

[161] Ohlsen, F.: Managements View of Industrial Research. In: Proceedings of the First Annual Northern California Research Conference, San Francisco 1949.
[162] Pagel, K. u. W. Eberhard: Management-Informationssystem (MIS/360). In: IBM-Nachrichten 20 (1970) 203, S. 463–469 und 20 (1970) 204, S. 549–555.
[163] Poths, W.: Zur Frage der Gestaltung eines entscheidungsorientierten ADV-Systems. In: elektronische datenverarbeitung 1 (1969), S. 9 ff.
[164] Potthoff, E.: Stabstellen in der Unternehmensorganisation. In: ZfbF 19 (1967), S. 685 ff.
[165] Pritsker, A. A. B. u. W. W. Happ: GERT: Graphical Evaluation and Review Technique, Part I, Fundamentals. In: The Journal of Industrial Engineering 17 (1966), S. 267–274.
[166] Pritsker, A. A. B. u. G. E. Whitehouse: Graphical Evaluation and Review Technique, Part II, Probabilistic and Industrial Engineering Applications. In: The Journal of Industrial Engineering 17 (1966), S. 293–301.
[167] Reif, K.: Projekt-Management. In: Bürotechnik und Organisation 8 (1967) 12, S. 612.
[168] Reihlen, R.: Berichtswesen und Informationswiedergewinnung (Data Retrieval). In: IBM-Nachrichten 18 (1968) 191, S. 353 f.
[169] Reuter, J. F.: Verfahren zur betrieblichen Entscheidung für den Forschungs- und Entwicklungsaufwand. In: ZfB 38 (1968) 7, S. 534.
[170] Salton, G.: The "Generality" Effect and the Retrieval Evaluation for Large Collections. In: Journal of the American Society for Information Science, Januar–Februar, 1972.
[171] Schwuchau, W.: Über die Bewertung von Dokumentationssystemen. In: Nachr. Dok. 21 (1970) 6, S. 239.
[172] Senn, H.: Elemente eines allgemeinen Informationssystems. In: Industrielle Organisation 38 (1969) 12, S. 512.
[173] Strebel, H.: Unsicherheit und Risiko der industriellen Forschung und Entwicklung. In: BFuP 20 (1968) 4, S. 193–215.
[174] Strunz, H.: Entscheidungstabellen und ihre Anwendung bei Systemplanung, -implementierung und -dokumentation. In: elektronische datenverarbeitung 12 (1970) 2, S. 58.
[175] Van Slyke, R. M.: Monte Carlo Methods and the PERT Problem. In: OR 11 (1963), S. 839–860.
[176] Villers, R.: The Scheduling of the Engineering Research. In: The Journal of Industrial Engineering 10 (1959), S. 419–422.
[177] Völzgen, H. u. R. Dick: Forschungsplanung mit GERT. In ZfB 39 (1969) 8, S. 522.
[178] Wedekind, H.: Die Konstruktion eines optimalen Zugriffsbaumes für Datenorganisationen einer Datenbank. In: elektronische datenverarbeitung 11 (1969) 12, S. 555.
[179] Wettstein, H.: Suchverfahren im Arbeitsspeicher elektronischer Rechenanlagen. In: elektronische datenverarbeitung 4 (1962) 3, S. 97 f.
[180] Wolters, M.: Mit GOLEM läßt sich reden. In: plus 3 (1969) 5, S. 60.

c) Firmenberichte und Sonstiges

[181] Aitchison, I. u. C. W. Cleverdon: Report on a test of the index of metallurgical literature of Western Reserve University. Cranfield 1963.
[182] Battelle-Institut e. V.: Methoden der Prioritätsbestimmung I. Schriftenreihe Forschungsplanung 3. Eine Untersuchung im Auftrage des Bundesministers für Bildung und Wissenschaft (Hrsg.). Bonn 1971.
[183] Boehm, F.: Projekt-Management. Firmenschrift der Firma Krupp. Ohne Jahresangabe.
[184] Bommer, J., H. Klages et al.: Methoden der Prioritätsbestimmung III. Schriftenreihe Forschungsplanung 5. Eine Untersuchung des Zentrums Berlin für Zukunftsforschung e. V. im Auftrage des Bundesministers für Bildung und Wissenschaft (Hrsg.), Bonn 1971.

[185] Brandenburg, M.: Ansätze zu einem System für die Bewertung, Auswahl und Kontrolle von F + E-Projekten. Unveröffentlichtes Manuskript. Aachen 1972.
[186] Cetron, M. J.; PROFILE. Sonderdruck des Marine Engineering Laboratory, Department of the Navy. August 1965.
[187] Daniels, R. L.: ICES PROJECT-I Project Enginnering Control. Civil Engineering Systems Laboratory, Massachusetts Institute of Technology. Cambridge 1968.
[188] Dean, B. V.: Evaluating, Selecting and Controlling R & D Projects. AMA Research Study 81. 1968.
[189] Gehring, H., R. Ruin, W. Sassin u. D. Tappenhölter: PROPRIS, Ein Verfahren zur stufenweisen Planung und zur laufenden Darstellung des Fortschritts von F + E-Projekten. Bericht Jül-Nr. 899 der Kernforschungsanlage Jülich mbH. November 1972.
[190] Gutsch, R. W., G. Regitz, et al.: Netzplantechnik. Herausgegeben vom Bundesminister für Verteidigung. Köln/Frankfurt 1968.
[191] Haas, H.: Terminverfolgung und Kapazitätsbedarfsrechnung bei mehreren Projekten. Bericht Jül-692-RX der Kernforschungsanlage Jülich mbH. August 1970.
[192] Jantsch, E.: Technological Forecasting in Perspective. OECD. Paris 1967.
[193] Lutz, T.: Management-Informationssysteme. Unveröffentlichtes Manuskript. Köln 1970.
[194] O. V.: Anleitung zum Gebrauch der Abfragesprache des Management-Informations-Systems POLIS. Gesellschaft für Systementwicklung. Form: POL-010-70. München.
[195] O. V.: Anpassungsfähige Numerungstechnik, Ein organisatorisches Problem. Honeywell Bull. Ref. Nr. 00.60.081 D.
[196] O. V.: Codasyl Data Base Task Group Report. April 1971.
[197] O. V.: Direktzugriffspeicher Methodik, Honeywell Bull. Ref. Nr. 00.21.480 D1.
[198] Special Projects Office, Bureau of Naval Weapons Department of the Navy (Hrsg.): PERT Summary Report, Phase I. Washington 1958.
[199] Tanimoto, T. T.: An Elementary Mathematical Theory of Classification and Publication. IBM Rept. Nov. 1958.
[200] Tappenhölter, D.: Einsatz der Datenverarbeitung für die F + E-Planung in einer Großforschungsanlage. Unveröffentlichtes Manuskript. Jülich 1972.
[201] Tappenhölter, D. u. W. Sassin: INFOTLÜ – Vorarbeiten zu einem Informationssystem für das Projekt „Tieftemperatur-Leistungs-Übertragung (TLÜ)“. Interner Bericht der Kernforschungsanlage Jülich mbH. Dezember 1970.
[202] Zangemeister, C.: Einführende Grundlagen der Systemtechnik, Vorlesungsmanuskript. In: Aufbauseminar Systemtechnik II. Technische Universität Berlin 1971.
[203] Zubeil, G. u. R. Engl.: Methoden der Prioritätsbestimmung II. Schriftenreihe Forschungsplanung 4. Studie der PROGNOS AG im Auftrage des Bundesministers für Bildung und Wissenschaft (Hrsg.). Bonn 1971.

Namen- und Sachverzeichnis

Kolibri 360 GmbH
Ferdinand-Jühlke-Straße 7
99095 Erfurt, Deutschland
produktsicherheit@kolibri360.de